宋元汉书学研究

范宇焜 著

山西出版传媒集团

山西人民出版社

图书在版编目（ＣＩＰ）数据

宋元汉书学研究/范宇焜著. 一 太原 ： 山西人民出版社，2022.8
ISBN 978-7-203-12330-9

Ⅰ．①宋… Ⅱ．①范… Ⅲ．①《汉书》－研究－中国－宋元时期 Ⅳ.
①K234.104.2

中国版本图书馆CIP数据核字(2022)第122850号

宋元汉书学研究

著　　者：	范宇焜
责任编辑：	吕绘元
复　　审：	刘小玲
终　　审：	武　静
装帧设计：	申展桥

出 版 者：	山西出版传媒集团·山西人民出版社
地　　址：	太原市建设南路 21 号
邮　　编：	030012
发行营销：	0351—4922220　4955996　4956039　4922127（传真）
天猫官网：	https://sxrmcbs.tmall.com　电话：0351—4922159
E—mail：	sxskcb@163.com　发行部
	sxskcb@126.com　总编室
网　　址：	www.sxskcb.com

经 销 者：	山西出版传媒集团·山西人民出版社
承 印 厂：	山西省教育学院印刷厂

开　　本：	787mm×1092mm　　　1/16
印　　张：	17.25
字　　数：	380 千字
版　　次：	2022 年 8 月　第 1 版
印　　次：	2022 年 8 月　第 1 次印刷
书　　号：	ISBN 978-7-203-12330-9
定　　价：	98.00 元

如有印装质量问题请与本社联系调换

国家社会科学基金青年项目

明清"汉书学"研究

（21CZS002）阶段性成果

目录

绪论

第一节　研究缘起与意义

《汉书》在中国史学史上具有很高的地位，唐代史家刘知几评价《汉书》说："如《汉书》者，究西都之首末，穷刘氏之废兴，包举一代，撰成一书。言皆精炼，事甚该密，故学者寻讨，易为其功。自尔迄今，无改斯道。"[1]这对于《汉书》是很高的赞誉。

正是《汉书》的这种地位，引发了后人的不断研究。原因之一，是《汉书》记载博洽，好用古字，理解上存在一定难度，清人王先谦指出："昔在东汉之世，朝廷求为之学者，以马季长一代大儒，尚命伏阁下，从孟坚女弟曹大家受读，即其难可知矣。"[2]故自《汉书》撰成并流传时起，对《汉书》的研读和注解就成为一门学问。隋唐之际，一些重视《汉书》的学人涌现出来，"汉书学"随之兴起，成为当时的显学，而《史记》作为第一部纪传体通史，则"传者甚微"[3]。有关"汉书学"的表述在正史中出现，最早见于《隋书》："于时《汉书》学者，以萧、包二人为宗匠。聚徒教授，著录者数千人。"[4]至晚于《新唐书》中，则明确提到了唐代"《汉书》学大兴"[5]。学科的形成往往滞后于相关研究的发展，从广义上来说，自《汉书》刊布，"汉书学"便应运而生了。东汉至南北朝，不断有学者开展对《汉书》的注音、释义、校订，总计三十余家；隋唐时期，以刘臻、杨汪、萧该、包恺等为代表的学者以治《汉书》而闻名于世，继而有颜师古继承家学，钻研《汉书》，吸收前人研究《汉书》之成果，撰成《汉书注》，成为"汉书学"的一代宗师；宋元明清时期，学者们在前人对《汉

1　刘知几：《史通》卷一《六家》，浦起龙通释，上海：上海古籍出版社，2009年，第20—21页。

2　王先谦：《汉书补注序例》，《汉书补注》，上海：上海古籍出版社，2008年，第1页。

3　瞿林东：《隋唐之际的〈汉书〉学》，《唐代史学论稿》，北京：北京师范大学出版社，1989年，第119页。

4　魏征等：《隋书》卷七五《儒林列传》，北京：中华书局，1973年，第1716页。

5　欧阳修等：《新唐书》卷一九八《儒学列传上》，北京：中华书局，1975年，第5656页。

书》研究的基础上进一步开展对《汉书》的考订、整理、评论，推动"汉书学"的不断发展。在中国史学史上，关于《汉书》的研究历来都是一个重要的课题。

宋元时期是中国古代史学继续发展的阶段，这一时期的史学发展体现在诸多方面[1]：史家对于史学的反思不断加深，史评、史注、史钞呈现出繁荣发展的景象；目录书、类书中有关史学的内容增加；笔记、文集的数量繁多且内容丰富，其中不乏时人在史学方面的议论；理学的流传使宋元史学思想方面呈现出不同于以往的局面。宋元时期史学发展的种种特点，使这一时期的"汉书学"呈现出鲜明的特征，同时对后世的"汉书学"发展也产生显著影响。这一时期的"汉书学"实有承上启下的地位。学术界历来以中国古代"汉书学"为对象的研究不多，而对宋元时期"汉书学"的研究更为少见，这使本选题具有一定的开拓空间。

从广义上来说，"汉书学"是一个集合概念，除历代学者对《汉书》文本的注音、释义、考订及其所叙相关史事的历史研究以外，还包含后人对《汉书》所记载史事的评论、《汉书》撰述方法的评说、《史记》与《汉书》的比较研究、《汉书》的史学思想研究等。就目前的学术研究，将《汉书》研究和"汉书学"的关系加以区分：《汉书》研究是以《汉书》文本及其反映的历史内容为研究对象的研究，"汉书学"则进一步包括了《汉书》研究史，即包括以《汉书》研究的历程及历代学人提出的问题与成就为研究对象的史学研究。对"汉书学"展开考察，可进一步认识作为皇朝史典型代表的《汉书》在一段时期流传中所产生的各种影响。

从学术意义上来看，"汉书学"作为中国古代史学史发展中的一个具体方面，体现了中国古代史学家、思想家、政治家对《汉书》的认识，一定程度上反映了他们在政治主张、思想观念、史学批评等方面的态度。宋元时期，是中国古代"汉书学"研究的重要阶段，承接隋唐以来"汉书学"的成就，同时对明清"汉

1　吴怀祺：《中国史学史（第四卷）五代辽宋金元时期》，上海：上海人民出版社，2006 年，第 11 页。

书学"产生种种影响。通过研究宋元"汉书学"，有助于我们把握古代"汉书学"流传与发展的内在动力，推动"汉书学"研究的继续深化，进一步认识和明确《汉书》在历史上的影响以及在史学史上的地位。

从现实意义上来看，首先，宋元时期，辽金元为代表的以少数民族贵族为主体所建立的政权，在史学发展方面表现出自身的民族特点，同时也鲜明地反映出他们对于多民族国家历史的认同[1]。通过对宋元"汉书学"的研究，归纳总结这一时期"汉书学"成就中的时代特色，可以窥得宋元时期中国历史文化认同发展的具体状况。其次，汉代绵延四百多年的历史为中华文明的宝库留下了璀璨的成果，为历代学人所重。《汉书》作为中国史学史上一部极其重要的史书，历代学人对其重要性都有比较深刻的认识，因此，对宋元"汉书学"展开深入和细致的研究是十分必要的。"汉书学"研究折射出《汉书》的时代意义，这对《汉书》的广泛传播、进一步扩大中华文明的影响力有推动作用。

第二节　研究现状

《宋元"汉书学"研究》，是探究宋辽金元时期学者对于《汉书》考订、校释、评论等方面取得的成就，以及"汉书学"在这一时期的发展趋势和特点。"汉书学"所包含的内容较为广泛，大致可分为三个方面：其一是历代学者对《汉书》注音、释义、考订等方面的成就，这些成就以文献为主要研究对象，采用传统的研究方法，以求尽可能地展现《汉书》的原貌；其二是历代学者以班固和《汉书》为研究对象，或分析研究班固的生平、《汉书》的成书背景等问题，或从史学批评的角度评论班固和《汉书》的史学思想、撰写方法等；其三是后人对前代"汉书学"成就的再评价和再认识。这些研究立足于前人对《汉书》

1　瞿林东：《中国史学史纲》，北京：北京师范大学出版社，2009 年，第 257 页。

的研究成果，进一步深化对相关问题的认识。这些研究，既是对古代"汉书学"的总结，其本身也是"汉书学"发展至今的代表成就。

迄今为止，《汉书》研究已经取得了不少成果：一方面在多数总论性质的专著和不少论文中对《汉书》有所提及；另一方面对于《汉书》体例、思想、考订等方面的专论性著作和论文为数更多。此外，在对历代史家、史书的研究过程中，对《汉书》也有一定程度的涉及，这些总论与专论性研究，在《汉书》本身、相关著作与人物的研究上投入了很多精力。综观当前国内关于《汉书》的研究，范围的扩大和内容的深入是主要特点，而明确以"汉书学"为研究对象的成果仍显单薄。在这样的研究基础上，"汉书学"的研究成为可能。

已有的研究成果将重心放在《汉书》本身，或在研究某一史家、史书时对"汉书学"略有涉及，故难以从宏观的角度了解古代"汉书学"的面貌，有必要对"汉书学"进行系统的研究。宋元时期是我国古代学术发展的重要阶段，史学方面的成果尤其丰富，表现在这一时期史料数量的大为增加、史学批评繁荣、学者普遍重视对历史和史学问题的反思等方面。这一时期的"汉书学"继承了隋唐时期以来"汉书学"的某些成果。同时，宋元时期思想的活跃，使这一时期的"汉书学"展现出自身的特点。对宋元"汉书学"的研究一方面可以丰富对中国古代"汉书学"面貌的认识，另一方面在一定程度上也可以更加深入而细致地对宋元史学有全面的把握。

近代以来，"汉书学"研究的主要成就具体体现在以下方面：

一、注释、考订方面的研究

自《汉书》刊布以来，历代学者在注释、考订方面有许多成绩。近代以来，出现了许多考订《汉书》的专著和论文。这些研究以历代流传下来的《汉书》

文本以及历代学者对《汉书》的注音、释义、校语为出发点，意在通过对历代学者《汉书》校语等其他史料的解读，展现《汉书》本来的面貌。这部分研究成为"汉书学"研究的主要成就之一。

近代以来的学者用传统的研究方法对《汉书》文字加以考订，涌现出大量专著，如王峻的《〈汉书〉正误》、王先谦的《〈汉书〉补注》、陈直的《〈汉书〉新证》、丁谦的《〈汉书·匈奴传〉地理考证》、杨树达的《〈汉书〉窥管》、姚明辉的《〈汉书·艺文志〉注解》、孟森的《〈汉书·古今人表〉通检》、岑仲勉《〈汉书·西域传〉地理校释》等。其中尤以王先谦的《〈汉书〉补注》、杨树达的《〈汉书〉窥管》内容全面翔实，王先谦认为："自颜监注行，而班书义显，卓然号为功臣。然未发明者固多，而句读讹误，解释驳之处，亦迭见焉。良由是书义蕴宏深，通贯匪易。宋明以来，校正版本之功较多，国朝右文兴学，精刊诸史，海内省古之士，承流向风，研穷班义，考正注文，著述美富，旷隆往代，但以散见诸书，学者罕能通习。"[1]杨树达则说："《补注》篇帙虽富，遗义尚多……研读数通，颇能瞭其得失。"可见，近代以来的学者对于古代学者考订《汉书》的成就持肯定态度，但由于《汉书》"义蕴宏深，通贯匪易"，考订起来具有很大难度，故近代学者在前人考订《汉书》的基础上，进一步纠正《汉书》在流传过程中以及古代学者考订过程中出现的讹误。

除专著外，还有不少考订《汉书》的论文，如李廷先、杨铸秋的《〈汉书·艺文志·九江〉考略》（《安徽大学月刊》，1933年第3期）、《王先谦〈《汉书》补注〉质疑》（《文献》，1982年第1期）、谢秉洪的《〈汉书〉考校研究——以中华书局点校本为中心》（南京师范大学博士论文，2006年）、谢攀的《中华书局点校本〈汉书〉校读札记——以庆元本为研究中心》（南京师范大学硕士论文，2011年）、李丛竹的《〈汉书〉宋祁校语辑校》（南京

---

1 王先谦：《汉书补注序例》，《汉书补注》，上海：上海古籍出版社，2008年，第1页。

师范大学硕士论文，2011年）、孙晓磊的《〈汉书〉汲古阁本校议》（南京师范大学硕士论文，2012年）、孙娜娜的《〈汉书〉景祐本校读札记》（南京师范大学硕士论文，2012年），这些论文大多从文献学的角度对《汉书》文本展开考订。

二、从"史法"角度评论《汉书》

中国古代史家对"史法"的阐述由来已久。唐代史家刘知几认为："史之有例，犹国之有法。国无法，则上下靡定；史无例，则是非莫准。"[1]至南宋时，叶适的"史法"论进一步发展。叶适的"史法"论包括五个方面："一是史家的史笔，或曰书法，二是史书的内容之真伪，三是史书的体裁，四是史家褒贬的尺度，五是史家是否应有独立的见解。"[2]历代学者常常从"史法"的角度审视《汉书》，如刘知几评价《汉书》："之志天文、艺文也，盖欲广列篇名，示存书体而已。文字既少，披阅易周，故虽乖节文，而未甚秽累。"[3]郑樵评价班固："以断代为史，无复相因之义。虽有仲尼之圣，亦莫知其损益。会通之道，自此失矣。"[4]历代学人从"史法"的角度，对《汉书》多有研究。近年来，围绕历代学者对班固《汉书》"史法"的评价，出现了一些"汉书学"研究成果。

研究专著方面，瞿林东在《中国史学史纲》中列举并分析范晔、刘知几等史家对《汉书》的评论，认为《汉书》"上下洽通，详而有体"，两方面互相依存，相得益彰。《汉书》兼得二者，故能成为一代杰作。许凌云在《刘知几评传》中对刘知几有关《汉书》体例的评价有一定涉及。论文方面，许凌云的《刘知几关于史汉体例的评论》，从刘知几溯纪传体源流、析体例、评表志

---

1 刘知几：《史通》卷四《序例》，浦起龙通释，上海：上海古籍出版社，2009年，第81页。
2 瞿林东：《史法和史意——从形式与内容的审视到思想的剖析》，《文史知识》，1991年第4期。
3 刘知几：《史通》卷三《书志》，浦起龙通释，上海：上海古籍出版社，2009年，第56页。
4 郑樵：《通志·总序》，《通志》，北京：中华书局，1987年，第1页。

几个方面加以阐述，涉及刘知几对《汉书》体例的评价，从中归纳总结了刘知几史学评论的基本观点。[1]钟涛的《刘知几〈汉书〉研究评议》，以刘知几对《汉书》体例、语言等方面的评价为研究对象，认为刘知几对《汉书》的研究态度公正、方法科学，他对《汉书》体例结构、语言风格的系统分析有一定价值。[2]杨绪敏的《从〈通志·总序〉看郑樵史学批评的偏颇和失误》，列举郑樵对《汉书》的评价，并指出郑樵反对断代为史，故他对《汉书》的评价有失偏颇。[3]此外，相关论文还有傅荣贤的《康有为〈汉书·艺文志〉研究得失评》（《山东图书馆学刊》，2010年第5期）、薛艳伟的《述刘知几对于〈汉书〉在体例上的批评》（《乐山师范学院学报》，2013年第6期）、诸雨辰的《历史文本的独断读法——章学诚的〈史记〉〈汉书〉解读》（《求索》，2016年第10期）等。

三、关于《汉书》研究史的考察

"汉书学"出现以来受到历代学者的重视，当前研究出现了一些以《汉书》研究史为考察对象的成果。

第一，关于历代《汉书》研究发展的综述。这部分研究主要是以历代《汉书》研究的成果作为综述对象，实际上是对历代"汉书学"发展的梳理。这说明学者们注意到了"汉书学"作为一门专门学问在历代的发展状况。

周洪才的《历代〈汉书〉研究述略》，纵向将历代学者对《汉书》的研究分为五个时期，分别是东汉魏晋南北朝注音释义时期、隋唐名家并起蔚为显学时期、宋明校勘批点翻译改作时期、清代校勘训释考证补遗综合研究时期、中

---

1 许凌云：《刘知几关于史汉体例的评论》，《史学史研究》，1985年第4期。

2 钟涛：《刘知几〈汉书〉研究评议》，《青海师范大学学报（社科版）》，1989年第1期。

3 杨绪敏：《从〈通志·总序〉看郑樵史学批评的偏颇和失误》，《江苏社会科学》，1996年第4期。

华人民共和国成立后开辟新径标点整理时期。[1]随后，周洪才、钟淑娥的《〈汉书〉及其历代研究》，着重强调了颜师古注、王先谦补注、中华书局标点本这三部里程碑式的"汉书学"研究成果。[2]许殿才在《〈汉书〉研究的回顾》中对比分析传统《汉书》研究和五四运动以来的《汉书》研究，认为传统的对于《汉书》的考订、校勘、训释工作成就卓越，而五四以来的《汉书》研究还存在进一步深化的空间。[3]袁法周在《中国古代〈汉书〉的传播与研究》中，从研究史的角度对中国古代《汉书》的传播与研究状况进行梳理，以汉魏南北朝时期、隋唐时期、宋元明时期、清代作为几个阶段，对古代《汉书》传播的范围和表现，以及《汉书》文本的传播与有关《汉书》学术研究之间的关系等问题加以考察，显示出作者对《汉书》研究史的关注。[4]

这一部分的相关论文还有徐家骥的《中国古代〈汉书〉研究概述》（《咸阳师专学报（文科版）》，1996 年第 1 期）、谌三元的《历代〈汉书·艺文志〉研究综述》（《图书馆》，2000 年第 2 期）、潘定武的《〈汉书〉文学研究的回顾与思考》（《宝鸡文理学院学报（社科版）》，2015 年第 6 期）、杨鸿飞的《〈汉书·艺文志〉研究综述》（《文教资料》，2013 年第 31 期）、杨倩如的《20世纪的"汉书学"——综述及理论思考》（《秦汉研究（第八辑）》）、杨倩如的《〈汉书〉在东亚的传播与研究》（《中国史研究动态》，2010 年第 1 期）、杨倩如的《〈汉书〉在欧美的译介与研究》（《中国史研究动态》，2010 年第 5期）、曾小霞的《〈史记〉〈汉书〉的叙述学及其研究史》（苏州大学博士论文，2012 年）、钟云瑞的《历代〈汉书·艺文志〉研究专书综述》（《安徽文学》，2014 年第 5 期）、陈锦春的《历代〈汉书·艺文志〉研究述略》（《图书馆杂志》，

1　周洪才：《历代〈汉书〉研究述略》，《齐鲁学刊》，1987 年第 3 期。

2　周洪才、钟淑娥：《〈汉书〉及其历代研究》，《河南图书馆学刊》，1989 年第 1 期。

3　许殿才：《〈汉书〉研究的回顾》，《史学史研究》，1991 年第 2 期。

4　袁法周：《中国古代〈汉书〉的传播与研究》，《宁夏社会科学》，2007 年第 2 期。

2006 年第 9 期）、赵宜聪的《历代〈汉书·五行志〉研究评述》（《萍乡学院学报》，2016 年第 1 期）、沈晓宇的《论姚振宗的〈汉书·艺文志〉研究》（黑龙江大学硕士论文，2016 年）。这些文章都是以综述的方式对《汉书》研究的某一方面加以概括。

第二，《史记》《汉书》对比研究中关于《汉书》的评论。在中国古代史学史上，《史记》与《汉书》是两部传世不朽的巨著。司马迁、班固齐列，《史记》《汉书》并举已为常例。"学者对于《史记》《汉书》研究和评论形成了专门的学问：'《史记》学'和'《汉书》学'。一千多年来，在对《史记》和《汉书》的研究中，人们对它们进行比较，考其同异，论其高低，议论迭出，经久不衰，几乎成了一个'永恒的课题'。"[1]历代学者对《史记》《汉书》加以比较研究，自晋人张辅的《班马优劣论》起，或"扬马抑班"，或"扬班抑马"，产生许多论断，这些论断也成为"汉书学"研究的一个方面。学者们站在前人《史记》《汉书》对比研究成果的基础上，对这些论断进行梳理、分析。

瞿林东在《比较与批评——兼说史学批评的活力》《中国古代史学中的比较研究》两文中就古代学人的《史记》《汉书》比较研究有总论性的阐发。[2]汪高鑫在《刘知几班马优劣论平议》中，对刘知几关于班固、司马迁优劣的分析，从体裁、体例、叙事等方面着手，认为《史记》《汉书》二书："虽互有修短，递闻得失，而大抵同风，可为连类。"[3]陈莹在《唐前班马优劣并称演变轨迹的梳理与考辨》中，对于"扬班抑马为唐前班马比较的主流倾向，班马抑扬相当出现于宋明时期"[4]的说法不予赞同，认为"扬班抑马"只是东汉时的主流倾向。

1　瞿林东：《〈史记〉〈汉书〉比较》，《文史知识》，1987 年第 12 期。

2　瞿林东：《比较与批评——兼说史学批评的活力》，《文史知识》，1992 年第 2 期；《中国古代史学中的比较研究》，《安徽师范大学学报（人文社科版）》，2005 年第 6 期。

3　汪高鑫：《刘知几班马优劣论平议》，《安庆师范学院学报（社科版）》，2000 年第 5 期。

4　陈莹：《唐前班马优劣并称演变轨迹的梳理与考辨》，《史学理论研究》，2010 年第 3 期。

曾小霞在《试析唐前"史汉优劣论"》《明清〈史记〉〈汉书〉比较研究综述》《近30年〈史记〉〈汉书〉比较研究综述》三文中对唐代以前、明清时期以及近三十年的《史记》《汉书》比较研究成果加以梳理。[1]国建松的硕士学位论文《〈班马异同〉与〈史汉方驾〉对比研究》(河北师范大学,2012年),以宋代倪思的《班马异同》和明代许相卿的《史汉方驾》为研究对象,从两书作者、成书原因、具体特征等方面入手,总体上归纳两书的异同。[2]王晓鹃在《〈班马异同评〉研究三题》中总结元初刘辰翁的《班马异同评》特点,认为这部书注重对《史记》《汉书》的字词、句法、文法评析,并以评价小说的方法来点评历史人物。[3]

此外,相关论文还有徐兴海的《刘知几的史汉比较研究》(《渭南师范学院学报》,2002年第1期)、沙志利的《唐以前的〈史〉〈汉〉比较研究综述》(《泰山学院学报》,2005年第4期)、周婷婷的《史汉比较研究专著专论叙录》(河北大学硕士论文,2012年)、居加一的《论王念孙〈读书杂志〉对〈史记〉〈汉书〉的语法研究》(广西师范学院硕士论文,2014年),这些论文注重对《史记》《汉书》比较研究的再探讨,客观上推动了对"汉书学"的研究。

第三,"汉书学"视野中的个案研究。《汉书》自问世以来,历代学者从各个方面对《汉书》加以研究,产生了一批影响深远的研究成果,这些成果受到当前学者们的重视,故对前人的"汉书学"具体成就展开个案研究。

邹志峰在《三刘〈汉书刊误〉浅探》中,以刘敞、刘攽、刘奉世所撰《汉书刊误》为研究对象,从目录学入手,对《汉书刊误》的成书过程、流传情况做了考证,并辑录出部分原文,在这些原文的基础上做了一些评价。[4]王光照在《"〈汉〉圣"

1　曾小霞:《试析唐前"史汉优劣论"》,《保定学院学报》,2009年第2期;《明清〈史记〉〈汉书〉比较研究综述》,《苏州大学学报》,2009年第2期;《近30年〈史记〉〈汉书〉比较研究综述》,《陕西教育学院学报》,2009年第1期。

2　国建松:《〈班马异同〉与〈史汉方驾〉对比研究》,河北师范大学硕士论文,2012年。

3　王晓鹃:《〈班马异同评〉研究三题》,《陕西师范大学学报(哲社版)》,2016年第1期。

4　邹志峰:《三刘〈汉书刊误〉浅探》,《山西大学学报(哲社版)》,1996年第3期。

刘臻与隋代〈汉书〉学》中，梳理了"汉书学"名家刘臻的生平和思想，简要论述了"汉书学"兴盛时南北朝学术移于家族和隋王朝正统意识形态构建的相关情况。[1]徐建委在《蔡谟〈汉书音义〉考索》中，认为裴骃的《史记集解》所引《汉书音义》即蔡谟所著，并对《汉书音义》的成书、流传、价值等问题略做考索。[2]王永平、孙艳庆在《颜师古〈汉书注〉"抄袭旧注"说之再检讨》中，分析了前人对颜师古《汉书注》抄袭诸家旧注的说法，认为对其中一些所谓"抄袭"的部分，很可能多是后人不断增补、改写的结果。[3]朱志先在《〈汉书评林〉探微》中，以明代凌稚隆的《汉书评林》为研究对象，从《汉书评林》的产生、内容、撰写方法，以及对《汉书》的评价几个方面分析了此书的得失。[4]燕永成在《宋人汉史学述论》中，总结宋代学者对两汉历史的研究成就，其中对宋代部分"汉书学"研究专书有所论及。[5]马清源在《〈汉书〉宋人校语之原貌与转变——以宋祁、三刘校语为主》中，以《汉书》中出现的宋祁校语、刘敞、刘攽、刘奉世校语为考察对象，参考庆元本、蔡琪本、汪文盛本以及景祐本批校，对照分析其中宋人校语之差异，探讨宋祁、"三刘"校语的原貌及其附入版刻《汉书》时发生之转变，推论宋人校语层累形成的过程，提出对宋人校语演变情况比较合理的解释。[6]张海峰的博士论文《王先谦〈汉书补注〉研究》，从《汉书补注》的成书、体例，以及对前人成果的继承、校勘研究、语词训释、史事考订、表志研究等方面展开，对《汉书补注》做了细致和系统的研究。[7]

有关历代"汉书学"具体成就的个案研究，相关论文还有李晨轩的《〈汉

1 王光照：《"〈汉〉圣"刘臻与隋代〈汉书〉学》，《江淮论坛》，1998年第1期。

2 徐建委：《蔡谟〈汉书音义〉考索》，《古籍整理研究学刊》，2003第6期。

3 王永平、孙艳庆：《颜师古〈汉书注〉"抄袭旧注"说之再检讨》，《史学史研究》，2010年第2期。

4 朱志先：《〈汉书评林〉探微》，《史学史研究》，2011年第3期。

5 燕永成：《宋人汉史学述论》，《史学月刊》，2007年第7期。

6 马清源：《〈汉书〉宋人校语之原貌与转变——以宋祁、三刘校语为主》，《文史》，2014年第1辑。

7 张海峰：《王先谦〈汉书补注〉研究》，山东大学博士论文，2011年。

书〉颜注的文献运用》（山东师范大学硕士论文，2008 年），张霞、朱志先的《刘咸炘〈汉书知意〉探微》（《宜宾学院学报》，2010 年第 11 期），傅荣贤的《试论王应麟〈汉书艺文志考证〉的〈汉志〉研究得失》（《四川图书馆学报》，2010 年第 4 期），崔梅的《〈太平御览〉引〈汉书〉考校》（《社科纵横》，2011 年第 1 期），朱珠的《〈汉书·叙传〉颜注引文考校》，（《文教资料》，2012 年第 26 期），这些文章以"汉书学"方面的某一具体成果为研究对象，显现了作者对相关问题的重视。

四、关于古代"汉书学"总体面貌的概述

一些学者明确以"汉书学"作为研究对象，选取某一时期或某一角度的"汉书学"面貌加以阐说。

瞿林东在《隋唐之际的〈汉书〉学》中把握隋唐时期"汉书学"勃兴这一史学现象，高屋建瓴地分析了"汉书学"于此时兴盛的历史原因，这是最早明确以"汉书学"为研究对象的论文成果。[1]肖瑞峰、石树芳在《"汉书学"的历史流程及其特征》中明确以"汉书学"为研究对象，总体上梳理了"汉书学"萌芽、发展、壮大、衰落的大体趋势，并提出"汉书学"的繁荣为后起的"文选学"奠定了基础。[2]刘治立在《史注传统下的"汉书学"》中以东汉、魏晋南北朝、隋唐、宋明、清作为时代分期，列举历代学者对《汉书》注释的成就，认为"东汉末年以后至民国时期的'汉书学'，从很大程度上讲就是《汉书》注释之学"[3]。袁法周的博士论文《乾嘉时期的〈汉书〉研究》，明确提及乾嘉时期"汉书学"的发展，围绕这一时期的《汉书》研究情况，进而

1　瞿林东：《隋唐之际的〈汉书〉学》，《唐代史学论稿》，北京：北京师范大学出版社，1989 年，第 119 页。

2　肖瑞峰、石树芳：《"汉书学"的历史流程及其特征》，《清华大学学报（哲社版）》，2013 年第 4 期。

3　刘治立：《史注传统下的"汉书学"》，《信阳师范学院学报（哲社版）》，2013 年第 4 期。

反映出乾嘉时期，乃至于清代学术发展的总体脉络，对乾嘉时期的"汉书学"有较为深入和系统的研究。[1]倪小勇的博士论文《宋代"文治"背景下的〈汉书〉研究》，从文献学研究角度爬梳史料，结合宋代重文抑武的政治理念，展现宋人对《汉书》文本运用的具体情况。[2]许逸民的《论隋唐"〈文选〉学"兴起之原因》和刘群栋的《唐代"文选学"兴起的背景与原因》两篇文章，在论述"文选学"出现的原因时对"汉书学"稍做论述，呈现出隋唐"汉书学"的一些面貌。[3]

此类研究成果的相关论文还有张海沙的《唐人喜〈文选〉与宋人嗜〈汉书〉——论唐宋文人不同的读书趣向》（《唐代文学研究》，2006年）、刘治立的《隋唐时期的史注》（《信阳师范学院学报（哲社版）》，2015年第5期）、倪小勇的《宋代〈汉书〉教育考辨》（《教育评论》，2014年第1期）。

综上，通过对近代以来"汉书学"研究成果的梳理可见，"汉书学"受到了学者的重视，这方面已具备一定的研究成果，这些成果的切入点和论证方式也各不相同。对"汉书学"的研究已经成为史学史、学术史、思想史、文献学等领域的一个重要课题。

综观近代以来"汉书学"研究的发展，研究范围不断扩大，研究内容逐步深入。同时，这方面的研究仍有较大的探索空间，这主要表现在以下几点：

第一，以往的"汉书学"研究重视从文献学的角度注释、考订《汉书》，纠正前人注文中的讹误。这对还原《汉书》原貌以及对当前研读《汉书》有重要意义，应在这些成果之上，立足史学史研究方法，对历代《汉书》的注文、校语有更深层次的分析、探讨。

1　袁法周：《乾嘉时期的〈汉书〉研究》，北京师范大学博士论文，2007年。

2　倪小勇：《宋代"文治"背景下的〈汉书〉研究》，西北大学博士论文，2014年。

3　许逸民：《论隋唐"〈文选〉学"兴起之原因》，《文学遗产》，2006年第2期；刘群栋：《唐代"文选学"兴起的背景与原因》，《中州学刊》，2015年第3期。

第二，研究内容上，许多成果选取一点，具体分析某一史家或某部专书在"汉书学"上的成就，这极大地丰富了"汉书学"的个案研究，如何从宏观角度厘清"汉书学"的发展脉络，还有许多工作要做。

第三，出现了一些梳理历代"汉书学"发展状况的学术史论文和综述性文章，介绍了历代"汉书学"的研究成果，但大多点到为止，尚有待于从更深层次加以探讨，以阐明某一时代"汉书学"的具体面貌。

因此，有必要从宏观研究方面总结、把握历代"汉书学"的发展脉络和特点，以及从具体研究方面深入探讨某一时期"汉书学"的成就和面貌。

第三节　本研究的重点与思路

从概念上看，"汉书学"与《汉书》研究的含义有所不同，但二者又不是截然分开的。宋元时期的《汉书》研究，以及这一时期学人以《汉书》所记史事展开的汉代历史研究都是宋元"汉书学"成就的重要部分。宋元时期的史料卷帙浩繁，笔者难以穷尽这一时期关于"汉书学"的所有文献记载。故在阅读相关文献的基础上，梳理宋代以前"汉书学"的发展情况，分析"汉书学"在宋元社会中的发展基础，通过这一时期的《汉书》研究专书，以及散见于各类史著、文献中的"汉书学"成就展开具体分析，进而归纳、总结宋元"汉书学"的特点，展现"汉书学"在史学史上能够持续发展和兴盛的原因，以期推进学术界对"汉书学"的认识与专题研究。

本研究的重点，首先，在于从整体上梳理宋代以前"汉书学"发展的基本情况。明确《汉书》刊布以来至隋唐时期学人对《汉书》的研究状况以及"汉书学"的源流，在此基础上把握宋代以前"汉书学"研究的范围，明确宋元"汉书学"在研究范围方面的发展。其次，探求宋元时期社会和政治背景下"汉书学"于宋元时期发展的内在动力，以及当时的学者与"汉书学"之间的互动关系，探寻"汉书学"在宋元时期的发展基础。再次，基于宋元时期"汉书学"研究的各种具体成就，由这一时期《汉书》研究的专书，以及宋代《汉书》注、史料笔记和金石学专著、历史地理研究专书等文献中梳理与"汉书学"相关的内容并加以分析，抽绎出时人对"汉书学"有所发明的观点。

　　本研究坚持以马克思主义唯物史观为基本指导，坚持历史与逻辑的统一。由史学史研究的视角，在对宋元时期相关史料收集整理的基础上，以宋元时期《汉书》研究专书、《汉书》注为出发点，结合该时期史料笔记发展、文人评史兴盛、金石证史风气流行等史学发展背景下的"汉书学"成就进行具体分析。通过宏观分析与个案研究相结合及比较研究等具体方法，在展现宋元时期"汉书学"总体面貌的基础上，窥见"汉书学"在宋元学术研究发展中一脉相承的内在趋势。

第一章
宋代以前"汉书学"述略

《汉书》在中国史学史上的地位非常重要，班固在继承纪传体史书撰写方法的基础上，开创了皇朝史撰述的格局。得益于《汉书》条理清晰、兼具文采的特点，及其以维护皇朝统治为目的的内在因素，使得历代"诸儒共所钻仰"[1]。此外，《汉书》记载详尽，好用古字的特点，客观上促使历代学者重视对《汉书》的研读。东汉至南北朝时期，不断有学者对《汉书》进行注音和释义，共计三十余家。隋唐之际，以刘臻、萧该、包恺为代表的学者以治《汉书》而闻名于世，继而有颜师古继承家学，钻研《汉书》，并吸收前人研究《汉书》的成果，撰成《汉书注》，成为"汉书学"的一代宗师。这里，首先分析中国古代"汉书学"形成的基础，进而梳理宋代以前"汉书学"的发展脉络，总结宋代以前"汉书学"的研究范围。

第一节　中国古代"汉书学"形成的历史原因

一、《汉书》的历史鉴戒功能受到普遍重视

有关"汉书学"一词在正史中出现，最早见于《隋书》，但这并不意味着"汉书学"至此才出现。至晚于《新唐书》中，则明确记载有"是时《汉书》学大兴"[2]。从广义的角度来看，《汉书》记载博洽，蕴含思想丰富，好用古字，自《汉书》撰成并流传时起，学人们对《汉书》的研读就成为一门专门的学问。清人王先谦在《汉书补注序例》中说："昔在东汉之世，朝廷求为之学者，以马季长一代大儒，尚命伏阁下，从孟坚女弟曹大家受读，即其难可知矣。"[3]这说明，即使是当时的名儒马融，在理解《汉书》时也存在一些疑惑，故需要随

1　司马贞：《史记索隐序》，司马迁：《史记》，北京：中华书局，1959年，附录第7页。

2　欧阳修等：《新唐书》卷一九八《儒学列传上》，北京：中华书局，1975年，第5656页。

3　王先谦：《汉书补注序例》，《汉书补注》，上海：上海古籍出版社，2008年，第1页。

班昭学习《汉书》的句读。[1] 马融尚且如此,那么这一时期的其他学人就更难以称得上精通《汉书》了。随着历史的发展,时间距东汉愈加久远,学者们阅读《汉书》过程中产生的疑问自然也就相对更多了。唐代以前,虽然有质量上佳的《汉书》写本流传,但传抄过程中的讹误也需要学者展开考辨,因此,许多以治《汉书》闻名的学者涌现出来。综观宋代以前的"汉书学",能够作为一门富有生命力的学问而不断发展,有其深刻的历史原因和社会基础。

中国古代的史学家很早就对历史的作用展开探讨,如司马迁在论及《史记》的撰述旨趣时就明确指出"通古今之变",即通晓历史发展的轨迹。"通古今之变"的一个重要作用在于"居今之世,志古之道,所以自镜也,未必尽同。帝王者各殊礼而异务,要以成功为统纪,岂可绲乎?"[2] 这包含了司马迁对历史的社会作用的深刻认识。司马迁"既肯定了史学对于社会的积极作用,又反对把这种作用作庸俗化的理解"[3]。历代人为了实现"自镜",将阅读史书视为达到这一目的的重要途径。《汉书》有两方面的特点决定了它可以很好地担负起实现历史鉴戒功能的重要作用:其一是《汉书》的"博洽"[4]。《后汉书》著者范晔评价《汉书》"文赡而事详",唐代史家颜师古称它"宏赡",都是从内容上肯定《汉书》"博洽"的特点。《汉书》的读者能够从中涉猎许多方面的历史知识,从而便于他们"志古"。其二在于《汉书》突出的"正宗"思想。班固在《汉书》中宣扬"汉绍尧运",为东汉的统一局面提供思想支持,他所宣扬的正统思想

1　有关马融从班昭受读的材料见范晔:《后汉书》卷八四《列女传》:"时《汉书》始出,多未能通者,同郡马融伏于阁下,从昭受读,后又诏融兄续继昭成之。"北京:中华书局,1965 年,第 2785 页。

2　司马迁:《史记》卷一八《高祖功臣侯者年表》,北京:中华书局,1959 年,第 878 页。

3　瞿林东:《中国史学史纲》,北京:北京师范大学出版社,2010 年,第 118 页。

4　白寿彝先生指出,《汉书》的博洽在于它创立了纪传体断代史的规模,全书具备西汉二百三十年的史事;《汉书》的志包含了自然的和社会的学问,包含了艺术,也包含了技术;它记载了国内外民族的史事,同时增收一些诏疏和论议,包含了丰富的西汉学术。《汉书》的博洽,是从具体的历史资料和历史知识说的,也是从它能把后者组成一部断代史来说的。白寿彝:《司马迁与班固》,《北京师范大学学报(社科版)》,1963 年第 4 期,第 6—8 节。

和国家统一，为后来的统治者所注重，"班固的正宗思想，是着力说明汉皇朝得'天之正统'，进而说明皇权和神权的一致性。这是把董仲舒的'天人感应'的神学思想历史化了，不独为当时统治者所需要，而且为以后历代封建统治者所推崇，并对史学的发展产生了很大的影响"[1]。以上两方面的原因，很大程度上决定了社会各阶层，尤其是统治者们对《汉书》历史鉴戒功能的重视。

宋代以前的史书中，有不少关于最高统治者有感于《汉书》所记内容的事例，这是时人以读《汉书》而实现"自镜"的反映。后赵统治者石勒在历史上因其武功而闻名，司马光总结其征战历程时说："（石）勒以胡羯饿隶，崛起皂枥之间，连百万之众，横行天下，斮丧晋室。东擒苟晞、北取王浚、西逐刘琨、南举兖豫，皆如俯拾地芥。刘曜席战胜之威，长驱伊洛，有并吞山东之志，勒举鞭一麾，曜惛然就缚，遂兼其国，奄有中区，羌氏咸服。"[2]司马光感叹石勒的征战过程有如摧枯拉朽，他评价石勒："其才不有过人者，能如是乎？"[3]明太祖朱元璋也曾命大臣詹同评价石勒，詹同回答说："石勒虽不学，而豪爽脱略，料敌制胜，举无遗策。"[4]历史上关于石勒的评价强化了人们对其武功的认识，一定程度上忽略了他作为最高统治者的历史鉴戒思想。《晋书》中记载有一条关于石勒有感于《汉书》所记的事迹：

> 勒亲临大小学，考诸学生经义，尤高者赏帛有差。勒雅好文学，虽在军旅，常令儒生读史书而听之，每以其意论古帝王善恶，朝贤儒士听者莫不归美焉。尝使人读《汉书》，闻郦食其劝立六国后，大惊曰："此法当失，何得遂成天下！"

1　瞿林东：《中国史学史纲》，北京：北京师范大学出版社，2010年，第124页。

2　司马光：《稽古录》卷一三，王亦令点校，北京：中国友谊出版公司，1987年，第353—354页。

3　司马光：《稽古录》卷一三，王亦令点校，北京：中国友谊出版公司，1987年，第354页。

4　《明太祖宝训》卷四《评古》，《明实录》附录五，台湾"中央研究院"历史语言研究所，1962年，第289页。

至留侯谏，乃曰："赖有此耳。"其天资英达如此。[1]

《晋书》记载石勒对历史十分重视，即便他身在军旅也要听儒生读史，并依据自己的看法评价古代帝王的善恶。这里特别提到石勒命人读《汉书》时的情况，当听到郦食其劝汉高祖刘邦立六国一事，他深感此法不妥，评论此法难成大业；当他听到留侯张良对刘邦的劝谏，则感叹张良谏言对国家的重要。石勒通过《汉书》的记载对汉代历史事件发表具体看法，他的种种认识得到当朝儒士的称赞，《晋书》著者也肯定了石勒"天资英达"。石勒对历史的认识，以及其政治主张，一定程度上受到了《汉书》的积极影响。

北魏太祖皇帝拓跋珪同样以能征善战著称，《魏书》中记载了北魏史家崔浩之父、政治家崔宏与拓跋珪之间的关系，《汉书》作为一条纽带，将君臣二人紧密地结合起来：

太祖常引问古今旧事，王者制度，治世之则。玄伯陈古人制作之体，及明君贤臣，往代废兴之由，甚合上意。未尝謇谔忤旨，亦不谄谀苟容。及太祖季年，大臣多犯威怒，玄伯独无谴者，由于此也。太祖曾引玄伯讲《汉书》，至娄敬说汉祖欲以鲁元公主妻匈奴，善之，嗟叹者良久。是以诸公主皆厘降于宾附之国，朝臣子弟，虽名族美彦，不得尚焉。尚书职罢，赐玄伯爵白马侯，加周兵将军，与旧功臣庾岳、奚斤等同班，而信宠过之。[2]

从以上材料可以看出，拓跋珪非常重视历史上的治国之道，故经常向崔宏请教历代礼乐制度、明君贤臣的事迹，以及皇朝兴衰的原因。这里特别提到了崔宏

1　房玄龄等：《晋书》卷一〇五《石勒载记下》，北京：中华书局，1974年，第2741页。

2　魏收：《魏书》卷二四《崔玄伯传》，北京：中华书局，1974年，第621—622页。

向拓跋珪讲授《汉书》，当听到汉高祖刘邦想把其女鲁元公主远嫁匈奴时，拓跋珪深有感触，他因此将北魏公主都下嫁给了归附的政治势力。崔宏向拓跋珪讲授《汉书》，为帝王提供历史上的治国经验，也获得了皇帝的信任。《魏书》所记载的拓跋珪有感于《汉书》所记，而将公主外嫁，是北魏初期政治方面以《汉书》记载为历史鉴戒的一个具体事例。无论是石勒还是拓跋珪，这样以征战闻名于世的君主，都非常重视史书的历史鉴戒作用，尤其对《汉书》所叙史事十分重视。

与最高统治者重视《汉书》的历史鉴戒作用相比，在治国的具体环节中，士大夫们对《汉书》记载的参考则更为直接，特别是对《汉书》所记载的天文、灾异等现象十分重视，如《晋书·五行志中》记载："愍帝建兴元年，狗与猪交。案《汉书》，景帝时有此，以为悖乱之气，亦犬豕祸也。……饿而帝没于胡，是其应也。"[1]以当前的眼光来看，这些荒诞无稽的附会虽然不足取信，但在当时的历史情境和认识水平的作用下，大臣们往往借助《汉书》中对天文灾异现象的具体记载，以达到劝谏帝王的目的。

如《魏书》记载了崔浩借《汉书》文本解释天文现象，以此安抚北魏明元帝拓跋嗣一事。泰常三年（418），有彗星"出天津，入太微，经北斗，络紫微，犯天棓"，共持续长达八十多日，这一异象使拓跋嗣深感不安，他召集诸儒术士问："今天下未一，四方岳峙，灾咎之应，将在何国？朕甚畏之，尽情以言，勿有所隐。"崔浩受众人推举，解释说："古人有言，夫灾异之生，由人而起。人无衅焉，妖不自作。故人失于下，则变见于上，天事恒象，百代不易。《汉书》载王莽篡位之前，彗星出入，正与今同。国家主尊臣卑，上下有序，民无异望。唯僭晋卑削，主弱臣强，累世陵迟，故桓玄逼夺，刘裕秉权。彗孛者，恶气之所生，是为僭晋将灭，刘裕篡之应也。"崔浩认为"人失于下，则变见于上"，

1　房玄龄等：《晋书》卷二八《五行志中》，北京：中华书局，1974 年，第 852 页。

他引用《汉书》记载王莽篡位之前有类似的天文现象，进而加以对比，分析北魏上下有序，民无二心，结合此时南方的政治形势，将彗星的出现看作是刘裕篡位的预兆。泰常五年（420），刘裕废除晋恭帝司马德文而自立，拓跋嗣听闻这个消息，马上用驿马向崔浩传诏说："往年卿言彗星之占验矣，朕于今日始信天道。"[1] 泰常三年（418）那八十余日的彗星现象，令拓跋嗣"甚畏之"，崔浩受满朝官员的推举，结合《汉书》记载，做出了令拓跋嗣深以为然的解释。实际上，泰常三年（418）出现的彗星较《汉书》记载的类似现象更为复杂，时间持续更长，很难称得上是相同的天文现象。崔浩之所以能够"预言"成功，并不在于他对《汉书》记载的借鉴，而是在于他对时局的冷静分析："唯借晋卑削，主弱臣强，累世陵迟，故桓玄逼夺，刘裕秉权。"这件事的应验却让拓跋嗣"始信天道"。当然，倘若崔浩当时不借助《汉书》记载，也是难以说服拓跋嗣的。

又如北魏宣武帝正始元年（504），有典事史进献四足四翅鸡一事。北魏皇帝元恪诏令询问史官崔光对此事的看法，这件事看似是无稽之谈，但崔光上表详细解释此事后，对皇帝进行了一番有力的劝谏，崔光表言：

> 臣谨按《汉书·五行志》：宣帝黄龙元年，未央殿路軨中，雌鸡化为雄，
> 毛变而不鸣不将，无距。元帝初元中，丞相府史家雌鸡伏子，渐化为雄，冠距
> 鸣将。永光中，有献雄鸡生角。刘向以为鸡者小畜，主司时起居，小臣执事
> 为政之象也。言小臣将乘君之威，以害政事，指石显也。竟宁元年，石显伏辜，

1　魏收：《魏书》卷三五《崔浩列传》，北京：中华书局，1974 年，第 811—812 页。崔浩言《汉书》所记王莽篡位前的彗星异象，当指汉哀帝建平二年（前 5）二月："彗星出牵牛七十余日。传曰：'彗所以除旧布新也。'牵牛，日、月、五星所从起，历数之元，三正之始。彗而出之，改更之象也。其出久者，为其事大也。其六月甲子，夏贺良等建言当改元易号，增漏刻。诏书改建平二年为太初元年，号曰'陈圣刘太平皇帝'，刻漏以百二十为度。八月丁巳，悉复蠲除之，贺良及党与皆伏诛流放。其后卒有王莽篡国之祸。"班固：《汉书》卷二六《天文志》，北京：中华书局，1962 年，第 1312 页。

此其效也。……今之鸡状虽与汉不同，而其应颇相类矣。[1]

崔光对进献四足四翅鸡一事表现得非常重视，他结合《汉书·五行志》的记载说，无论是汉宣帝还是汉元帝时，都有雌鸡化为雄鸡的记载，刘向认为雌鸡转雄是小臣乱政的征兆，奸臣石显负罪而死就是这种征兆的效验。崔光认为此时的异状虽与《汉书》所描述的有所不同，而预示的结果很相似，他的结论是"信而有证，诚可畏也"。继而崔光开始了对元恪的劝谏，他说："其势尚微，易制御也。臣闻灾异之见，皆所以示吉凶，明君睹之而惧，乃能招福；暗主视之弥慢，所用致祸。"指出乱政的力量微弱，容易控制，只要君主能够重视这些问题，就能招来福祉，反之则招致祸害。至此可见崔光上表的真正意图，他列举了当时国家存在的诸多问题："今或有自贱而贵，关预政事，殆亦前代君房之匹比者。南境死亡千计，白骨横野，存有酷恨之痛，殁为怨伤之魂。义阳屯师，盛夏未返；荆蛮狡猾，征人淹次。东州转输，往多无还；百姓困穷，绞缢以殒。北方霜降，蚕妇辍事；群生憔悴，莫甚于今。"面对这些问题，他劝谏皇帝："陛下为民父母，所宜矜恤。国重戎战，用兵犹火，内外怨弊，易以乱离。陛下纵欲忽天下，岂不仰念太祖取之艰难，先帝经营劬劳也？"[2]崔光建议皇帝能够体恤黎民，而非放纵自己，应时时感念太祖拓跋珪开国的艰难和孝文帝元宏治国的操劳，进而崔光还向元恪提出了具体的建议：

诚愿陛下留聪明之鉴，警天地之意，礼处左右，节其贵越。往者邓通、董贤之盛，爱之正所以害之。又躬飨加罕，宴宗或阙，时应亲肃郊庙，延敬诸父。检访四方，务加休息，爰发慈旨，抚赈贫瘼。简费山池，减撤声饮，昼存政道，

1　魏收：《魏书》卷六七《崔光传》，北京：中华书局，1974 年，第 1488—1489 页。

2　魏收：《魏书》卷六七《崔光传》，北京：中华书局，1974 年，第 1489 页。

夜以安身。博采刍荛，进贤黜佞。则兆庶幸甚，妖孽庆进，祯祥集矣。[1]

这段话包含了崔光希望元恪能够以史为鉴的愿望，从祭祀礼法到施政爱民都对元恪提出了具体的期望，如注重祭祀礼仪、与民休息、赈济贫困、节省开销、专心政务、安养身体、近贤人退佞臣等。元恪在看到崔光的上表后很是高兴，并接受了崔光的一些建议。

以上两事，都是大臣借《汉书》记载劝谏帝王的具体事例。北魏作为以少数民族贵族为主体建立的政权，政治统治的各个方面受到中原地区的影响，其文化发展经受了巨大变革。《汉书》中所记载的历史经验和教训成为北魏最高统治者学习的宝贵资料，故大臣常用汉代史事劝谏其君主，这一现象在北魏历史上表现得尤其明显。结合东汉以降至隋唐以前的社会状况来说，国家长期处于分裂和对峙，与汉代大一统的局面形成了鲜明的对照。政治上的巨大变革促使史学呈现多途发展的趋势。[2]这一时期的大臣们普遍重视史学的经世功能，他们看重《汉书》中包含的有关治国的积极因素，在劝谏君主时，常引用《汉书》记载以增加其谏言的分量，以期受到君主的重视，借助汉代史事规劝或勉励君主，盼望君主能有一番作为。

二、社会历史教育的多重需要

君主与大臣对《汉书》的重视反映在这一时期的历史教育方面。首先，政治家重视从《汉书》中习得历史知识，这一定程度上使《汉书》担负起历史教育的功能。其次，《汉书》内容与经学联系密切，习读《汉书》可以加强自身

1　魏收：《魏书》卷六七《崔光传》，北京：中华书局，1974 年，第 1489—1490 页。

2　瞿林东指出："魏晋南北朝时期，由于社会历史的发展经历着巨大的变动：政治上的分裂与统一的变动，各民族间的迁移与交往的变动，地主阶级内部构成的变动，意识形态领域经学传统地位的变动，以及区域经济、文化的发展，选官制度的特点，等等，使这一时期的史学呈多途发展的趋势。"瞿林东：《中国史学史纲》，北京：北京师范大学出版社，2009 年，第 30 页。

的经学修养。中国经学教育的历史悠久，汉代"罢黜百家，独尊儒术"以来，经学教育长期就是中国古代封建教育的主要内容。《汉书》明确提出其奉行"旁贯《五经》"[1]的撰述要求，内容上与经学教育的要求相契合，而人们对于经典的解读无法脱离历史的发展与变化，使《汉书》在经学教育的过程中也起到了不可忽视的作用。再次，从历史文学[2]的角度审视《汉书》，它文辞典雅，堪称史书范本。早在三国时期，吴人华覈就评价《汉书》说："昔班固作《汉书》，文辞典雅，后刘珍、刘毅等作汉记，远不及固，叙传尤劣。"[3]这一特点也使《汉书》有成为教育材料的可能。综观这一时期的历史记载，帝王将相以《汉书》育人，或自己习读《汉书》的情况很多。

统治集团中的许多人物非常重视用《汉书》教育后辈，希望他们能从中汲取治国为人的历史经验。《三国志》裴松之注引诸葛亮《先主敕后主遗诏》，显现出刘备对刘禅提出的殷切期望。刘备希望刘禅能够"勿以恶小而为之，勿以善小而不为"，向他提出"惟贤惟德，能服于人。汝父德薄，勿效之"的要求，至于怎样成为贤德之人，刘备认为"可读《汉书》《礼记》，间暇历观诸子及《六韬》《商君书》，益人意智"[4]。刘备将《汉书》视为成为贤德之人的必读书，甚至优先于《礼记》，可见他对《汉书》的教育作用是非常重视的。类似的情况也出现在东吴，孙登是孙权的长子，《三国志》记载："魏黄初二年，以权为吴王，拜登东中郎将，封万户侯，登辞疾不受。是岁，立登为太子，选置师傅，铨简秀士，以为宾友，于是诸葛恪、张休、顾谭、陈表等以选入，侍讲诗书，出从骑射。

1　班固：《汉书》卷一〇〇下《叙传下》，北京：中华书局，1962 年，第 4235 页。

2　白寿彝先生对历史文学的定义有两个方面：一是指代用历史题材写成的文学作品，二是指史家对历史的文字表述，此处所说的历史文学当为后者。白寿彝：《谈历史文学——谈史学遗产答客问之四》，《史学史研究》，1981 年第 4 期。关于《汉书》在历史文学方面的成就，许殿才从语言典雅、长于叙事，刻画人物栩栩如生，广收文章为书增色三个方面给予全面的评价。许殿才：《〈汉书〉典雅优美的历史记述》，《史学史研究》，1996 年第 1 期。

3　陈寿：《三国志》卷六五《吴书·韦曜传》，北京：中华书局，1959 年，第 1464 页。

4　陈寿：《三国志》卷三二《蜀书·先主传》，北京：中华书局，1959 年，第 891 页。

权欲登读《汉书》，习知近代之事，以张昭有师法，重烦劳之，乃令休从昭受读，还以授登。"[1]魏黄初二年（221），孙登被立为太子。孙权在遴选太子师时，尤其希望孙登能够学习《汉书》，以熟知近代的史事。张昭对《汉书》有所师承，但此时年事已高，孙权考虑到不便劳烦他，特意让张休先跟张昭学习《汉书》，然后再转授给孙登。孙权为了让孙登能够受到良好的教育，可谓煞费苦心，他将《汉书》视为太子学习的必读书。不光是君主，许多大臣也以《汉书》教育后代，如《晋书》记载十六国时期前赵名士刘殷："有七子，五子各授一经。一子授《太史公》，一子授《汉书》，一门之内，七业俱兴，北州之学，殷门为盛。"[2]刘殷的七个儿子分别教授五经、《史记》、《汉书》，都颇有成绩。

许多帝王将相早年都有习读《汉书》的经历，《北齐书》记载北齐皇帝高演早年习读《汉书》："魏元象元年，封常山郡公。及文襄执政，遣中书侍郎李同轨就霸府为诸弟师。帝所览文籍，源其指归而不好辞彩。每叹云：'虽盟津之师，左骖震而不衄。'以为能。遂笃志读《汉书》，至《李陵传》，恒壮其所为焉。"[3]《汉书》中的记载常常令高演为之振奋。陈朝将军韦载少年时习读《汉书》的事迹也为人称道，《陈书》记载他："载少聪惠，笃志好学。年十二，随叔父棱见沛国刘显，显问《汉书》十事，载随问应答，曾无疑滞。及长，博涉文史，沉敏有器局。"[4]年仅十二岁的韦载面对关于《汉书》的问题能对答如流。这种自幼习读《汉书》的风气到隋唐时期更加兴盛，唐初大臣郝处俊"年十岁余，其父卒于滁州，父之故吏赙送甚厚，仅满千余匹，悉辞不受。及长，好读《汉书》，略能暗诵"[5]。唐中宗时中书令裴炎"少补弘文生，每遇休假，

1　陈寿：《三国志》卷五九《吴书·吴主五子传》，北京：中华书局，1959 年，第 1363 页。

2　房玄龄等：《晋书》卷八八《孝友列传》，北京：中华书局，1974 年，第 2289 页。

3　李百药：《北齐书》卷六《孝昭本纪》，北京：中华书局，1972 年，第 79 页。

4　姚思廉：《陈书》卷一八《韦载传》，北京：中华书局，1972 年，第 249 页。

5　刘昫等：《旧唐书》卷八四《郝处俊传》，北京：中华书局，1975 年，第 2797 页。

诸生多出游，炎独不废业。岁余，有司将荐举，辞以学未笃而止。在馆垂十载，尤晓《春秋左氏传》及《汉书》"[1]。"初唐四杰"之一的王勃"六岁善文辞，九岁得颜师古注《汉书》读之，作《指瑕》以摘其失"[2]。名将李光弼"幼持节行，善骑射，能读班氏《汉书》"[3]。唐宪宗时的大臣郗士美"年十二，通五经、《史记》、《汉书》，皆能成诵"[4]。晚唐政治家李德裕"幼有壮志，苦心力学，尤精《西汉书》《左氏春秋》"[5]。关于唐代大臣早年习读《汉书》的记载不胜枚举。

从以上这些事例可以发现：其一，人们在教育后辈时，或是在他们早年学习的过程中，《汉书》都充当了重要的材料。其二，人们对《汉书》的习读往往伴随着对儒家经典的学习，如刘殷以五经、《史记》、《汉书》分别教授其子，裴炎、李德裕皆通晓《汉书》和《春秋左传》，郗士美则以通五经、《史记》、《汉书》而著称等。

《汉书》在这一时期历史教育中的重要位置，除前文论及的其自身特点以外，还有社会背景的推动。首先，这一时期史书地位的提高为《汉书》成为历史教育材料提供了条件。近人周予同指出，从历史发展来看，史学由附于经学，到次于经学，再到与经学相当。[6]魏晋之际，史书已经摆脱附庸于儒家经典的地位。[7]随着史书地位的提高，史学更为统治集团中的大多数人所重视，《旧唐书·虞世南传》记载："太宗重其博识，每机务之隙，引之谈论，共观经史。……每论及古先帝王为政得失，必存规讽，多所补益。"[8]唐太宗与虞世南"共观经史"，

---

1 刘昫等：《旧唐书》卷八七《裴炎传》，北京：中华书局，1975年，第2843页。

2 欧阳修等：《新唐书》卷二〇一《文艺传上》，北京：中华书局，1975年，第5739页。

3 刘昫等：《旧唐书》卷一一〇《李光弼传》，北京：中华书局，1975年，第3303页。

4 欧阳修等：《新唐书》卷一四三《郗士美传》，北京：中华书局，1975年，第4695页。

5 刘昫等：《旧唐书》卷一七四《李德裕传》，北京：中华书局，1975年，第4509页。

6 朱维铮：《周予同经学史论著选集》，上海：上海人民出版社，1983年，第695页。

7 许道勋：《论经史关系的演变》，《复旦学报（社科版）》，1983年第2期。

8 刘昫等：《旧唐书》卷七二《虞世南传》，北京：中华书局，1975年，第1566页。

分析古代帝王的为政得失，从而"多所补益"。其次，统治集团重史意识的加强反映在国家政治层面，使《汉书》在唐代科举中占有重要位置，《新唐书·选举志上》记载："凡弘文、崇文生，试一大经、一小经，或二中经，或《史记》《前后汉书》《三国志》各一，或时务策五道。经史皆试策十道。经通六，史及时务策通三，皆帖《孝经》《论语》共十条通六，为第。"[1]虽然史科的规模与明经相比较小，但研读《汉书》参与科举，毕竟成为入仕的一条道路。

以上几个方面的原因，促使《汉书》的相关研究得以成为专门的学问。

第二节 宋代以前"汉书学"的发展趋势

一、东汉至南北朝"汉书学"的产生和发展

《汉书》刚刚问世之时，"多未能通者，同郡马融伏于阁下，从昭受读，后又诏融兄续继昭成之"[2]。这是历史上最早习读《汉书》活动的记载，这实际上标志着《汉书》已经成为一门需要研读与传授的学问。从东汉时期对《汉书》的研读，至"汉书学"成为史学中的一门显学，经历了一个长期的发展过程。

东汉桓帝时期的延笃注解《汉书》，或许是最早关于《汉书》的研究成果。近人陈直在其《汉书新证》中提出："世人但知《汉书》之注，始于服虔、应劭，现在当提前开始于桓帝时之延笃。"[3]这种观点被不少学者采纳，综观《汉书新证》

1　欧阳修等：《新唐书》卷四四《选举志上》，北京：中华书局，1975年，第1162页。

2　范晔：《后汉书》卷八四《列女传》，北京：中华书局，1965年，第2785页。

3　陈直：《汉书新证》，天津：天津人民出版社，1979年，第189页。不少学者视延笃为最早注《汉书》之人，如周洪才：《历代〈汉书〉研究述略》，《齐鲁学刊》，1987年第3期；徐家骥：《中国古代〈汉书〉研究概述》，《咸阳师专学报（文科版）》，1996年第1期；袁法周：《中国古代〈汉书〉的传播与研究》，《宁夏社会科学》，2007年第2期；刘治立：《史注传统下的"汉书学"》，《信阳师范学院学报（哲社版）》，2013年第4期。

所列证据，似仍难以断定延笃就是历史上注《汉书》的第一人。[1]参考《后汉书·延笃传》中的记载："延笃字叔坚，南阳犨人也。少从颍川唐溪典受《左氏传》，旬日能讽之，典深敬焉。又从马融受业，博通经传及百家之言，能著文章，有名京师。"[2]这里提到延笃曾从马融受业，从而博通经传及诸子百家，结合《汉书新证》所列材料来看，延笃对《汉书》的研读似乎与马融从班昭受读的情况类似。从现存的史料来看，服虔、应劭有可能是最早专门研究《汉书》的学者。

东汉时期的《汉书》研究者，除服虔和应劭外，还有胡广、蔡邕等，他们都以注解《汉书》闻名。这一时期，荀悦受汉献帝之命改作《汉书》，撰成编年体皇朝史《汉纪》。《后汉书》记载："帝好典籍，常以班固《汉书》文繁难省，乃令悦依《左氏传》体以为《汉纪》三十篇，诏尚书给笔札。"[3]这也可视为对《汉书》的一种研究。《汉纪》中有不少对《汉书》的解释，这些言论为后人研读《汉书》提供了更为丰富的材料。颜师古为《汉书》做注时也明确提到他对《汉纪》以及北魏崔浩所作《汉纪音义》的参考。

三国两晋南北朝时期，注解《汉书》的学者很多，直接影响颜师古注《汉书》的就有伏俨、刘德、郑氏、李斐、李奇、邓展、文颖、张揖、苏林、张晏、如淳、

1　《汉书新证》所列举的材料有三条：一是《汉书·天文志》"后流星下燕万载宫极，东去"，颜师古注引李奇曰："极，屋梁也，三辅间名为极。或曰，极，栋也，三辅间名栋为极。寻栋，东去也。延笃谓之堂前阑楣也。"二是《汉书·咸宣传》"齐有徐勃，燕赵之间有坚卢、范主之属"，颜师古注引邓展曰："延笃读坚曰甄。"三是《史记·高祖本纪》"高祖为亭长时，常告归之田"，司马贞索隐引韦昭注："告，请归乞假也，音告语之告。故《战国策》曰'商君告归'。延笃以为告归，今之归宁也。"前两条材料是他人引述延笃对读音和意义的解释，并未指出延笃曾《汉书》注，第三条材料中司马贞引用韦昭注包含延笃的看法，结合司马贞《史记索隐后序》曰："然古今注解者绝省，音义亦希。始后汉延笃乃有《音义》一卷。"这被陈直认为是司马贞将韦昭所作《汉书》注错用于《史记》。考第三条材料，当指代《史记音义》，再结合司马贞注《史记》时引《战国策》，三次引延笃语，《隋书·经籍志》著录延笃作《战国策论》，故第三条材料中延笃语有可能是其《战国策论》中的内容。可参看万献初：《服虔、应劭〈书音义〉音切考辨》，《古汉语研究》，2013 年第 3 期。结合延笃从马融习读《汉书》的经历来看，颜师古注《汉书》中所转引的延笃的言论，也有可能是小范围之内口耳相授的结果。

2　范晔：《后汉书》卷六四《延笃列传》，北京：中华书局，1965 年，第 2103 页。

3　范晔：《后汉书》卷六二《荀悦传》，北京：中华书局，1965 年，第 2062 页。

孟康、项昭、韦昭、晋灼、刘宝、臣瓒、郭璞、蔡谟。除此之外，这一时期《汉书》研究者及其著作还有一些，现将三国两晋南北朝时期《汉书》研究的大致情况列表如下：

朝代	姓名	官职	书名	卷数	著录情况	备注
曹魏	伏俨		《汉书音义》		姚振宗《补三国艺文志》卷二	
	邓展	奋威将军	《汉书注》		侯康《补三国艺文志》卷三、姚振宗《补三国艺文志》卷二	
	文颖	甘陵府丞	《汉书注》		侯康《补三国艺文志》卷三、姚振宗《补三国艺文志》卷二	
	苏林	博士	《汉书注》		侯康《补三国艺文志》卷三	
	张揖	博士	《汉书注》	一	侯康《补三国艺文志》卷三、姚振宗《补三国艺文志》卷二	止解《司马相如列传》一卷
	如淳	陈郡丞	《汉书注》		侯康《补三国艺文志》卷三	
	孟康	中书监	《汉书音义》	九	侯康《补三国艺文志》卷三、姚振宗《补三国艺文志》卷二	
	郑氏		《汉书注》		侯康《补三国艺文志》卷三	
			《汉书音义》		姚振宗《补三国艺文志》卷二	
	刘德		《汉书注》		姚振宗《补三国艺文志》卷二	
	张晏		《汉书注》		姚振宗《补三国艺文志》卷二	于地理最详
蜀汉	诸葛亮	丞相	《汉书音》	一	侯康《补三国艺文志》卷三、姚振宗《补三国艺文志》卷二	
孙吴	张休		《汉书章条》		姚振宗《补三国艺文志》卷二	
	韦昭	中书仆射	《汉书音义》	七	姚振宗《补三国艺文志》卷二	
三国	项昭		《汉书注》		姚振宗《补三国艺文志》卷二	
	李斐		《汉书音义》		姚振宗《补三国艺文志》卷二	
	李奇		《汉书注》		姚振宗《补三国艺文志》卷二	
西晋	刘宝	御史中丞	《汉书驳议》	二	魏征等《隋书》卷三三《经籍志二》	
	晋灼	尚书郎	《汉书集注》	一三	魏征等《隋书》卷三三《经籍志二》	
			《汉书音义》	一七	颜师古《汉书叙例》、欧阳修等《新唐书》卷五八《艺文志二》	
	臣瓒		《汉书集解》	二四	颜师古《汉书叙例》	

续表

朝代	姓名	官职	书名	卷数	著录情况	备注
东晋	蔡 谟	秘书监	《汉书集解》		房玄龄等《晋书》卷七十七《蔡谟传》	
	郭 璞	弘农太守	《司马相如传》注		颜师古《汉书叙例》	止注《相如传序》及游猎诗赋
			《汉书音》	二	魏征等《隋书》卷三三《经籍志二》	
北魏	崔 浩	司徒	《汉书音义》	二	欧阳修等《新唐书》卷五八《艺文志二》	
宋	颜延年	右光禄大夫	《汉书决疑》	一二	刘昫等《旧唐书》卷四六《经籍志上》	
齐	陆 澄	金紫光禄大夫	《汉书注》	一	魏征等《隋书》卷三三《经籍志二》	
			注《汉书》	一〇二	魏征等《隋书》卷三三《经籍志二》	
梁	韦 棱	平北谘议参军	《汉书续训》	三	魏征等《隋书》卷三三《经籍志二》	
	刘 显	寻阳太守	《汉书音》	二	魏征等《隋书》卷三三《经籍志二》	
	萧 绎	梁元帝	《汉书注》	一一五	魏征等《隋书》卷三三《经籍志二》	
	萧 琛	金紫光禄大夫	《汉书文府》		李延寿《南史》卷一八《萧思话传附传》	
	刘孝标	秘书郎	《汉书注》	一四〇	魏征等《隋书》卷三三《经籍志二》	
陈	姚 察	吏部尚书	《汉书训纂》	三〇	魏征等《隋书》卷三三《经籍志二》	
			《定汉书疑》	二	魏征等《隋书》卷三三《经籍志二》	
			《汉书集解》	一	魏征等《隋书》卷三三《经籍志二》	
	刘嗣等		《汉书音义》	二六	刘昫等《旧唐书》卷四六《经籍志上》	
	项 岱		《汉书叙传》	五	魏征等《隋书》卷三三《经籍志二》	
	阴景伦		《汉书律历志音义》	一	刘昫等《旧唐书》卷四六《经籍志上》	
	孔文祥		《汉书音义钞》	二	刘昫等《旧唐书》卷四六《经籍志上》	

从上表所列的情况可以看出:第一,三国两晋南北朝时期的《汉书》研究者人数众多,尤以魏晋时期和南朝梁陈时期的研究成果最多。第二,就这一时期的《汉书》研究者来看,一些人为官时期担任过与史学相关的官职,但也不乏诸如诸葛亮身为蜀汉丞相作《汉书音》、南朝梁元帝萧绎亲自为《汉书》做注的情况,这表明对《汉书》的研究不单是被史学相关官员,而且被不少上层政治人物所重视。第三,综观这些研究成果,以注音、释义、集解为主,研究方法受东汉时期服虔《汉书音义》、应劭《汉书音义》的影响很大。第四,以目前掌握的资料来看,这些研究的部帙多为几卷至十几卷,而如张揖、郭璞,都仅注《司马相如列传》一卷,至于陆澄注《汉书》一〇二卷、萧绎《汉书注》一一五卷、刘孝标《汉书注》一四〇卷,应是将其所做注文夹杂编入《汉书》原文中。

三国两晋南北朝时期《汉书》研究的内容至今已大多散佚,其观点散见于后人所注《汉书》中,难以从某部专书研究的角度对这一时期的《汉书》研究加以深入分析。但这一时期《汉书》研究最重要的意义在于,在经历过三国鼎立、南北朝分裂的局面后,仍有大量的《汉书》研究资料得以保存至隋唐时期,使"汉书学"没有因社会动荡而中断,这为后人继续研究《汉书》提供了宝贵的材料和较好的基础。至唐代颜师古作《汉书注》时,他仍能够参考东汉、两晋等较早时期的《汉书》研究成果。三国两晋南北朝时期的《汉书》研究,标志着《汉书》研究从东汉时期个别学者之间相互讲授的小范围活动,演变成为受到较多上层政治人物所重视、产生许多研究成果的学问,这是"汉书学"早期发展历史上的重要特点。

二、隋唐之际"汉书学"的兴盛

经过东汉末期至南北朝,"汉书学"在隋唐之际迎来了其快速发展的时期。出现这一情况的历史原因:一方面在于隋唐以前"汉书学"的长期积淀,为其兴盛提供了良好的条件；另一方面得益于隋唐时期"三礼学"的发展。

清人赵翼在《廿二史札记》中专作《唐初三礼汉书文选之学》，分别介绍了隋唐之际"三礼学""汉书学""文选学"的基本情况，开篇赵翼称"六朝人最重三礼之学，唐初犹然"，列举了唐朝"三礼学"的研究情况。除"三礼学"以外，"次则《汉书》之学，亦唐初人所竞尚"。赵翼并未直接指出"三礼学"与"汉书学"的关系，但他说："《汉书》之学，隋人已究心。……唐人之究心《三礼》，考古义以断时政，务为有用之学，而非徒以炫博也。"[1]他指出"三礼学"之所以在唐代盛行，是因为唐人有"考古义以断时政，务为有用"的目的，这与唐太宗与虞世南"共观经史"，分析古代帝王的为政得失，从而"多所补益"是类似的。《汉书》记载与经学内容密切相关，如《汉书·王莽传》就直接引用《礼记·王制》中"千七百余国"[2]的说法，并展开议论，类似的情况还有很多。隋唐时期以治《汉书》闻名的学者多数都有精通《三礼》的名声，如萧该"《诗》《书》《春秋》《礼记》并通大义，尤精《汉书》，甚为贵游所礼"[3]。隋人杨汪曾随"汉圣"刘臻学习《汉书》，而在这之前，杨汪就以"长更折节勤学，专精《左氏传》，通《三礼》"而著称，后来又"问《礼》于沈重，受《汉书》于刘臻"[4]。这在一定程度上反映出隋唐"三礼学"与"汉书学"的紧密关系。从这一角度来看，《汉书》中"博赡"的记载，对"三礼学"研究者们来说是很好的参考资料，

1　赵翼：《廿二史札记》卷二十《唐初三礼汉书文选之学》，王树民校证，北京：中华书局，1984 年，第 440—442 页。肖瑞峰、石树芳在《"汉书学"的历史流程及其特征》一文中，以"文选学"的发展脉络类比"汉书学"，认为："萧该、包恺、刘臻、刘纳言等人的著述传授使得《汉书》迅速推广，'汉书学'渐成规模，而颜师古《汉书注》标志'汉书学'的成熟。" 肖瑞峰、石树芳：《"汉书学"的历史流程及其特征》，《清华大学学报（哲社版）》，2013 年第 4 期。笔者认为，"汉书学"的成熟应早于"文选学"，一门学科的形成和发展往往滞后于相关的研究成果，"汉书学"或"《汉书》之学"的史料记载最早出现于隋唐之际，但这不意味着"汉书学"形成于隋唐时期。

2　班固：《汉书》卷九九上《王莽传上》，北京：中华书局，1962 年，第 4089 页。

3　魏征等：《隋书》卷七五《儒林列传》，北京：中华书局，1973 年，第 1715 页。

4　魏征等：《隋书》卷五六《杨汪传》，北京：中华书局，1973 年，第 1393 页。

"汉书学"在一定程度上借助"三礼学"兴盛的风气，得以有更进一步的发展。故赵翼指出唐人除重"三礼学"外，"次则《汉书》之学"。

在隋唐时期的史料中，明确提到"《汉书》之学"或"汉书学"的记载数量很多，并且不乏其盛行程度的描述，这使我们对这一时期的"汉书学"发展有更为直接的感受。关于隋唐"汉书学"，瞿林东所撰《隋唐"汉书学"的发展》[1]一文，给予笔者很大启发。在此基础上，笔者认为隋唐"汉书学"发展的具体表现有以下三方面：其一，是《汉书》研究者普遍有家学传统，且《汉书》教授活动的规模更大。东汉至南北朝，很多精通《汉书》之人的师承关系无从知晓，虽有一些教授《汉书》活动的具体记载，但其规模仅限于少数王公贵族和大儒学者之间。至隋唐时期，情况则大不一样了，如姚思廉"少受汉史"于其父姚察，"能尽传家业，勤学寡欲"[2]。姚思廉的孙子姚珽又继承家学，"尝以其曾祖察所撰《汉书训纂》，多为后之注《汉书》者隐没名氏，将为己说；珽乃撰《汉书绍训》四十卷，以发明旧义，行于代"[3]。姚珽指出其曾祖父姚察作《汉书训纂》的不足，撰成《汉书绍训》以发扬其家学。又如萧该、包恺，他们是隋时"汉书学"方面的杰出人物，萧该是"梁鄱阳王恢之孙，少封攸侯"[4]，考南朝梁的人物关系，萧恢为梁元帝萧绎的叔父，那么萧该作为萧恢的孙子，就是萧绎的堂侄，萧绎有《汉书注》一一五卷，如此看来，萧该精通《汉书》也应是有其家学渊源的。包恺则"从王仲通受《史记》《汉书》，尤称精究"[5]，时"《汉书》学者以萧、包二人为宗"[6]。此外，还有刘臻"精于两《汉书》，时人称为'《汉》圣'"[7]，

---

1 瞿林东：《隋唐"汉书学"的发展》，《历史知识》，1980年第5期。

2 刘昫等：《旧唐书》卷七三《姚思廉传》，北京：中华书局，1975年，第2592页。

3 刘昫等：《旧唐书》卷八九《姚璹传附传》，北京：中华书局，1975年，第2907页。

4 魏征等：《隋书》卷七五《儒林列传》，北京：中华书局，1973年，第1715页。

5 魏征等：《隋书》卷七五《儒林列传》，北京：中华书局，1973年，第1716页。

6 魏征等：《隋书》卷七五《儒林列传》，北京：中华书局，1973年，第1716页。

7 魏征等：《隋书》卷七六《文学列传》，北京：中华书局，1973年，第1731页。

而他的父亲正是南朝梁撰有《汉书音》二卷的刘显，其家学渊源也不必多言。《汉书注》的集大成者颜师古，也是在其叔父颜游秦撰《汉书决疑》的基础上继承家学的。

隋唐时期著名的"汉书学"者，又将其所学广泛传授给更多人。萧该、包恺受"汉书学"，开展《汉书》的教授活动，将这门学问传播得更为广泛，"远近聚徒教授者数千人"[1]，可谓盛况空前。他们的学生中不乏代表人物，如李密"师事国子助教包恺，受《史记》《汉书》。恺门徒皆出其下"[2]。阎立本之父阎毗"仪貌矜严，颇好经史，受《汉书》于萧该，略通大旨"[3]。秦景通与其弟秦昈是唐初精通《汉书》的学者，分别被人称为"大秦君""小秦君"，"当时治《汉书》者，非其指授以为无法"[4]。当时但凡是习读《汉书》之人，如不经受他们的指点都难以得法。此外，"为'汉书学'者，又有刘纳言，亦为当时宗匠"[5]。而撰有《汉书辩惑》三十卷的李善，更是以"教授为业"[6]。

"汉书学"受到唐代统治集团的大力支持，颜师古注《汉书》就是在太子李承乾的支持下进行的，撰成以后"太宗令编之秘阁，赐师古物二百段、良马一匹"[7]。后来，房玄龄"以颜师古所注《汉书》，文繁难省"，又命令敬播"撮其机要，撰成四十卷，传于代"[8]。由此可见，随着"汉书学"的发展，讲授《汉书》的活动已经由少数王公贵族之间普及整个社会的士人阶层，至隋唐时期，这一学问已变得比较普及。同时，时人也开始重视"汉书学"学者的师承关系。

---

1 魏征等：《隋书》卷七五《儒林列传》，北京：中华书局，1973 年，第 1716 页。

2 魏征等：《隋书》卷七〇《李密传》，北京：中华书局，1973 年，第 1624 页。

3 魏征等：《隋书》卷六八《阎毗传》，北京：中华书局，1973 年，第 1594 页。

4 刘昫等：《旧唐书》卷一八九上《儒学列传上》，北京：中华书局，1975 年，第 4955—4956 页。

5 刘昫等：《旧唐书》卷一八九上《儒学列传上》，北京：中华书局，1975 年，第 4956 页。

6 刘昫等：《旧唐书》卷一八九上《儒学列传上》，北京：中华书局，1975 年，第 4946 页。

7 刘昫等：《旧唐书》卷七三《颜师古传》，北京：中华书局，1975 年，第 2595 页。

8 刘昫等：《旧唐书》卷一八九上《儒学列传上》，北京：中华书局，1975 年，第 4954 页。

这表明"汉书学"已经从初期带有自发性色彩的研究演变为受到社会广泛承认和重视的、需要进行系统的、有组织的学习的学问，并且已经形成了若干著名的学派。[1]

其二，隋唐"汉书学"是对东汉至南北朝以来"汉书学"成就的总结。《汉书》问世后，不断有后人汇集前人的《汉书》注文，在此基础上进一步发挥，如东晋时蔡谟"总应劭以来注班固《汉书》者，为之集解"[2]。唐朝时，学者们"各禀承旧说，不敢以意为穿凿者也"[3]。说明唐朝人对前代"汉书学"研究者的重视，而不敢信口开河，"各禀承旧说"则客观上将唐以前的研究成果保留下来。至颜师古撰成《汉书注》，标志着对唐代以前"汉书学"的一次系统总结。颜师古在其《汉书叙例》开篇就大体评价了前代研究者存在的不足，他认为："服、应曩说疏紊尚多，苏、晋众家剖断盖尠，蔡氏纂集尤为牴牾，自兹以降，蔑足有云。"[4]他认为《汉书》问世以后，"多有古字，解说之后屡经迁易，后人习读，以意刊改，传写既多，弥更浅俗"，他想到这些，"怅前代之未周，愍将来之多惑"，故所做的工作，就是"归其真正，一往难识者，皆从而释之"[5]。赵翼称赞颜师古《汉书》注本："至今奉为准的者也。"[6]

其三，是出现了关于《汉书》注法的系统阐述。颜师古在《汉书叙例》中分门别类地总结了他的研究方法。这是历史上现存的首次对《汉书》注法展开的系统论述，对其后的《汉书》注家，乃至于其他史书注家产生深远的影响。颜师古关于《汉书》注法的见解如下：

1　瞿林东指出："隋朝的萧、包，唐初的颜、秦，都可以视为突出的学派。"瞿林东：《隋唐"汉书学"的发展》，《历史知识》，1980年第5期。

2　房玄龄等：《晋书》卷七七《蔡谟传》，北京：中华书局，1974年，第2041页。

3　赵翼：《廿二史札记》卷二〇《唐初三礼汉书文选之学》，王树民校证，北京：中华书局，1984年，第441页。

4　颜师古：《汉书叙例》，班固：《汉书》，北京：中华书局，1962年，第1页。

5　颜师古：《汉书叙例》，班固：《汉书》，北京：中华书局，1962年，第2页。

6　赵翼：《廿二史札记》卷二〇《唐初三礼汉书文选之学》，王树民校证，北京：中华书局，1984年，第441页。

古今异言，方俗殊语，未学肤受，或未能通，意有所疑，辄就增损，流遁忘返，秽滥实多。今皆删削，克复其旧。

诸表列位，虽有科条，文字繁多，遂致餆杂，前后失次，上下乖方，昭穆参差，名实亏废。今则寻文究例，普更刊整，澄荡愆违，审定阡陌，就其区域，更为局界，非止寻读易晓，庶令转写无疑。

礼乐歌诗，各依当时律吕，修短有节，不可格以恒例。读者茫昧，无复识其断章，解者支离，又乃错其句韵，遂使一代文采，空韫精奇，累叶钻求，罕能通习。今并随其曲折，剖判义理，历然易晓，更无疑滞，可得讽诵，开心顺耳。

凡旧注是者，则无间然，具而存之，以示不隐。其有指趣略举，结约未伸，衍而通之，使皆备悉。至于诡文僻见，越理乱真，匡而矫之，以祛惑蔽。若泛说非当，芜辞竞逐，苟出异端，徒为烦冗，秖秽篇籍，盖无取焉。旧所阙漏，未尝解说，普更详释，无不洽通。上考典谟，旁究《苍》《雅》，非苟臆说，皆有援据。……今智穷波讨源，构会甄释。

字或难识，兼有借音，义指所由，不可暂阙。若更求诸别卷，终恐废于披览。今则各于其下，随即翻音。至如常用可知，不涉疑昧者，众所共晓，无烦翰墨。

近代注史，竞为该博，多引杂说，攻击本文，至有诋诃言辞，持掫利病，显前修之纰僻，骋己识之优长，乃效矛盾之仇雠，殊乖粉泽之光润。今之注解，翼赞旧书，一遵轨辙，闲绝歧路。

诸家注释，虽见名氏，至于爵里，颇或难知。传无所存，具列如左：……[1]

通观这篇叙例，可以看出颜师古《汉书》注法所涉及的几个方面：第一，《汉书》

1　颜师古：《汉书叙例》，班固：《汉书》，北京：中华书局，1962年，第2—4页。

中难识的字，以及存在通假现象的字，都是非常重要的，为了便于查看披览，将注释置于字下，对于常用的、没有疑问的字，则无须再费篇幅。第二，关于字音，因为有古今差异和不同地域间的差异，而导致"秽滥实多"，都一并删去，而保存其古时的原本情况。第三，虽然《汉书》各《表》已有条理，但文字繁多导致次序错杂，宗法称谓有误，要在原处根据历史实际情况加以修改，不止达到便于阅读，还要确保转写抄录的无误。第四，《汉书》中的礼乐诗歌，都应根据当时的律法和音韵、长短有别进行划分，随古曲曲调的谱式，剖析其思想，达到令人易懂上口的目的。第五，对于前人的旧注，秉承"曲核古本，归其真正"的原则，分不同情况进行处理：正确而详尽的注文保留下来；有的注文"指趣略举"而意义不够明确，则"衍而通之"使其详备；对于怪异偏见之说，则将其纠正过来；对于前人杂乱拙劣的不当观点，则不予收录；前人疏漏而未加以解释的情况，则将其完善，还要注意不能妄加解释，应有确凿的根据。第六，在广泛吸收前人言论的基础上，援引时要标明观点的出处。由以上几方面可见，颜师古并不是简单地汇总前人成就，而是依据了一套系统的方法。颜师古对《汉书》注法的论述，包含着他丰富的史学思想，这对后来的《汉书》注释有深远影响，清人王先谦作《汉书补注》，也主要参考了颜师古的方法。[1]颜师古的这些论述，不单对《汉书》注释活动有深远影响，对其他各种史注也极具价值。有学者指出，《汉书叙例》所包含的史学思想，对当今撰写历史著作也有很大的参考意义。[2]

隋唐时期，讲授《汉书》的活动盛行，当时的学者们对前代"汉书学"的成就进行了比较全面的总结，研读《汉书》、注释《汉书》有了明确而系统的方法。"汉书学"在这一时期受到更多学人的关注。

1　王先谦：《汉书补注序例》，《汉书补注》，上海：上海古籍出版社，2008年，第1—6页。

2　有学者指出："白寿彝先生主编的多卷本《中国通史》的体例，吸收了颜师古《汉书叙例》在体例上的科学因素。"钟岱：《〈汉书叙例〉在著述体例上的创造性》，《史学史研究》，1986年第1期。

第三节 宋代以前"汉书学"的研究范围

一、《汉书》文本的注音和释义

通过前文的探讨，结合这一时期研究的具体面貌，我们大致能总结出宋代以前"汉书学"的研究范围。宋代以前，对《汉书》文本的注音和释义是这一时期"汉书学"研究的最重要主题。这些通释性研究除从文字学角度注解单个古字的音义之外，主要还从以下几个方面展开：

首先，是对《汉书》所记人物的注音和解释。在此略举两例，如《汉书·高帝纪上》记载："郦食其为里监门。"这句话之下服虔注曰："音历异基。"苏林注曰："监门，门卒也。"[1]《汉书》中首次出现郦食其这一人物，通过服虔和苏林的注文，读者掌握了郦食其名字的读法以及其所任职务的含义。又如提及汉高祖刘邦的女儿鲁元公主时，服虔指出："元，长也。食邑于鲁。"韦昭则认为："元，谥也。"关于"元"字的意义，颜师古进一步解释说："公主，惠帝之姊也，以其最长，故号曰元。吕后谓高帝曰张王以鲁元故不宜有谋，齐悼惠王尊鲁元公主为太后，当时并已谓之元，不得为谥也。"[2]通过以上论述，读者能够了解《汉书》所提及历史人物的基本情况。

其次，是对《汉书》所记地名的注音和解释。如《汉书·武帝本纪》记载汉武帝南巡："舳舻千里，薄枞阳而出。"[3]服虔指出枞阳为"县名，属庐江"，颜师古进一步注音说："枞，音千松反。"学者们不仅注意地名的读音、位置，也非常重视将地名与历史情况结合起来分析一地的沿革情况，如《汉书·地理志》介绍河东郡闻喜县时称："闻喜，故曲沃。晋武公自晋阳徙此。武帝元鼎六年行过，

---

1 班固：《汉书》卷一上《高帝本纪上》，北京：中华书局，1962年，第18页。

2 班固：《汉书》卷一上《高帝本纪上》，北京：中华书局，1962年，第5页

3 班固：《汉书》卷六《武帝本纪》，北京：中华书局，1962年，第196页。

更名。"¹应劭在《汉书》记载的基础上注曰:"今曲沃也,秦改为左邑。武帝于此闻南越破,改曰闻喜。"² 指出汉武帝行至此,得到攻破南越的捷报,而将此地改为闻喜。通过类似的研究,读者能够方便地得知《汉书》所提及地名的相关情况。

再次,是对《汉书》所记制度和名物的注音和释义。如《汉书·异姓诸侯王表》序中讲:"适戍强于五伯,闾阎偪于戎狄。"³这是说被命令戍边的陈胜、吴广比春秋五霸还强势,对秦的逼迫比戎狄更甚,其中有"闾阎"的说法,应劭曰:"《周礼》二十五家为闾。阎,音檐,门闾外旋下荫,谓之步檐也。闾阎民陈胜之属,言其逼秦甚于戎狄也。"颜师古则不赞同应劭的看法:"闾,里门也。阎,里中门也。陈胜、吴广本起闾左之戍,故总言闾阎,应说非也。闾左解在陈胜传。偪,音逼。"应劭、颜师古二人分别解释了"闾""阎"二字,读者从中可以了解到古今对同一事物的不同称谓,还可明白闾阎所指代的具体意义,以及二十五家为一闾的古代户籍编制单位。又如《汉书·食货志上》记载赋税制度:"税谓公田什一及工商衡虞之入也。"这里提到汉代税收的来源,颜师古注解说:"赋谓计口发财,税谓收其田入也。什一,谓十取其一也。工、商、衡虞虽不垦殖,亦取其税者,工有技巧之作,商有行贩之利,衡虞取山泽之材产也。"⁴指出汉代税的多种形式,除征收粮食外,还有工匠制作的物品、商人交易的赢利,以及掌管山泽之人上交的原料等。以上所举两例涉及古代名物、政治制度、经济制度等方面,除此之外,"汉书学"研究者们在《汉书》记载的各制度方面都有很多发挥,《汉书》以"博赡"著称,这些为《汉书》文本而撰的注音和释义,其丰富的内容对"汉书学"研究,甚至对研究汉代以前的历史都有很大意义。

1　班固:《汉书》卷二八上《地理志上》,北京:中华书局,1962 年,第 1550 页。

2　班固:《汉书》卷二八上《地理志上》,北京:中华书局,1962 年,第 1551 页。

3　班固:《汉书》卷一三《异姓诸侯王表》,北京:中华书局,1962 年,第 364 页。

4　班固:《汉书》卷二四《食货志上》,北京:中华书局,1962 年,第 1120 页

二、考证故实与版本梳理

除着重于训诂之外，宋代之前的"汉书学"，已包含一些对《汉书》所记史事的考证，同时对《汉书》版本也有一定的梳理，这两方面的成绩与对《汉书》的注音和释义相比不够突出，但宋代以前"汉书学"的研究范围已经包含了这方面的内容。

宋代以前，关于《汉书》所记史事的考证言论不多，这一时期的"汉书学"注重训诂，而对《汉书》本身的记载并未有太多质疑。对史事的考证集中于对前代《汉书》研究者相关言论的判断。如《汉书·文帝本纪》记载："十年冬，行幸甘泉。将军薄昭死。"班固对薄昭的死一笔带过，郑氏和如淳对此事展开了论述，郑氏认为："昭杀汉使者，文帝不忍加诛，使公卿从之饮酒，欲令自引分。昭不肯，使群臣丧服往哭之，乃自杀。有罪，故言死。"如淳提出了另一种说法："一说昭与文帝博不胜，当饮酒，侍郎酹，为昭少，一侍郎谴呵之。时此郎下沐，昭使人杀之，是以文帝使自杀。"[1]关于薄昭之死，这两种说法截然不同，看似扑朔迷离，颜师古引用《外戚恩泽侯表》中"坐杀汉使者自杀"[2]的记载，肯定了郑氏的说法。

宋代以前的史书中有一些关于典校书籍活动的记载，但关于《汉书》版本梳理的相关记载很少，《梁书》中详细记载了一次考校《汉书》版本的活动，《梁书·萧琛传》记载："始琛在宣城，有北僧南度，惟赍一葫芦，中有《汉书序传》。僧曰：'三辅旧老相传，以为班固真本。'琛固求得之，其书多有异今者，而纸墨亦古，文字多如龙举之例，非隶非篆，琛甚秘之。及是行也，以书饷鄱阳王范，范乃献于东宫。"[3]这里详细记载了南朝梁大臣萧琛遇到北方而来的僧

1　班固：《汉书》卷四《文帝本纪》，北京：中华书局，1962年，第123页。

2　班固：《汉书》卷一八《外戚恩泽侯表》，北京：中华书局，1962年，第683页。

3　姚思廉：《梁书》卷二六《萧琛传》，北京：中华书局，1973年，第397页。

人，在其随身携带的葫芦里发现《汉书序传》，此书被僧人称之为"班固真本"，这使萧琛十分重视。萧琛发现这本书与当时的《汉书》有诸多不同，纸墨都显得古旧，字体也很独特，就将它献给了鄱阳王萧范，萧范又将其献给太子。此后，这件事情又有进展，太子命刘之遴考校所谓古本《汉书》的真伪，《梁书·刘之遴传》记载了他回复太子的话，书中写道：

> 案古本《汉书》称"永平十六年五月二十一日己酉，郎班固上"，而今本无上书年月日字。又案古本《叙传》号为中篇，今本称为《叙传》。又今本《叙传》载班彪事行；而古本云"稚生彪，自有传"。又今本纪及表、志、列传不相合为次，而古本相合为次，总成三十八卷。又今本《外戚》在《西域》后，古本《外戚》次《帝纪》下。又今本《高五子》《文三王》《景十三王》《武五子》《宣元六王》杂在诸传秩中，古本诸王悉次《外戚》下，在《陈项传》前。又今本《韩彭英卢吴》述云"信惟饿隶，布实黥徒，越亦狗盗，芮尹江湖，云起龙骧，化为侯王"，古本述云"淮阴毅毅，杖剑周章，邦之杰子，实惟彭、英，化为侯王，云起龙骧"。又古本第三十七卷，解音释义，以助雅诂，而今本无此卷。[1]

这里所说的"今本"，即是当时广泛流传的《汉书》，所谓的"古本"与"今本"的差异，在《四库全书总目提要》中被逐条批驳，四库馆臣指出班固进呈《汉书》的时间确凿，班彪身为东汉人物也不可能与《汉书》记载的其他西汉人物一样"自有传"，所谓"古本"三十八卷与《隋书·经籍志》所著录相差太远，至于一些篇目顺序上的差别，也与班固自己所说相互矛盾，其他在文字记载上的差异

1　姚思廉：《梁书》卷四〇《刘之遴传》，北京：中华书局，1973 年，第 573 页。

也可以通过其他史料加以证明"古本"《汉书》是伪造的。[1] 故《四库全书总目提要》中的结论是："至梁人于《汉书》复有伪撰古本。然一经考证，纰缪显然。颜师古注本冠以《指例六条》，历述诸家，不及之遴所说，盖当时已灼知其伪。"[2] 最后四库馆臣不忘批评将此事撰入《南史》的作者李延寿"爱奇嗜博，茫无裁断"。实际上，刘之遴的言论在《梁书》中就有记载。根据《梁书》的记载，刘之遴仅仅是列举"古本"与"今本"的差异而已，并未做出"古本"即真本的结论。南宋学人章如愚甚至还称赞刘之遴说："能辨鄱阳王'真本'《汉书》之伪者，刘之遴也。"[3] 虽然"古本"汉书不足取信，但《梁书》记载刘之遴关于《汉书》版本差异的言论，至少说明时人对《汉书》不同版本的重视，以及由朝廷支持的对《汉书》版本考证和梳理工作的开始。

三、关于《汉书》的评论

《汉书》的价值为历代学者所重视，随着史学批评意识的发展，宋代以前

1　《四库全书总目提要》中关于刘之遴言论的评价如下："（刘）之遴所见古本既有纪、表、志、传，乃云总于永平中表上，殆不考成书之年月也；夫古书叙皆载于卷末，固自述作书之意，故谓之叙；追溯祖父之事迹，故谓之传。后代史家，皆沿其例。之遴谓原作《中篇》，文系篇末，'中'字竟何义也。至云彪自有传，语尤荒诞。彪在光武之世举茂才，为徐令，以病去官，后数应三公之召，实为东汉之人。惟附于《叙传》，故可以况伯游稚之后详其生平。若自为一传，列于西汉，则断限之谓何。奚不考《叙传》所云起元高祖，终于孝平、王莽之诛乎；固自言，纪、表、志、传凡百篇，篇即卷也。是不为三十八卷之明证。又言述纪十二，述表八，述志十，述列传七十。是各为次第之明证。且《隋志》作一百一十五卷，今本作一百二十卷，皆以卷帙太重，故析为子卷（今本纪分一子卷，表分二子卷，志分八子卷，传分九子卷）。若并为三十八卷，则卷帙更重。古书著之竹册，殆恐不可行也；如之遴所述，则传次于纪，而表、志反在传后。且诸王既以代相承，宜总题《诸王传》，何以《叙传》作《高五王传第八》《文三王传第十七》《景十三王传第二十三》《武五子传第三十三》《宣元六王传第五十》耶？且《汉书》始改《史记》之《项羽本纪》《陈胜世家》为《列传》，自应居《列传》之首，岂得移在《诸王》之后。其述《外戚传第六十七》《元后传第六十八》《王莽传第六十九》，明以王莽之势成于元后，史家微意寓焉。若移《外戚传》次于《本纪》，是恶知史法哉；遴又引古本述云：'淮阴毅毅，仗剑周章；邦之杰子，实惟彭英，化为侯王，云起龙骧。'然今'芮尹江湖'句有《张晏注》，是晏所见者即是今本。况《之遴传》所云献太子者谓昭明太子也。《文选》载《汉书述赞》云：'信惟饿隶，布实黥徒，越亦狗盗，芮尹江湖，云起龙骧，化为侯王'，与今本同。是昭明亦知之遴所谓古本者不足信矣。"

2　永瑢等：《四库全书总目提要》卷四五《史部·正史类一》，北京：中华书局，1965 年，第 400—401 页。

3　章如愚：《群书考索后集》卷三四《士门·博洽上》，扬州：广陵书社，2008 年，第 645 页。

产生了一些关于《汉书》与班固的评论，这开启了"汉书学"研究的又一个领域。

早在三国时，吴人华覈就在向皇帝的上疏中提道："昔班固作《汉书》，文辞典雅，后刘珍、刘毅等作《汉记》，远不及固，叙传尤劣。"[1]这肯定了《汉书》典雅的文字表述。晋人张辅在《名士优劣论》中说："世人称司马迁、班固之才优劣，多以班为胜。余以为史迁叙三千年事，五十万言，班固叙二百年事，八十万言。烦省不敌，固之不如迁必矣。"[2]这是从史文"烦省"的角度对《汉书》的评价。

西晋时，《续汉书》的作者司马彪对《汉书》及班固有一些评价。在其所作《百官志》序中说："唯班固著《百官公卿表》，记汉承秦置官本末，讫于王莽，差有条贯；然皆孝武奢广之事，又职分未悉。世祖节约之制，宜为常宪，故依其官簿，粗注职分，以为《百官志》。凡置官之本及中兴所省，无因复见者，既在《汉书·百官表》，不复悉载。"[3]他分析了《汉书·百官公卿表》的优点和不足，阐明了《后汉书·百官志》与《汉书·百官公卿表》在内容上的关系。此外，南朝宋时，范晔在其《狱中与诸甥侄书》中，结合他自己撰写的《后汉书》，表达了他对《汉书》的认识："班氏最有高名，既任情无例，不可甲乙辨。后赞于理近无所得，唯志可推耳。博赡不可及之，整理未必愧也。"[4]他认为班固是最具盛名的史家，从"博赡"的角度来看，《后汉书》难以企及《汉书》，但《汉书》在体例上太过随意，难以分清条理，卷后的赞也价值不大，只有志令人推崇。

至唐代，史家刘知几撰成的《史通》，是中国古代史学史上负有盛名的史学批评专书，其中有一些针对《汉书》而发表的议论。刘知几将《汉书》看作"六

1　陈寿：《三国志》卷六五《吴书·韦曜传》，北京：中华书局，1959年，第1464页。

2　刘知几：《史通》卷七《鉴识》，上海：上海古籍出版社，2009年，第190页。

3　司马彪：《续汉书·百官志》，范晔：《后汉书》，北京：中华书局，1965年，第3555页。

4　沈约：《宋书》卷六九《范晔传》，北京：中华书局，1974年，第1830页。

家"之一,认为:"如《汉书》者,究西都之首末,穷刘氏之废兴,包举一代,撰成一书。言皆精练,事甚该密,故学者寻讨,易为其功。自尔迄今,无改斯道。"[1]这给予了《汉书》很高的赞誉。刘知几不乏对《汉书》缺点的批评,他指出《汉书·古今人表》的缺陷在于:"区别九品,网罗千载,论世则异时,语姓则他族,自可方以类聚,物以群分,使善恶相从,先后为次,何藉而为表乎?且其书上自庖牺,下穷嬴氏,不言汉事,而编入《汉书》;鸠居鹊巢,茑施松上,附生疣赘,不知翦截,何断而为限乎?"[2]刘知几认为《古今人表》网罗千年以来的人物,与汉代历史没有关系,却编入《汉书》中,是不知取舍,断限不明。此外,《史通》中《汉书五行志错误》《汉书五行志杂驳》两篇,更是批评《汉书》的专篇。

从上述几例可以看出,宋代以前关于《汉书》的评论比较零散,且做这些评论的学者并不以专治《汉书》而闻名。可以说,宋代以前关于《汉书》的评论,在当时"汉书学"研究中并不占有重要的地位,但这些评论内容的出现,使后来的"汉书学"有了更加广阔的发展空间。

宋代以前的"汉书学",以对《汉书》的注音、释义等通释性研究为主。对《汉书》所记史事的相关考证和版本的校正逐渐成为"汉书学"研究的一个重要部分,而关于《汉书》的评论出现,使"汉书学"范畴扩展的趋势初现端倪。

小 结

综观宋代以前的"汉书学"概况,可以发现,"汉书学"作为史学中备受关注的一门学问,由萌发到兴盛是有其深刻的历史条件与社会基础的。《汉书》

---

1 刘知几:《史通》卷一《六家》,上海:上海古籍出版社,2009年,第20—21页。

2 刘知几:《史通》卷三《表历》,上海:上海古籍出版社,2009年,第49页。

中所包含的有益内容，以及其自身所具有的特点，促使人们将它当作一部主要的历史教科书，自史书地位提高、唐代科举设置三史科以后，便有更多的人习读《汉书》了。基于这些因素，“汉书学”得以形成并不断发展。“汉书学”经历长期的发展过程，有众多以治《汉书》闻名的学者涌现出来，并有不少“汉书学”研究成果保存至隋唐时期，其中除了通释性研究成果之外，对《汉书》文本的考订、版本的辨伪，以及相关史学评论内容的出现，反映出“汉书学”在宋元发展的大致方向，这为后人继续研读《汉书》提供了一定的基础。

第二章
宋元社会与"汉书学"

宋元时期，"汉书学"风气兴盛，明代学者徐中行曾提道："历代之宗《汉书》，至宋尤为盛。"[1]这一时期的社会发展情况比较复杂，宋代崇文、尚古的文化环境，以及古文运动的发展，使《汉书》有广泛传播的条件。此外，无论是中原政权，还是以少数民族贵族为主建立的政权，都重视《汉书》，在其政治活动中的许多方面对《汉书》所记史事都有直接参考。这种政治与文化背景，使社会中形成了士人研读《汉书》的风尚，为"汉书学"进一步发展提供了良好的基础。此外，这一时期科举应试的要求，以及历史教育与《汉书》的密切关系，都推动了"汉书学"在宋元社会的深入发展。

第一节　宋元"汉书学"发展的社会背景

一、宋代的文化繁荣与复古倾向

历经五代时期的征战和分裂，宋初君臣对经济恢复、文化复兴的意愿是迫切的。宋初的统治者认识到"陵迟逮于五季，干戈相寻，海寓鼎沸，斯民不复见《诗》《书》《礼》《乐》之化"[2]。宋代"以儒立国"，有学者指出，宋儒于礼俗斁坏的环境中，本诸于儒学理想，进而发挥其现实的忧患意识[3]，在此基础上，政治家们更加强调儒家伦理道德对士人的指引和约束。这与《汉书》的正宗思想相得益彰，宋人在为人处世时乐于践行《汉书》所宣扬的价值标准。国家重视对人民的教化，整个社会呈现出尚文的风气。《宋史·艺文志》评价说："宋有天下先后三百余年，考其治化之污隆，风气之离合，虽不足以拟伦三代，然其时君汲汲于道艺，辅治之臣莫不以经术为先务，学士搢绅先生，谈道德性

1　徐中行：《史记评林序》，凌稚隆：《史记评林》，天津：天津古籍出版社，1998 年，第 30 页。

2　脱脱等：《宋史》卷二〇二《艺文志》，北京：中华书局，1977 年，第 5031 页。

3　吴万居：《宋代三礼学研究》，台北：台湾"国立"编译馆，1999 年，第 1 页。

命之学，不绝于口，岂不彬彬乎进于周之文哉！"[1]这一评价显现出宋代君臣，以及学者对文化与学术的重视与追求。

文化的复兴与繁荣在宋代的表现，首先，体现在这一时期统治集团对典籍的恢复。五代之后，典籍散佚的情况十分严重："然乱离以来，编帙散佚，幸而存者，百无二三。"[2]从官府藏书数量来看，显现出宋代统治集团对文化的重视，《宋史·艺文志》称隋朝嘉则殿藏书达三十七万卷，为历代之最；唐代典籍数量在开元年间时最多，有八万多卷；至宋初，典籍的数量就只有一万余卷了。宋代官府由此开始恢复国家的藏书，通过削平诸国没收其书籍，回收、购买散佚的书籍使书籍数量有所恢复，宋太宗还另外修建书库，称之为"秘阁"，命令大臣博览群书。宋真宗时藏书数量进一步增多，其崇尚文治的意图"亦云至矣"。宋仁宗时期建立崇文院，编成《崇文总目》，书卷数达到三万零六百六十九卷。徽宗时则进一步完善。至此，北宋典籍恢复的工作基本完成。考察北宋时期的官府藏书情况，太祖、太宗、真宗三朝有三千三百二十七部，共三万九千一百四十二卷。仁宗、英宗两朝新增一千四百七十二部，共八千四百四十六卷。神宗、哲宗、徽宗、钦宗四朝又新增一千九百六部，共二万六千二百八十九卷。总计北宋官府藏书的数量，共计六千七百零五部，七万三千八百七十七卷，这一数量几乎已经与唐朝藏书数量最多时相当。经过靖康之难，南宋官府藏书数量大幅减少，但官府搜访书籍的热情并没有减弱。高宗时已有四万四千四百八十六卷，宁宗时在此基础上又增加一万四千九百四十三卷，数量已经超过《崇文总目》所著录的卷数，总计近六万卷，与北宋藏书最多时数量相当。自此以后，虽然国家命运艰难，征战不断，但是南宋君臣依旧"未尝顷刻不以文学为务，大而朝廷，微而草野，其所制作、

1　脱脱等：《宋史》卷二〇二《艺文志》，北京：中华书局，1977年，第5031页。

2　脱脱等：《宋史》卷二〇二《艺文志》，北京：中华书局，1977年，第5032页。

讲说、纪述、赋咏，动成卷帙，垒而数之，有非前代之所及也”[1]。两宋时期这种持续性的典籍恢复与整理为《汉书》研究提供了大量可以参考的资料。

其次，宋代有明显的文化复古倾向。宋代统治集团对三代制度十分向往，这反映在社会文化方面是宋代成为历史上仿制三代礼器的高峰期。两宋时期官府与民间仿制的三代青铜器据统计数量达六百余件[2]，宋代仿古青铜器的制造与这一时期金石学的兴起相互促进，在学术上形成考三代典章、复三代礼制的风气。[3]宋人对三代制度的追慕，又是以考察汉代制度为主要依托的，这种倾向从王应麟所作《汉制考序》中可窥一二。王应麟（1223—1296），字伯厚，号深宁居士，庆元府鄞县（今浙江宁波）人，宋理宗淳祐元年（1241）进士，撰有《汉艺文志考证》《汉制考》《玉海》等著作，是宋末“汉书学”研究的代表人物。王应麟在《汉制考序》中讲到三代礼法的发展，显现出他对三代礼法的推崇，他认为礼法“始乎伏羲而成乎尧，三代损益，至周大备。夫子从周与从先进之言，所谓百世可知者，其法著于《春秋》”。至周平王东迁之初，由于“守古之士犹多”，还可以保证“则封建之制犹可寻也”，而到春秋时期，齐国管仲“作内政而寄军令”破坏了以往的兵制，晋国施行爰田制破坏了故有的经济制度，晋文公设执秩官主管爵秩改变了旧的官制，郑国铸造刑书而使法律制度产生变革。这些行为在王应麟看来导致了“礼几亡矣”，他虽然怀念三代礼法，但一定程度上也认识到历史变化的法则，他说：“生民之理有穷，则圣王之法可改，古其不可复乎。”[4]在他看来，宋代距三代太过久远了，很多当时的情况无从知晓，而通过汉代典章制度了解三代制度就成为一条非常好的途径，他说：

1　脱脱等：《宋史》卷二〇二《艺文志》，北京：中华书局，1977年，第5033页。

2　冯佐旻：《宋代仿古青铜器的初步研究》，北京科技大学硕士论文，2015年。

3　李零在《铄古铸今——考古发现和复古艺术》中指出：“宋朝的器作，有两条主线，一条是为了制礼作乐，一条是为了学术研究和艺术鉴赏。”北京：生活·读书·新知三联书店，2007年，第30页。

4　王应麟：《汉制考序》，张三夕、杨毅点校，北京：中华书局，2011年，第1—2页。

汉诏令人主自亲其文，犹近于书之典诰也；郎卫执戟之用儒生，犹近于王宫之士庶子也；司徒府有百官朝会殿以决大事，犹近于外朝之询众也；牧守有子孙，郡国有辟举，庶几建侯之旧；丞相进见，御坐为起，在舆为下，庶几敬臣之意。三老掌教化，孝悌力田置常员，乡遂之流风遗韵亦间见焉。是之取尔，君子尚论古之人，以为汉去古未远，诸儒占毕训故之学，虽未尽识三代旧典，而以汉制证遗经，犹幸有传注在也。冕服、车旗、彝器之类，多以叔孙通礼器制度为据，其所臆度无以名之，则谓若今某物。及唐儒为疏义，又谓去汉久远，虽汉法亦不可考。盖自西晋板荡之后，见闻放失，习俗流败，汉世之名物称谓知者鲜焉，况帝王制作之法象意义乎！此汉制之仅存于传注者不可忽、不之考也。[1]

王应麟列举汉代皇帝亲自撰写诏书等事例，与古制相比较，认为在很多方面具有相似之处，汉代诸儒"虽未尽识三代旧典"，但通过这一时期的"传注"，仍然可以"以汉制证遗经"。王应麟指出这条通晓三代礼法的途径后，又提到自西晋灭亡后，通晓汉代名物称谓的人十分罕见，鉴于"汉制载于史者，先儒考之详矣，其见他书者，未之考也"的情况，他撰写了《汉制考》一书。王应麟充分论述了汉代制度与三代礼法的关系，为实现追慕古风的目的，就必须考察汉代制度，而考察汉代制度自离不开研读《汉书》。

宋代文化发展的繁荣状况为学者们研读《汉书》提供了良好的基础条件，社会上的复古倾向促进时人对《汉书》文本的深入挖掘，这使得"汉书学"在这一时期呈现出不同于以往的面貌。

1　王应麟：《汉制考序》，张三夕、杨毅点校，北京：中华书局，2011年，第3—4页。

二、古文运动的影响

古文运动在宋元的发展是这一时期"汉书学"得以发展的又一文化基础。中唐时期是古文运动发展的第一个高峰，韩愈、柳宗元是这一时期古文运动的代表人物，韩愈明确提出："非三代两汉之书不敢观，非圣人之志不敢存。"[1]他强调儒学，希望推行古道。唐代另一位古文运动的推动者梁肃，则更加明确地指出文章的功能，以及汉代文章的重要，他认为："文之作，上所以发扬道德，正性命之纪。次所以裁成典礼，厚人伦之义，又所以昭显义类，立天下之中。……贾生、马迁、刘向、班固其文博厚，出于王风者也。"[2]梁肃在指出文以载道思想的同时推崇贾谊、司马迁、刘向、班固的文章，认为他们的文风宽宏朴厚，是受汉代王道影响的优秀文章。

至宋初，骈文仍是占主要地位的文体，柳开、王禹偁看重古文传统，推崇以韩愈、柳宗元为代表的古文家，以尚古相标榜。柳开认为古文是"古其理，高其意，随言短长，应变作制，同古人之行事"[3]，并以《汉书·扬雄传》中提倡的"能言圣人之辞，能明圣人之道"[4]为要求，主张文以载道。王禹偁则提出"近师吏部（韩愈），使句之易道，义之易晓"[5]。他们这种主张的初衷在于发扬儒学之道。宋仁宗时，欧阳修主张骈散结合的文风，提出"道胜者文不难而自至"[6]，"其道易知而可法，其言甚明而可行"[7]，古文运动的发展进入新的阶段，他奖掖王安石、苏洵，主持科举，举苏轼、苏辙、曾巩为进士。这使欧阳修成为北

1　韩愈：《韩昌黎文集》卷三《答李翊书》，马其昶校注，上海：上海古籍出版社，1986年，第170页。

2　梁肃：《补阙李君前集序》，董诰等：《全唐文》卷五一八，北京：中华书局，1983年，第5261页。

3　柳开：《河东集》卷一《应责》，《文渊阁四库全书》第1085册，台北：台湾商务印书馆，1986年，第244页。

4　柳开：《河东集》卷三《汉史扬雄传论》，《文渊阁四库全书》第1085册，台北：台湾商务印书馆，1986年，第253页。

5　王禹偁：《小畜集》卷一八《答张扶书》，《文渊阁四库全书》第1086册，台北：台湾商务印书馆，1986年，第176页。

6　欧阳修：《居士集》卷四七《答吴充秀才书》，《欧阳修全集》，李逸安点校，北京：中华书局，2001年，第664页。

7　欧阳修：《居士外集》卷一七《与张秀才棐第二书》，《欧阳修全集》，李逸安点校，北京：中华书局，2001年，第978页。

宋古文运动的领袖。[1]

宋代古文运动在史学上的反映是比较明显的。这首先体现在宋代撰史的文体方面，比如在修《新唐书》时，"欧、宋二公，皆尚韩、柳古文……凡韩、柳文可入史者，必采摭不遗"[2]。"欧、宋二公不喜骈体，故凡遇诏诰章疏四六行文者，必尽删之"[3]。这里特别指出欧阳修和宋祁二人在修撰《新唐书》时大量使用古文，并把《旧唐书》中的有关骈文全部改为古文，甚至不惜改变诏疏奏章的本来面貌。其次，古文运动的影响反映在撰述思想方面，欧阳修读《汉书·艺文志》和《开元四库书目》时不禁发出感慨："予读班固《艺文志》，唐《四库书目》，见其所列，自三代、秦、汉以来，著书之士多者至百余篇，少者犹三四十篇，其人不可胜数，而散亡磨灭，百不一二存焉。予窃悲其人，文章丽矣，言语工矣，无异草木荣华之飘风，鸟兽好音之过耳也。方其用心与力之劳，亦何异众人之汲汲营营？而忽然以死者，虽有迟有速，而卒与三者同归于泯灭，夫言之不可恃也盖如此。今之学者，莫不慕古圣贤之不朽，而勤一世以尽心于文字间者，皆可悲也！"[4]欧阳修指出秦汉以后的文章虽然文辞华丽，但是随着时间而散佚，他们竭尽心力撰写文章，最终却都泯灭消失，当今学者都羡慕圣贤不朽的名声，却将精力都放在文辞的追求上，实在是太可悲了。这反映出欧阳修反对追求辞藻的华丽，而特别重视文章的思想性，即文章载道的功能。张邦基在其《墨庄漫录》中肯定了欧阳修的观点，并进一步指出："汉之文士，善以文言道时事，质而不俚，兹所以为难。往时作四六者，多用古人语，及广引故事，主衔博而不思，述事不畅。近时文章变体，如苏氏父子以四六述叙，

1　白寿彝：《中国通史》第七卷《五代辽宋夏金时期（上）》，上海：上海人民出版社，1999年，第1057页

2　赵翼：《廿二史札记》卷一八《新书好用韩柳文》，王树民校证，北京：中华书局，1984年，第381页。

3　赵翼：《廿二史札记》卷一八《新书尽删骈体旧文》，王树民校证，北京：中华书局，1984年，第379页。

4　欧阳修：《居士集》卷四四《送徐无党南归序》，《欧阳修全集》，李逸安点校，北京：中华书局，2001年，第632页。

委屈精尽，不减古文。"[1]欧阳修反对骈文的思想也反映在他的历史撰述中，他在史书修撰中非常注意对文辞形式的选择，主张以古文的形式编撰史书，提倡简洁的历史叙事，并通过慎择史料来达到这一目的，在收集广博史料的基础上取舍材料，从而反映历史事件的大节。欧阳修的这种思想为人肯定，称"（欧阳）修之文章遂为天下宗匠"，《宋神宗实录》中对欧阳修历史撰述的评价，重点放在了其叙事上："（欧阳）修作《唐书·志》《五代史》，叙事不愧刘向、班固也。"[2]由此可见，班固于《汉书》中的文风，受到这一时期古文家的重视。

与唐代古文运动的命运不同，宋代古文运动最终迎来了新的发展，无论是这一时期的史家还是文学家，都推崇《汉书》的文字表述，北宋后期婉约派词人秦观曾在论述作文方法时说："考同异，次旧闻，不虚美，不隐恶，人以为实录，此叙事之文，如司马迁、班固之作是也。"[3]他作为宋代著名的文学家，将《史记》《汉书》看作叙事的典范。这种推崇《史记》《汉书》文风的风气对时人的影响是显著的，范仲淹称赞好友尹洙说："天生师鲁（尹洙），有益当世。为学之初，时文方丽。子师何人，独有古意。韩柳宗经，班马叙事。众莫子知，子特弗移。是非乃定，英俊乃随。圣朝之文，与唐等夷。繄子之功，多士所推。"[4]范仲淹评价尹洙治学初期的文章风格文辞华丽，后来他的文章风格则受到司马迁和班固文风的影响。这种崇尚古文的社会风气一直持续到南宋，楼昉编《崇古文诀》，其中遴选多篇贾谊、扬雄、司马迁、班固所作文章，并加以简要点评，姚珤为此书作序时说："文者载道之器，古之君子非有意于为文，而不能不尽心于明道。"[5]此外，南宋时还有章樵为唐人所编《古文苑》做

1　张邦基：《墨庄漫录》卷八，北京：中华书局，2002 年，第 228 页。

2　《神宗实录本传》，《欧阳文忠公文集附录》卷三，北京：中华书局，2001 年，第 2660 页。

3　秦观：《淮海集》卷二二《韩愈论》，《文渊阁四库全书》第 1115 册，台北：台湾商务印书馆，1986 年，第 538 页。

4　范仲淹：《范文正公文集》卷一一《祭尹洙文》，《范仲淹全集》，成都：四川大学出版社，2002 年，第 277 页。

5　姚珤：《崇古文诀序》，楼昉：《崇古文诀》，《文渊阁四库全书》第 1354 册，台北：台湾商务印书馆，1986 年，第 2 页。

注。章樵，字升道，南宋嘉定年间进士，他指出观览古文的益处："世道之升降，风俗之醇漓，政治之得失，人才之高下，于此而概见之。"[1]认为习读古文对社会现实有很强的指导意义。可见模仿汉代文章的风格，撰文以载道仍是南宋士人所追求的重要目标。

古文运动在元代亦有长久的影响。在元代文学家姚燧（1238—1313）所撰《牧庵集》书前，有江浙儒学提举吴善所作序言，其中提道："文章有一代之宗，工其出也，秉山川之灵，关天地之运，所谓百年几见者也。汉四百年，惟司马迁父子、扬雄、班固四人。两晋魏隋之间则无闻矣。唐三百年，惟韩愈、柳宗元二人。宋三百年，惟欧阳修、苏轼二人。当是时，非无作者杂出，其间与三四君子相与度长，而絜大并驾而齐驱焉，然皆掇拾剽窃不能成一家之言。"[2]吴善共列举有四位汉代文宗，其中就提到了班固，此外唐宋分别两位，他们都是古代历史上最负盛名的古文家。而吴善说文章"秉山川之灵，关天地之运"，实际上正是强调古文于社会的现实意义，撰文以"成一家之言"，也是"文以载道"要求的体现。

古文运动的发展，使两汉文章在宋元士人中间备受推崇，无论是史家撰史，或是文人作文，内容博赡，收录许多著名文章，具有很高历史文学水平的《汉书》都是他们不可不读的重要材料。这为宋元学人进一步研读《汉书》提供了良好的学术基础。

三、中原传统文化的认同与传播

辽金元三代立国的文化基础相对薄弱，但以少数民族贵族为主的统治集团非常注重文化发展，尤其对中原典籍十分重视。一方面以少数民族贵族为主的

1　章樵：《古文苑序》，《古文苑》，上海：商务印书馆，1937年，第9页。

2　吴善：《牧庵集序》，姚燧：《牧庵集》，上海：商务印书馆，1936年，第1页。

统治集团建立皇朝之初缺乏统治经验，迫切需要中原王朝治国经验的指导；另一方面辽金元最高统治者多以开疆拓土、统一国家为目标，这使辽金元时期的统治集团特别重视史书的鉴戒作用。这样的社会背景为少数民族贵族接受《汉书》，并在更普遍的范围之内传播《汉书》提供了相对便利的条件。

辽建国之初定都临潢府（今内蒙古赤峰），"太祖以兵经略方内，礼文之事固所未遑"[1]。这时辽还不具备完善的礼仪制度。大同元年（947），太宗耶律德光攻占汴京，下令将后晋的图籍、历象、石经、太常乐谱等"悉送上京"[2]，由此，辽代"制度渐以修举"[3]，这显现出辽代最高统治者对中原文化的重视。重熙十五年（1046），辽兴宗对当时的著名学者萧韩家奴下诏说："古之治天下者，明礼义，正法度。我朝之兴，世有明德。虽中外向化，然礼书未作，无以示后世。卿可与庶成酌古准今，制为礼典。"这显现出辽兴宗对古代中原礼法的认可，并且有编修辽代礼书，以示后人的愿望。萧韩家奴遂博览典籍，撰成三卷进呈给皇帝。此后，他又翻译多种书籍，"奴欲帝知古今成败，译《通历》《贞观政要》《五代史》"[4]。至辽道宗时，清宁元年（1055）下诏颁行了通行的《五经传疏》；咸雍十年（1074）又颁行了《史记》《汉书》。辽代官府颁行经史，是辽代文化发展历史上的重要事件，其所颁行的典籍当中，《汉书》是很受辽代统治者重视的。经过辽代统治集团的用心经营，其典籍数量、文化风气已成规模。典籍数量的恢复以及《史记》《汉书》等史书的颁行，使辽代君臣对本朝史学有所思考，辽道宗时期的大臣耶律孟简就曾向皇帝上表说："本朝之兴，几二百年，宜有国史以垂后世。"出于这种考虑，他撰写了契丹族名臣的事迹进献给皇帝，结合自己的亲身体会，说道："史笔天下之大信，一言

1　脱脱等：《辽史》卷一〇三《文学传上》，北京：中华书局，1974年，第1445页。

2　脱脱等：《辽史》卷四《太宗本纪下》，北京：中华书局，1974年，第60页。

3　脱脱等：《辽史》卷一〇三《文学传上》，北京：中华书局，1974年，第1445页。

4　脱脱等：《辽史》卷一〇三《文学传上》，北京：中华书局，1974年，第1450页。

当否，百世从之。苟无明识，好恶徇情，则祸不测。"[1]在他看来，史笔包含天下大信，稍有不当就会产生长久的影响，从而为自己招致灾祸，进而指出司马迁、班固就属于这种情况。当然，司马迁、班固的遭遇并不如耶律孟简所说就是"好恶徇情"的结果，但辽代文化发展至道宗时期，历经近两百年，身为契丹族大臣的耶律孟简不仅对本朝历史有所思考，同时对史学也有自己的见解，知司马迁、班固之事而感叹道撰史"可不慎欤"，这自然与他熟读《汉书》不无关系。

金继辽后起，其立国之初与辽的情况类似，金太祖完颜阿骨打在天辅五年（1121）征伐辽以前就下诏说："若克中京，所得礼乐仪仗图书文籍，并先次津发赴阙。"[2]在完颜阿骨打看来，中京（今内蒙古赤峰）最为要紧的不是资财，而是其保存的典籍。天会五年（1127），即北宋靖康二年，金太宗下令将汴京的图书掠去，与金军一起回朝。金朝最高统治者对《汉书》有所偏爱，海陵王完颜亮征伐宋之前宴请群臣，宴会中海陵王"召（萧）玉至内阁，因以《汉书》一册示玉"[3]，可见《汉书》是完颜亮经常阅读的史书。此外，《金史》还记载完颜亮"与（张）仲轲论《汉书》"[4]，就国家疆域问题进行讨论，足见他对《汉书》的重视。到金世宗时，他更加注重对中原文化的吸收，大定四年（1164）就开始将典籍翻译成女真文字供女真族人阅读。随后，翰林侍讲学士徒单镒将自己翻译的《贞观政要》《白氏策林》《史记》《汉书》进呈皇帝，金世宗将这几部书颁行于世。在此基础上，金世宗还挑选女真学生，命令大臣用中原典籍教授他们，让他们学习诗赋、策论，这一政策使金代出现了一些精通中原文化的女真学者，在少数民族贵族之中也形

1　脱脱等：《辽史》卷一〇四《文学传下》，北京：中华书局，1974年，第1456页。

2　脱脱等：《金史》卷二《太祖本纪》，北京：中华书局，1975年，第36页。

3　脱脱等：《金史》卷七六《太宗诸子传附传》，北京：中华书局，1975年，第1736页。

4　脱脱等：《金史》卷一二九《佞幸列传》，北京：中华书局，1975年，第2782页。

成了读史的风气。[1]自此，金代经史教育的规模不断扩大，大定六年（1166）设置太学，规模达到四百人之多；大定十六年（1176）又下设府学十七处，共一千人。国家明确规定了这些学生学习所用教材，如"《史记》用裴骃注，《前汉书》用颜师古注，《后汉书》用李贤注，《三国志》用裴松之注"[2]等。大定二十三年（1183），金世宗又设立了专门的译书机构——译经所，除颁行儒学经典以外，也颁行史书，他特别提到设立译经所的目的，是"欲女直人知仁义道德所在耳"[3]。与辽代相比，金的典籍翻译工作规模更大，且国家有专门的译书机构负责，朝廷给予的支持力度很大。与辽代以一己之力翻译典籍相比，金代的典籍翻译对社会文化的影响更为明显。此后，金代访求典籍的工作持续进行，到明昌五年（1194），又下诏将《崇文总目》著录，但朝中不存的书籍悉数购买，设置宏文院承担起译写典籍的职能。[4]金代一系列文化政策显现出统治集团对中原文化的重视，以《汉书》为代表的史籍在少数民族贵族中间流行开来。

1271 年，忽必烈改国号为大元，取《易经》中"大哉乾元"之义。元代的民族构成相对于辽金来说更为复杂，通行的官方文字除蒙文和汉文外还有波斯文，典籍的翻译工作相对于金来说又进一步发展了。元太宗八年（1236）设立编修所、经籍所承担"编集经史"的任务。元世祖即位后，定年号为至元，取《易经》中"至哉坤元"之义。至元元年（1264），元世祖"敕选儒士编修国史，译写经书，起馆舍，给俸以赡之"[5]。至元八年（1271），皇帝下旨规定办学的相关事宜，特别提道："《通鉴节要》事，就翰林院见设诸官并译史作蒙古言语，用蒙古写录，

1　如《金史·徒单镒传》记载："镒在选中，最精诣，遂通契丹大小字及汉字，该习经史。"脱脱等：《金史》卷九九《徒单镒传》，北京：中华书局，1975 年，第 2185 页。

2　脱脱等：《金史》卷五一《选举志一》，北京：中华书局，1975 年，第 1131 页。

3　脱脱等：《金史》卷八《世宗本纪下》，北京：中华书局，1975 年，第 185 页。

4　脱脱等：《金史》卷十《章宗本纪二》，北京：中华书局，1975 年，第 231—232 页。

5　宋濂等：《元史》卷五《世祖本纪二》，北京：中华书局，1976 年，第 96 页。

逐旋颁降于国子学、诸路教授。"[1]可见元代从中央至地方的学校都有用蒙古语写成的历史教材。至元十年（1273）设置秘书监专门掌管图史经籍，至元十三年（1276）正月受到南宋幼帝降表后，二月元世祖即下诏收取南宋存放于临安的典籍。依笔者前文所述，南宋时期的典籍卷数已经超过《崇文总目》所著录，达到五万九千余卷，元代收取南宋收藏的典籍，使元代的文化发展有良好的基础。

综观辽金元的文化发展情况，不可否认的是，少数民族建立的政权对中原地区传统文化的冲击是巨大的，但辽金元时期的统治集团出于对国家治理经验的借鉴和教训的吸取，以及本朝历史教育的目的，总体上对中原文化持接纳和学习的态度，他们所采取的翻译诸书、开设官学、收取典籍等具体文化政策，保证了中原文化能够持续发展，这是辽金元统治集团对传统历史文化认同的反映。"汉书学"在这样的社会文化环境中，仍然具备继续发展的可能。

通过对两宋及辽金元时期相关社会文化背景的分析，我们可以发现，虽然两宋与辽金元在文化发展方面的程度不尽相同，政策各异，但是他们存在不少共同点：其一，是这一时期统治集团对历史文化的认同，各皇朝在其政治环境之下都为学术的发展提供了相对便利的条件；其二，无论是两宋还是辽金元，统治集团对汉代历史、汉代文化都保持着很强的兴趣，给予它们重视。这样的文化环境使"汉书学"有更广阔的发展空间。

第二节 《汉书》在社会中的广泛流行

一、士人读《汉书》之风

宋元时期，《汉书》在社会中占有很高的地位，受到各阶层的偏好。刘恕在《资

1　《大元圣政国朝典章》礼部卷四《学校一·蒙古学校》，陈高华等点校，北京：中华书局、天津：天津古籍出版社，2011年，第1082页。

治通鉴外纪·后序》中说："本朝去古益远，书益繁杂，学者牵于属文，专尚《西汉书》，博览者乃及《史记》《东汉书》。"[1]他从学者治学的角度看待当时研究《汉书》的风尚，指出宋代距古代久远，出于撰写文章的需要，首先需要精通《汉书》。在此基础上，读书更加广博的学者才研读《史记》《后汉书》。宋元时期，社会中形成了喜读《汉书》的风气，这一方面是《汉书》研读者自身的主观选择，另一方面也受到当时科举制度及历史教育的客观促进，这两方面相互作用，使研读《汉书》的风气绵延不绝。

在本书第一章对隋唐时期"汉书学"的探讨中，论及隋唐时期学者研究《汉书》注重师承关系，元代学者王恽（1227—1304）在其所撰《玉堂嘉话》中提道："许鲁斋（许衡）云'古人看《汉书》皆有传授，不然有难晓者'。"[2]宋元时期，随着习读《汉书》群体的扩大，读《汉书》的人数量大量增加，"汉书学"的师承关系较之于隋唐时期不再为人所重视。宋元正史中记载有学者精于《汉书》的情况，如刘奉世："优于吏治，尚安静，文词雅赡，最精《汉书》学。"[3]但记载更多的是因喜读《汉书》而闻名的人物。如北宋初年大臣钱若水"有清识，风流儒雅，好学善谈论，尤爱《西汉书》，常日读一卷"[4]。《宋史·文苑列传》记载著作佐郎安德裕儿时就有文学之名："既成童，俾就学，遂博贯文史……嗜《西汉书》。"[5]同在《文苑列传》，记载两宋之际的文学家汪藻"喜读《春秋左氏传》及《西汉书》。工俪语，多著述，所为制词，人多传诵"[6]。金元时期的情况也大抵如此，王恽在其家传中记载其父王天铎辞官之后，"日以经史

1　刘恕：《资治通鉴外纪·后序》，上海：上海古籍出版社，1987年，第101页。

2　王恽：《玉堂嘉话》卷二，上海：商务印书馆，1939年，第11页。

3　脱脱等：《宋史》卷三一九《刘敞列传附传》，北京：中华书局，1977年，第10390页。

4　张镃：《仕学规范》卷四《行己》，《文渊阁四库全书》第875册，台北：台湾商务印书馆，1986年，第27页下。

5　脱脱等：《宋史》卷四四〇《文苑列传二》，北京：中华书局，1977年，第13036页。

6　脱脱等：《宋史》卷四四五《文苑列传七》，北京：中华书局，1977年，第13132页。

自娱,尤嗜《春秋左氏传》《西汉书》"[1]。较之于隋唐时期的《汉书》研究者普遍"尤精《汉书》"的记载,宋元正史关于时人读《汉书》的记载偏重于对《汉书》的喜爱和嗜好。

宋元时期的历史资料中记载有许多关于士人喜读《汉书》的具体事迹。宋代的文臣武将对《汉书》十分推崇,范仲淹、狄青、郭逵、苏轼等都是其中的典型代表。宋代学者、著名词人叶梦得(1077—1148)在其所撰笔记《避暑录话》中记载了范仲淹以读《汉书》教育滕达道的事迹:"滕达道为范文正公门客,文正奇其才,谓他日必能为帅,乃以将略授之,达道亦不辞。然任气使酒,颉颃公前,无所顾避,久之,稍遨游无度,侵夜归必被酒,文正虽意不甚乐,终不禁也。一日伺其出,先坐书室中,荧然一灯,取《汉书》默读,意将以愧之。有顷,达道自外至,已大醉,见公长揖曰:读何书?公曰:《汉书》。即举手攘袂曰:高帝何如人也?公微笑徐引去,然爱之如故。"[2]范仲淹非常喜爱和器重其门客滕达道,但对滕达道的放纵无度感到不快,特意等滕达道夜晚大醉而归时默读《汉书》。滕达道看到这一情况后果然受到触动,向范仲淹求教汉高祖的事迹。范仲淹还曾以《汉书》教授狄青。在《渑水燕谈录》和《邵氏闻见录》两部笔记中,均记载狄青任延州指挥使时的军功事迹,当时的贤士无不称赞他的能力。这得到了范仲淹的注意,范仲淹以《汉书》教授狄青说:"为将而不知古今,匹夫之勇耳。"这一时期,同样为范仲淹所重视的大将郭逵也偏爱《汉书》,他常常"日怀二饼,读《汉书》于京师州西酒楼上。饥即食其饼,沽酒一升饮,再读书。抵暮归,率以为常"[3]。苏轼也酷爱读《汉书》。在苏轼与友人的书信当中,提到他读《汉书》的感悟:"某到黄陂,闻公初五日便发,由信阳路赴阙,

---

1　王恽:《秋涧集》卷四九《南郦王氏家传》,《文渊阁四库全书》第1200册,台北:台湾商务印书馆,1986年,第653页上。

2　叶梦得:《避暑录话》卷上,上海:商务印书馆,1939年,第17页。

3　邵伯温:《闻见录》卷八,北京:中华书局,1983年,第83页。

然数日如有所失也。欲便归黄州，又雨雪间作。向僧房中明窗下，拥数块熟炭，读《前汉书·戾太子传》赞，深爱之。反复数过，知班孟坚非庸人也。方感叹中，而公书适至，意思豁然。稍晴暖，当阳罗江上放舟还黄也。"[1]这封信是苏轼写给滕达道书信中的一封，其中提及返回黄州（今湖北黄冈）路上雨雪交加，故这一书信当作于苏轼谪居黄州时，即1079—1084年之间。因归途遇阻，苏轼在僧房停留，于窗边点起火堆读起了《汉书》。苏轼提到的《戾太子传》，即是《汉书·武五子传》中记载戾太子刘据的部分。刘据在"巫蛊之祸"中被江充等人诬陷，最终自杀。也许是《武五子传》赞语中对戾太子的哀叹令苏轼联想到自己被贬谪的境遇，故他"深爱之"，感叹"班孟坚非庸人也"。对《汉书》的喜爱不仅限于著名的文臣武将之间，这种风尚在整个士人阶层中都有体现，如北宋时一位孝廉萧汝为，其墓表称他："君读书，取大体，不谓谓窘章句。喜读《西汉书》，会得意，卷弥日不去手。"[2]此外，当时的隐逸之士也好读《汉书》。《宋史·隐逸列传》记载了苏云卿这位隐士的事迹。苏云卿少时与张浚交好，张浚任相以后，认为苏云卿是如管仲、乐毅一般的人物，因此派帅臣和转运使去拜访苏氏："帅、漕乃屏骑从，更服为游士，入其圃，翁运锄不顾。进而揖之，翁曰：'二客何从来耶？'延入室，土锉竹几，地无纤尘，案上有《西汉书》一册。"[3]探访至苏云卿住处时，帅臣和转运使发现屋内布置简单洁净，桌案上摆放有一册《汉书》。可见《汉书》也是苏云卿常读的书籍。

由以上所举几例不难看出，宋元时期的士人普遍对《汉书》有很大兴趣，特别注重《汉书》的教育作用。

宋元时期，文人热衷于读史、评史，他们对待史书的态度、所重视的方面

---

1 苏轼：《苏诗文集》卷五一《尺牍·与滕达道六十八首（之二十六）》，张志烈等校注，石家庄：河北人民出版社，2010年，第5538—5539页。

2 刘弇：《龙云集》卷三一《萧孝廉墓表》，《文渊阁四库全书》第1119册，台北：台湾商务印书馆，1986年，第325页。

3 脱脱等：《宋史》卷四五九《隐逸列传下》，北京：中华书局，1977年，第13459—13460页。

与史学家多有不同，在文人作品的字里行间，常常体现出对《汉书》的喜爱，在这种社会风气的背景下，不少文人还进一步探讨了如何才能把《汉书》读好的问题。如黄庭坚在给友人的书信中提到读《汉书》的益处，可通过这样的"古今浇灌"使自己免俗，否则"照镜则觉面目可憎，对人亦语言无味也"[1]。黄庭坚将读《汉书》视为陶冶性情、约束自身的途径。至于读《汉书》的方法，黄庭坚认为："读书甚喜，然须深探其义味，使不为诵古人之空文，乃有益也。班固《汉书》最好读，然须依卷帙先后字字读过，久之使一代事参错在胸中，便为不负班固耳。"[2]黄庭坚指出读书不能流于诵读，更要重视书中的意味。在所有的书中，他认为《汉书》最为好读，但必须按照顺序"字字读过"，将一代史事融汇胸中方不辜负班固之作。朱熹读《汉书》的方法与黄庭坚类似，他教导弟子："读《汉书》，高祖辞沛公处，义帝遣沛公入关处，韩信初说汉王处，与史赞过秦论之类，皆用背得，方是。"[3]朱熹主张读《汉书》这样的书不能仅仅是粗略看过，而要"彻头彻尾，读教精熟"，对于同一史事在不同史书当中的记载，也要对比其中的异同，这样读史书便会有很大长进。

元代学人对读《汉书》的方法亦有不少讨论。被称为元儒四家之一的虞集（1272—1348）曾为其友人申屠致远所撰《杜诗纂例》作序，其中评价苏轼读《汉书》的方法：

> 尝有问于苏文忠（轼）曰："公之博洽可学乎？"曰："可，吾尝读《汉书》矣，盖数过而始尽之。如治道、人物、地理、官制、兵法、货财之类，每一过专求一事，不待数过而事事精核矣。参伍错综，八面受敌，沛然应之

---

1 黄庭坚：《山谷外集》卷十《与宋子茂书》，《文渊阁四库全书》第1113册，台北：台湾商务印书馆，1986年，第462页。

2 黄庭坚：《山谷别集》卷十九《与敦礼祕校帖五》，《文渊阁四库全书》第1113册，台北：台湾商务印书馆，1986年，第731页。

3 黎靖德：《朱子语类》卷一一《学五·读书法下》，王星贤点校，北京：中华书局，1986年，第197页。

而莫御焉。"文忠之学未始果出于此，要之读书之良法也。故观乎《杜诗纂例》
而深有慨于予衷焉，善读书者，能如申屠公之于杜诗，即文忠公之于《汉书》
也。愿学者推此说以为凡读古书之法焉，其精博可胜言哉？[1]

苏轼的言论表明，《汉书》中记载的治国之道、人物、地理、兵法、制度等方
面都是他特别关注的，每遇一事就专门研读相关知识一遍，不久对于问题就能
够应对自如。虞集对苏轼读《汉书》的方法很是敬佩，他建议读书者都能够学
习这样的方法，从而成为"善读书者"。此外，金末元初的学者许衡（1209—
1281），在其《鲁斋遗书》中说："阅史必且专意于一家，其余悉屏去。候阅
一史毕历历默记，然后别取一史而阅之。如此有常不数年诸史可以备记，苟一
史未了，又杂以他史纷然交错于前，则终日不能得其要领。又必读《左传》当
参以《史记》，读《史记》当参以《前汉书》。盖阅史全要有法，不可不知。"[2]
许衡阅读史书的方法同样是就一部史书进行精读，从而达到"诸史可以备记"
的目的，他特别提到读《汉书》的重要性，认为读好《汉书》是读《左传》《史
记》的基础。

由以上所述，可见宋元时期士人喜读《汉书》的风尚。这一时期的士人读《汉
书》的同时，充分发挥了《汉书》在为学、育人、克己等方面的积极功能。

二、科举应试的要求

唐代科举置三史科，这使《汉书》在科举中占有一席之地："凡弘文、崇
文生，试一大经、一小经，或二中经，或《史记》《前后汉书》《三国志》各一，
或时务策五道。经史皆试策十道。经通六，史及时务策通三，皆帖《孝经》《论语》

---

1 虞集：《杜诗纂例序》，苏天爵：《元文类》卷三五《序》，上海：商务印书馆，1936 年，第 464—465 页。

2 许衡：《鲁斋遗书》卷一《语录上》，《文渊阁四库全书》第 1198 册，台北：台湾商务印书馆，1986 年，第 281 页。

共十条通六，为第。"[1]宋初继承了唐代的科举制度："国初承唐旧，以《史记》、两《汉书》为三史，列于科举。"[2]《汉书》在士人阶层中有比较广泛的基础，且习读《汉书》仍是入仕的一条途径。淳化二年（991），还有"学士院试殿中丞郭延泽、赞善大夫董元亨《唐书》《汉书》问目十道，各通七，诏并充史馆检讨"[3]。这是铨选精通《汉书》之人任史馆检讨的事例。随着科举制度的发展，宋代科举制度较唐代有所损益，但以《汉书》为代表的史书在宋代科举中扮演的角色越来越重要。钦宗即位后，大臣建议："科举取士，要当质以史学，询以时政。"[4]这说明当时的一些官员认识到了史学在科举中的重要性。

《汉书》在宋代科举考试中的地位很高。在《鹤林玉露》这部史料笔记中，记载有南宋绍兴年间一次省试发生的逸事，一名举子作《高祖能用三杰赋》，这篇文章令考官感到非常精巧，但其中有"运筹帷帐"四字，而《汉书》中的记载是"运筹帷幄"。这令考官感到为难，不知是否该录取这名举子，故向当时已负盛名的周必大请教此事。周必大说："有司误，非作赋者误也，《史记》正是'帷帐'，《汉书》乃作'幄'。"[5]由此事可以看出，南宋时期的科举考试，所考内容与《汉书》记载密切相关，科举考官甚至因考生用词与《汉书》记载不同而不敢贸然录取，则显示出《汉书》在宋代科举考试中难以代替的重要位置。随着宋代科举的发展，过于重视汉唐历史的倾向实际上不利于选拔人才，南宋孝宗时，太常博士倪思言上疏说："举人轻视史学，今之论史者独取汉、唐混一之事，三国、六朝、五代为非盛世而耻谈之，然其进取之得失，守御之当否，筹策之疏密，区处兵民之方，形势成败之迹，俾加讨究，有补国家。请谕春官：

1 欧阳修等：《新唐书》卷四四《选举志上》，北京：中华书局，1975年，第1162页。

2 王应麟：《玉海》卷四九《绍兴十七史蒙求》，南京：江苏古籍出版社、上海：上海书店，1987年，第936页。

3 徐松：《宋会要辑稿》选举三一《召试除职》，刘琳等点校，上海：上海古籍出版社，2014年，第5852页。

4 脱脱等：《宋史》卷一五七《选举志三》，北京：中华书局，1977年，第3669页。

5 罗大经：《鹤林玉露》卷三，北京：中华书局，1983年，第53页。

凡课试命题，杂出诸史，无所拘忌。"[1]他认为当时谈论历史的人多重视汉唐，对其他时代的历史都不重视，故建议在科举取士时杂糅诸史的知识，从而遴选出对国家有用的人才。不久，朱熹也表示应扩大三史科的命题范围："诸史则《左传》《国语》《史记》《两汉》为一科，《三国》《晋书》《南北史》为一科，《新旧唐书》《五代史》为一科。"[2]倪思与朱熹上疏请求扩大史科的命题范围，这恰恰说明宋代举人太过重视汉唐史事，只用心研读两《汉书》、两《唐书》的趋势。

《辽史》不设《选举志》，有关辽代科举与《汉书》的关系目前还不清楚，但可以肯定的是，辽代的科举在制度上承接唐代，仿效宋代。[3]结合《辽史·道宗本纪》中"诏有司颁行《史记》《汉书》"[4]的记载，推断《汉书》在辽代科举中也应有所体现。金代科举则"皆因辽、宋制，有词赋、经义、策试、律科、经童之制"[5]，且太学中明确提到以《汉书》作为教材，并规定采用颜师古注本。《汉书》在这一时期科举考试中发挥了重要的作用，金人王大钧称："皇朝专尚辞赋，取舍限以《五经》《三史》出题，惟《东西汉》二书最为浩汗，学者披阅如涉渊海，卒莫能际其畔岸。大抵菁华无出策论书疏而已，可取而为题者十盖八九，真科举之急用也。"[6]由此可见，金代科举虽重视辞赋，但以《汉书》所记内容出题的情况很多，这使《汉书》成为当时众多举子学习的必读之书。至于元代科举，由皇庆二年（1313）颁布的《行科举诏》可知，这一时期科举考试"以德行为首，试艺则以经术为先，词章次之"[7]。且有学者指出元代科举实行的时间短、规模小、

1　脱脱等：《宋史》卷一五六《选举志二》，北京：中华书局，1977 年，第 3633 页。

2　脱脱等：《宋史》卷一五六《选举志二》，北京：中华书局，1977 年，第 3634 页。

3　李文泽：《辽代的官方教育与科举制度研究》，《四川大学学报（哲社版）》，1999 年第 4 期。

4　脱脱等：《辽史》卷二三《道宗本纪三》，北京：中华书局，1974 年，第 276 页。

5　脱脱等：《金史》卷五一《选举志一》，北京：中华书局，1975 年，第 1130 页。

6　王大钧：《两汉策序》，《汉书策要》，乾隆五十六年（1791），第 1 页。

7　程钜夫：《行科举诏》，苏天爵：《元文类》卷九，上海：商务印书馆，1936 年，第 113 页。

录取人数少，不是元代选官取士的主要途径。[1] 以目前笔者所掌握的史料来看，虽然还无法断定《汉书》与元代科举之间的直接关系，但根据这一时期的学者袁桷曾在其《会试策问》中就春秋笔法与《汉书》体裁展开论述[2]，则可以断定，关于《汉书》的历史知识和史学认识仍然是参加元代科举考试的学人所需具备的素质。

考察《汉书》在宋元时期科举制度中的地位可以发现，《汉书》在这一时期的科举制度中，尤其是两宋时期的科举中占有非常重要的位置。一方面将要参加科举考试的读书人受社会上喜读《汉书》风尚的影响，把读《汉书》当作博古通今、个人精进的途径；另一方面统治集团对《汉书》的重视反映在科举制度方面，使精通《汉书》成为一条为官途径，这就促使更多的读书人将更多精力放在《汉书》上。这两个方面的原因相互作用、影响，使"汉书学"在科举考试的推动下进一步发展。

三、朝廷重视历史教育

中国古代帝王教育的历史由来已久，西汉时就有大臣教授昭帝的记载，东汉时期出现侍讲制度，这一制度发展至宋代演变为经筵，成为当时的君主教育方式。"经筵的制度化，其用意在使帝王的讲学不致间断，以收持之以恒之效。"[3] 对帝王的历史教育是经筵制度中的重要内容，而《汉书》在这一时期的帝王教育中扮演了重要的角色。

首先，宋代君主重视历史，注重从《汉书》中汲取经验，寻找解决现实问题的途径。经筵官所讲内容往往对皇帝能够产生直接影响，宋高宗时，经筵官

1　徐黎丽：《略论元代科举考试制度的特点》，《西北师大学报（社科版）》，1998年第2期。

2　袁桷：《会试策问》，苏天爵：《元文类》卷四六，上海：商务印书馆，1936年，第668页。

3　国风：《中国历史上的"侍讲侍读"与"经筵进讲"》，《光明日报》，2007年6月29日，第9版。

张九成就向皇帝讲授《汉书》，"因在经筵言西汉灾异事，桧甚恶之，谪守邵州"[1]。宋仁宗曾称："'先朝美政甚多，可谕史官详载之。'因言两《汉书》文辞温雅，《唐书》殆不能及也。"[2]宋仁宗重视对前朝治国经验的学习，《汉书》文辞优雅的特点使皇帝乐于习读。《玉海》中列举有多次以《汉书》教授北宋皇帝而影响国家政策的事迹："开宝读《汉书》而感于张治狱之无宽……端拱读《汉书》而感贾谊之激切……苏轼进读金华，日陈六事，读《汉书》摘切于治体者。"[3]宋太祖、太宗、真宗时期都有多次有感于史书所记而影响到皇帝个人选择的事迹，特别提到《汉书》在经筵中的作用，是"摘切于治体者"。南宋名相周必大在担任起居郎时，指出经筵进讲对皇帝的教育作用在于："经筵非为分章析句，欲从容访问，裨圣德，究治体。"而在周必大担任经筵官时，他也"尝论边事……应诏上十事，皆切时弊"。[4]

其次，《汉书》是宋代经筵中的重要教材。《宋会要》中记载："庆历四年二月，御迎阳门，召辅臣观图画。其画皆前代帝王美恶之迹，可以规戒者。……侍读学士丁度读《前汉书》，数刻乃罢。"[5]庆历四年（1044），时任侍读学士的丁度就将其关于《汉书》的知识传授给皇帝，这时的丁度已是北宋时期以专精《汉书》而闻名的学者。皇祐三年（1051），官拜参知政事的丁度又将他撰写的《前后汉书节义》进呈给皇帝，仁宗为此书赐名为《前史精要》，这从一个方面显现出北宋君臣对《汉书》的关注。随着经筵制度的发展，《汉书》作为经筵教材，其丰富博赡的记载对于侍讲活动来说显得太过繁杂，而不便于帝王观览。经筵讲官们将《汉书》内容编辑抄节，从而便于经筵活动。范祖禹与

1　脱脱等：《宋史》卷三七四《张九成传》，北京：中华书局，1977年，第11579页。

2　李焘：《续资治通鉴长编》卷一〇七"宋仁宗天圣七年三月"条，北京：中华书局，1995年，第2504页。

3　王应麟：《玉海》卷二十六《太平兴国读文选》，南京：江苏古籍出版社、上海：上海书店，1987年，第530页。

4　脱脱等：《宋史》卷三九一《周必大传》，北京：中华书局，1977年，第11965—11966页。

5　徐松：《宋会要辑稿》职官六《侍读侍讲》，刘琳等点校，上海：上海古籍出版社，2014年，第3191页。

苏轼于元祐八年（1093）的文书中都提及这一问题。范祖禹在《乞免节读汉唐史札子》中称："臣等近奉圣旨，令讲读官同将汉唐正史内可以进读事迹钞节成篇，遇读日进呈，敷演已具札子奏见，欲钞节缮写成卷帙即具进读。"[1]苏轼在《申省读汉唐正史状》云："昨准内降宰臣吕大防札子奏，臣每旬获侍经筵，窃见进读《五朝宝训》，将欲了毕，自来多用前代正史进读。窃谓其间有不足上烦圣览者，欲乞指挥读讲官同将汉、唐正史内可以进读事迹钞节成篇，遇读日进呈敷演，庶裨圣治。取进止。奉御宝批依奏。右轼等今已钞节缮写，稍成卷帙，于将来开讲日进读，即未审与《五朝宝训》并进，为复间日一读。"[2]为了能便于皇帝学习《汉书》，大臣们付出了很多努力。

此外，《汉书》作为经筵教材，很可能还有专门为皇帝学习进行注音的版本，高宗时期的起居舍人周遵之曾经向皇帝上疏说：

> 《汉书》旧文多用古字，间从假借，其类实繁，古今异言，方俗殊语，本音他切互见其中。颜师古备著科条，剖析无滞，字涉稍异随即翻音，字协音谐举当乎理。然则音训不一，臣欲以师古所立为定，仍乞于进读本内间注音切。臣非不知帝王之学志于治道，初不问此区区之言，可谓矜小节而闇大体矣。然而列职禁近，献纳论思，事无巨细，皆欲详审不可苟，况执经史以备顾问乎？今兹所陈庶几下，以见愚臣尽心率职之诚。[3]

周遵之认为，颜师古对《汉书》用字的解释虽已经条理完备，但其音切标准却不统一。虽然帝王学习《汉书》应重视其中的治道，相比之下，字的读音问题

1　范祖禹：《范太史集》卷二五《奏议》，《文渊阁四库全书》第 1100 册，台北：台湾商务印书馆，1986 年，第 293 页。

2　苏轼：《苏轼文集》卷三六《奏议·申省读汉唐正史状》，张志烈等校注，石家庄：河北人民出版社，2010 年，第 3586 页。

3　周遵之：《海陵集》卷三《奏议》，《文渊阁四库全书》第 1142 册，台北：台湾商务印书馆，1986 年，第 22 页。

便是小节了，但周遴之表示，只要是以备皇帝学习的经史著作，其中的小问题都是不可忽视的，故他向皇帝建议使用经过新注音切的《汉书》读本。

再次，宋代大臣非常重视向皇帝讲授《汉书》。经筵制度在北宋时曾一度中断，"自元昊反，罢进讲"[1]，继而有大臣上疏说，因为西夏的战事已经两年未曾侍讲，请求恢复侍讲："苟不足奉大问、发大对，虽屏斥之，无足惜者；以为先王之遗籍，古人之陈篇，可以讲无事之朝，不足赞有为之世，臣愚以为过矣。因献劝讲箴。"[2]至此又将经筵制度恢复。宋哲宗元祐初年，苏颂（1020－1101）迁吏部兼侍读，他上奏说："国朝典章，沿袭唐旧，乞诏史官采《新旧唐书》中君臣所行，日进数事，以备圣览。"苏颂上奏说明皇帝学习历史的重要性，哲宗采纳了他的建议，"遂诏经筵官遇非讲读日，进汉、唐故事二条。颂每进可为规戒、有补时事者，必述己意，反复言之"。苏颂非常重视历史知识对皇帝的积极影响，他认为："人主聪明，不可有所向，有则偏，偏则为患大矣。今守成之际，应之以无心，则无不治。"每每讲授到"弭兵息民，必援引古今，以动人主之意"[3]。绍兴二十七年（1157）十月丙申日，高宗向大臣们感叹道："朕在京师时，惟开封府颇类外官，官司如大理寺、御史台，法令严密，官吏谨畏，无敢于以私者。自渡江以来，大理寺治狱官吏极有奸弊，至于容情请托，贿赂公行。玩习既久，理宜惩革。"[4]高宗为南渡以来国家法律方面的弊病而苦恼。八天之后，侍读王师心表示希望为高宗提供治国方面的知识，他说："帝王之于史，其要在于观得失究治乱。今进读《汉书》，愿摘切于治体者读之。"[5]从苏颂和王师心的言论可以看到，他们非常希望皇帝能从《汉书》中汲取治国经验，从而解决现实问题。

---

1 李焘：《续资治通鉴长编》卷一四六"庆历四年二月"条，北京：中华书局，1995年，第3544页。

2 李焘：《续资治通鉴长编》卷一四六"庆历四年二月"条，北京：中华书局，1995年，第3547页。

3 脱脱等：《宋史》卷三四〇《苏颂传》，北京：中华书局，1977年，第10865—10866页。

4 李心传：《建炎以来系年要录》卷一七八"绍兴二十七年"条，北京：中华书局，1956年，第2937页。

5 李心传：《建炎以来系年要录》卷一七八"绍兴二十七年"条，北京：中华书局，1956年，第2938页。

　　《汉书》在宋元时期帝王历史教育中有重要的地位。宋代形成的经筵制度与《汉书》有非常紧密和直接的关系，这在两宋时期表现得尤其明显。这一时期以少数民族贵族为主建立的政权也吸收了经筵制度，金代、元代都设有经筵官，元代史家脱脱就"领经筵事"，同样非常重视对皇帝的历史教育。帝王历史教育中对《汉书》的重视，使《汉书》有自上而下流行的条件，元代还专门有令地方官员于各路学中学习历史知识的明文规定，如至元六年（1269）中书省就下令各路官员："如遇朔、望日，长、次以下正官同首领官率领僚属、吏员……从学官、主善诣讲堂，同诸生并民家子弟愿从学者讲议经史，更相授受。"[1]在种种历史教育风气的影响下，许多大臣自小习读《汉书》，如《宋史》记沈辽："幼挺拔不群，长而好学尚友，傲睨一世。读左氏、班固书，小摹仿之。辄近似，乃锄植纵舍，自成一家。"[2]《元史》记学者吴莱的事迹："天资绝人，七岁能属文，凡书一经目，辄成诵，尝往族父家，日易《汉书》一帙以去，族父迫扣之，莱琅然而诵，不遗一字……延祐七年，以《春秋》举上礼部。"[3]《汉书》在宋元时期历史教育中处于如此重要的地位，这为"汉书学"在各个社会阶层中的发展奠定了坚实的基础。

第三节　　"汉书学"在政治活动中的作用

一、关于礼法制度

　　宋元时期的政治活动往往参考史书记载，从而制定本朝的具体制度和政策。在这一时期所参考的史书中，对《汉书》记载的参考非常直接。时人通过阅读《汉

1　《大元圣政国朝典章》礼部卷四《学校一·儒学》，陈高华等点校，北京：中华书局、天津：天津古籍出版社，2011 年，第 1087—1088 页。

2　脱脱等：《宋史》卷三三一《沈遘传附传》，北京：中华书局，1977 年，第 10652 页。

3　宋濂等：《元史》卷一八一《黄溍传附传》，北京：中华书局，1976 年，第 4189 页。

书》认识到礼法对国家命运的重要作用。宋真宗曾经对臣下说："三代之后典
章文物、制度声名，参古今而适时用，莫若《史》《汉》。学者不可不尽心焉。"[1]
北宋人史温是南唐处士史虚白之孙，活跃于北宋真宗、仁宗时期。在史温所撰《钓
矶立谈》中，记载了自号为"钓矶闲客"的"叟"的一些言论，其中有一条记载：
"叟尝读《汉书》，见班固赞元帝优柔，大率颇似元宗，古今异世，而乃适同
尊号，西都坐是不振，而南国亦复阴阴如日就暮……唯礼为能定国。吁！非真
儒不足以救国之危削，非明礼不足以权国之安荣，元宗君臣，殆有遗恨于此。"[2]
这里所记载的是"叟"通过读《汉书·元帝本纪》赞有感而发出议论，他认为
南唐中主李璟的性格与班固所作赞中说汉元帝的"优柔"情况一样[3]，类比西汉
末年与南唐末期的历史情况，继而强调礼法对治国的重要意义，指出只有"明礼"
能使国家安定。元代的情况也大致如此，元世祖时，东平人赵天麟以布衣身份
向皇帝进呈《太平金镜策》，对当时国家存在的种种问题建言献策，他曾转引《汉
书》中记载贾谊《治安策》中"卑贱者习知尊贵者之一旦，吾亦乃可以加此也，
非所以习天下也"的内容，基于这种认识，他表示"臣自年十五六时读《汉书》
至此，未尝不三复其文也"，借当时惩戒官吏所用刑罚的不当展开论说，指出
践行礼法要求，明确尊卑有序对国家发展的重要作用，即"此盖系风俗之盛衰，
邦本之厚薄，官吏之廉否，天下之治乱，非细事也"[4]。宋元时期，统治集团中
的许多人物非常重视借鉴《汉书》的记载以加强国家礼法和典章制度的建设，
这在许多方面都有表现，具体而言有以下几点：

---

1 李攸：《宋朝事实》卷三《圣学》，上海：中华书局，1935年，第38—39页。

2 史温：《钓矶立谈》，《文渊阁四库全书》第464册，台北：台湾商务印书馆，1986年，第55页。

3 《汉书·元帝本纪》赞曰："臣外祖兄弟为元帝侍中，语臣曰：元帝多材艺，善史书。鼓琴瑟，吹洞箫，自度曲，被歌声，分节度，
穷极幼眇。少而好儒，及即位，征用儒生，委之以政，贡、薛、韦、匡迭为宰相。而上牵制文义，优游不断，孝宣之业衰焉。然
宽弘尽下，出于恭俭，号令温雅，有古之风烈。"班固：《汉书》卷九《元帝本纪》，北京：中华书局，1962年，第298—299页。

4 赵天麟：《论百官犯罪刑罚》，《元代奏议集录（上册）》，杭州：浙江古籍出版社，1998年，第375—376页。

（一）宫廷礼仪

北宋兴立之初，皇室尊号成为亟待规定的制度，宋太祖建隆元年（960）二月三日，太常礼院官员上书说："伏以王者立显亲之殿，所以尊母仪……文母兴周，名存乎十乱。徽号未正，阙孰甚焉。谨按《汉书》，帝祖母曰太皇太后，帝母曰皇太后……伏请上尊号曰皇太后。"[1]宋太祖下诏遵从了这一礼仪，这对《汉书》记载的借鉴是直接且严格的。

当时的君臣对《汉书》所记载的礼仪也并非尽数刻板遵守，某些方面会根据实际境况加以一定程度上的改进，如咸平三年（1000）七月十三日，龙图阁待制陈彭年上表说："高平侯魏相孙（误，应为魏相之子）坐饮酌宗庙，骑至司马门，不恭，削爵一级。此则骑不可过庙司马门之明文也。今太庙别有偏门及东门，祀官入斋宫，去殿庭尚远。所有后庙唯止一门，每遇禘祫，神主自此出入。又斋宫正与殿门相对，数步而已，祀官不以官品高下，乘马而入，颇属不恭。"[2]《汉书·外戚恩泽侯表》记载甘露元年（前53），承袭魏相爵位的魏弘去宗庙祭祀时，因骑行至司马门不敬而被削为关内侯。[3]陈彭年列举这一事件，指出这是官员参加祭祀活动，行至司马门必须步行进入的明文规定，他考虑到本朝祭祀时，祭祀官都是骑马进入斋宫，而斋宫与殿庭距离很近，这样实在是很不恭敬，建议只有宰相一级的官员可以骑马从东门进入，其余的官员都须步行。皇帝下诏同意了他的上疏。北宋初期的祭祀制度已与西汉时期存在明显差异，在祭祀礼仪方面自然无法照搬西汉，宋真宗时期的官员在考察本朝祭祀情况后，作出了这篇与《汉书》记载内容思想相通的上疏。

随着宋朝的发展，宫廷礼仪方面往往会出现需要改革的必要，此时《汉书》

1　徐松：《宋会要辑稿》礼五〇《后妃尊号》，刘琳等点校，上海：上海古籍出版社，2014年，第1861页。

2　徐松：《宋会要辑稿》礼一五《缘庙裁制》，刘琳等点校，上海：上海古籍出版社，2014年，第812页。

3　班固：《汉书》卷一八《外戚恩泽侯表》，北京：中华书局，1962年，第696页。

文本就成为君臣改革礼仪的参考依据。绍兴三十二年（1162）六月十日，宋高宗通过内禅将皇位传给赵眘，即宋孝宗。三天后，孝宗诏令大臣拟定朝见高宗的礼仪："十三日，诏令宰臣率百官于初二日、十六日诣德寿宫起居。"这一制度令宋孝宗感到朝见太上皇的频率太少，于是他向大臣们表达了每天朝见宋高宗的意愿，但又怕荒废朝政，"恐废万机"，向群臣请求准许他的要求。基于这种情况，礼部和太常寺的官员依据《汉书》记载，指出："《汉书》高皇帝五日一朝太上皇，乞依此故事，每五日一次诣德寿宫朝见，如宫中礼。"[1]汉高祖刘邦每五天朝见太上皇一次，请皇帝遵从这一制度。这在一定程度上满足了孝宗频繁朝见高宗的愿望，也使官员们能够约束皇帝勤勉朝政。

（二）皇帝立嗣

宋代皇帝立嗣绝非帝王之家务事，这种关乎国家命运的抉择为大臣们所重视。宋仁宗久不立嗣，许多大臣就此事多次进行劝谏。为了让仁宗能够尽早立嗣，大臣们将《汉书》记载作为劝说皇帝的直接材料。仁宗至和（1054—1056）末年得病，大臣们再次形成上疏的风潮，请求皇帝尽早定夺继承人。历经五六年，仁宗仍不为所动。当时的宰相韩琦建议在宫中选择勤勉好学的宗室子弟到内学读史，以便将来从中选择贤能之人托付国家大事，希望能以此触动仁宗。这时仁宗以后宫有嫔妃即将分娩为由推辞，但后宫诞下的皆是皇女。此后，韩琦就立嗣之事继续劝谏仁宗，《续资治通鉴长编》记载："一日，琦取《汉书·孔光传》怀之以进，曰：'汉成帝即位二十五年无嗣，立弟之子定陶王为太子。成帝中才之主，犹能之，以陛下之圣，何难哉！'"[2]汉成帝在位二十五年没有子嗣，在议论立嗣人选时有两个选择：一个是过继给成帝为子的定陶王刘欣，

1　徐松：《宋会要辑稿》礼四九《尊号》，刘琳等点校，上海：上海古籍出版社，2014年，第1806页。

2　李焘：《续资治通鉴长编》卷一九五"嘉祐六年"条，北京：中华书局，1995年，第4728页。

另一个是成帝的胞弟中山孝王。汉成帝希望立定陶王为嗣，而孔光则依据《尚书·盘庚》的记载坚持兄终弟及，因此孔光受到了降职。韩琦持《汉书·孔光传》进谏，无疑是自比孔光，表达自己劝谏的决心，他列举汉成帝立嗣一事，认为汉成帝这样中等之才的君主尚能做到尽早立嗣，希望仁宗能听取大臣们的建议。在韩琦这次劝谏后，仁宗终于开始有了些许立嗣的意愿。嘉祐元年（1056），时任秘阁校理的李大临又向仁宗上《论水灾乞速定副贰之位书》，这已经是他关于立储的第六次上疏了。李大临说：

> 臣窃以比来大雨入都门，坏庐舍溺人民，祖宗以来未之有也。谨按《汉书·五行志》曰，"简宗祀不祷祠，则水不润下"，今朝廷祭祀非不恭，时享非不至，而反谓简慢者何？皇嗣未立主鬯有阙故也。夫水，万物之本；太子，天下之本，今天下之根本未立，上天深示灾变。伏望陛下鉴天之戒，早择储嗣以前定天下之心。……伏乞陛下无逆天时，为社稷苍生留意焉，臣之朴忠忧国大计，昧死以闻。[1]

李大临借当时天降大雨导致水患灾害一事，引《汉书·五行志》记载，指出问题出现的原因必然在于朝廷祭祀方面，但当时的祭祀活动从时间和形式上看都无任何不当，那么是什么导致朝廷祭祀"简慢"呢？李大临将原因归结为未立储而导致宗庙祭祀没有起到应有的效果，即"主鬯有阙"。李大临将大雨导致水患的原因归结于皇帝未能立嗣上，这显然是荒诞无稽之谈，他为达到使皇帝早日立嗣的政治目的，借《汉书》记载的天文瑞异现象给仁宗施加压力，这种附会一定程度上促使仁宗下定立储的决心。

---

1 黄淮、杨士奇：《历代名臣奏议》卷七三《储嗣》，上海：上海古籍出版社，1989年，第996页。

（三）宗庙制度

历史上，君臣之间围绕宗庙制度而展开讨论的事例不少，宋代出现的关于宗庙制度的争论往往需要参考《汉书》记载进行决断，英宗时期的"濮议"就是一次典型的事件。治平元年（1064）九月十八日，内侍省官员石全育、三司官员王荀龙奉诏为英宗生母任夫人修坟，向礼官问询所应遵循的制度，在涉及任夫人坟的名称时，礼官引用《汉书》记载，回复他们说："按《前汉书》，悼惠王家园在齐，是诸侯王皆得称园。濮安懿王已准先诏以茔为园，今夫人任氏坟域称园，合于故事。"[1]认为英宗生父濮王的坟墓按《汉书》记载制度称为"园"，那么任夫人的坟称为"园"也是符合旧制的。治平二年（1065），宋英宗又想尊称濮王为"皇考"或"皇伯考"，这一次朝中大臣对此展开了激烈的争论，许多大臣上疏劝说英宗放弃这种想法。当时的翰林学士范镇率领太常寺的官员上言说："'汉宣帝于昭帝为孙，光武于平帝为祖，则其父容可以称皇考，然议者犹或非之，谓其以小宗而合大宗之统也。今陛下既考仁宗，又考濮安懿王，则其失非特汉宣、光武之比矣。凡称帝若皇若皇考，立寝庙，论昭穆，皆非是。'因具列《仪礼》及《汉书》论议、魏明帝诏为五篇，奏之。执政得奏，怒，召镇责曰：'诏书云当令检详，奈何遽列上邪？'镇曰：'有司得诏书，不敢稽留，即以闻，乃其职也，奈何更以为罪乎！'"[2]范镇列举汉宣帝、光武帝从祖父一辈的先帝那里继承皇位，认为汉宣帝、光武帝将他们的父亲尊称为"皇考"有一定道理，但这种以小宗攀附大宗的行为已经受到了不少非议。范镇进而表态，指出以英宗的情况来看，将濮王尊称为"皇考"，或是为濮王建立寝庙、将其排入皇帝宗庙中都是绝不可行的。范镇将自己观点的来源辑成五篇文章供英宗参考，其中有《汉书》对此类问题的记载和议论。在

---

1 徐松：《宋会要辑稿》礼四〇《濮安懿王园陵》，刘琳等点校，上海：上海古籍出版社，2014 年，第 1620 页。

2 毕沅：《续资治通鉴》卷六三"宋英宗治平二年"条，北京：中华书局，1957 年，第 1545 页。

濮王称谓这一问题上，司马光、王珪等人也都列举秦汉以来的史实劝谏英宗，他们与范镇的观点大体类似。治平四年（1067）英宗驾崩后，濮王仍然维持了原来的谥号。英宗在"濮议"这一问题上表现得十分执着，但范镇等官员借《汉书》记载劝说英宗，也为英宗实现自己的想法施加了一定的阻力。

（四）音律乐制与度量衡制

音律乐制与度量衡制的关系十分密切，度量衡制又是关乎国家经济运行的重要制度，宋代君臣对音律标准和度量衡的制定非常重视。建隆元年（960）八月，皇帝下诏"有司按前代旧式作新权衡，以颁天下，禁私造者"[1]。宋初制定的度量衡严格参考《汉书·律历志》记载的西汉制度[2]，以九十粒黑黍排列的长度为黄钟律管的长度，黄钟律管中能够容纳黑黍一千二百粒，通过等分律管中黑黍的重量制定各级重量单位。

到宋仁宗时，郑保信、阮逸、胡瑗等人上奏新的造钟律。皇帝下诏时任翰林学士的丁度及其他精于《汉书》的学者考校这一造钟律是否妥当。丁度向皇帝上书总结说：

> 保信所制尺……用黍长为分，再累成尺，校保信尺、律不同。其龠、合、升、斗深阔，推以算法，类皆差舛，不合周、汉量法。逸、瑗所制，亦上党秬黍中者累广求尺，制黄钟之律。今用再累成尺，比逸、瑗所制，又复不同。……尺既有差，故难以定钟、磬。……惟后周掘地得古玉斗，据斗造律，兼制权量，亦不同周、汉制度。故《汉志》有备数、和声、审度、嘉量、权衡之说，悉起

---

[1] 脱脱等：《宋史》卷六八《律历志一》，北京：中华书局，1977年，第1495页。

[2] 宋代制定度量衡的依据为《汉书·律历志》："景德中，承珪重加参定，而权衡之制益为精备，其法盖取《汉志》子谷秬黍为则，广十黍以为寸，从其大乐之尺。"脱脱等：《宋史》卷六八《律历志一》，北京：中华书局，1977年，第1495页。

于黄钟。今欲数器之制参互无失，则《班志》积分之法为近。逸等以大黍累尺、

小黍实龠，自戾本法。保信黍尺以长为分，虽合后魏公孙崇所说，然当时已

不施用，况保信今尺以圆黍累之，及首尾相衔，有与实龠之黍再累成尺不同。

其量器，分寸既不合古，即权衡之法不可独用。[1]

丁度引用《汉书·律历志》的说法[2]，认为郑保信、阮逸、胡瑗等人所运用的钟律不合乎古代的制度，而且其音准的权衡方法也不正确。皇帝在看到这篇上疏后罢用了郑保信等人的造钟律。钟律有问题，依律管制定的尺度、重量等度量衡单位自然也就不准确，仁宗继而又下诏丁度审订郑保信、阮逸、胡瑗等人所用的尺度，丁度再次上奏说：

《汉志》，元始中，召天下通知钟律者百余人，使刘歆典领之。是时，

周灭二百余年，古之律度当有考者。以歆之博贯艺文，晓达历算，有所制作，

宜不凡近。其审度之法云："一黍之广为分，十分为寸，十寸为尺。"先儒

训解经籍多引以为义，历世祖袭，著之定法。然而岁有丰俭，地有硗肥，就

令一岁之中，一境之内，取以校验，亦复不齐。是盖天物之生，理难均一，

古之立法，存其大概尔。故前代制尺，非特累黍，必求古雅之器以杂校焉。……

窃惟周、汉二代，享年永久，圣贤制作，可取则焉。……臣等检详《汉志》《通

典》《唐六典》……今朝廷必求尺之中，当依汉钱分寸……俟有妙达钟律之

1　脱脱等：《宋史》卷七一《律历志四》，北京：中华书局，1977 年，第 1607 页。

2　《汉书·律历志》云："一曰备数，二曰和声，三曰审度，四曰嘉量，五曰权衡。参五以变，错综其数，稽之于古今，效之于气物，和之于心耳，考之于经传，咸得其实，靡不协同。"《宋史·律历志》撰写时严格遵从《汉书·律历志》这一原则："至司马迁、班固叙其指要，着之简策。自汉至隋，历代祖述，益加详悉。暨唐贞观迄周显德，五代隆替，逾三百年，博达之士颇亦详绳废坠，而律志皆阙。宋初混一寰内，能士毕举，国经王制，悉复古道。《汉志》有备数、和声、审度、嘉量、权衡之目，后代因之，今亦用次序以志于篇。"

学者，俾考正之，以从周、汉之制。……逸、瑗、保信及照所用太府寺等尺，其制弥长，出古远甚……谨考旧文，再造影表尺一、校汉钱尺二并大泉、错刀、货布、货泉总十七枚上进。[1]

丁度进一步向皇帝说明他对古代音律和度量衡的见解，他援引《汉书》记载刘歆考定钟律的事迹，肯定西汉时期对周代律度的承袭关系，认为汉代的律度是本朝应该主要参照的标准，而郑保信、阮逸、胡瑗等人所用的尺度与古时相差太远。丁度通过参考《汉书》等资料，重新制定影表尺和钱尺。皇帝因此又下诏按丁度的说法制定律管，与郑保信、阮逸、胡瑗等人制定的音律进行比对。丁度认识到历史发展变化的规律，指出历代农业收获情况不同，即便是同年取同一地的粮食，通过累黍的方式制定律管也不会得到完全相同的结果，所以"天物之生，理难均一，古之立法，存其大概尔"，但他在力所能及的范围内，通过对《汉书》的仔细研究和参考，力图将本朝律制恢复到尽量与西汉接近的状态，显现出《汉书》在当时音律乐制与度量衡制中的重要参考作用。

这一时期，君臣在礼法制度的各个方面都有参照《汉书》记载的具体事例，这显现出宋元时期《汉书》在国家礼法制度中的重要地位。需要说明的是，辽金元三代的礼法制度经历了从无到有的发展阶段，在其礼法制度中对《汉书》的直接借鉴相对于两宋来说较少。《辽史·礼志》记载："太古之上，椎轮五礼，何以异兹。太宗克晋，稍用汉礼。今国史院有金陈大任《辽礼仪志》，皆其国俗之故，又有《辽朝杂礼》，汉仪为多。"[2]金朝的情况与辽类似："金人之入汴也，时宋承平日久，典章礼乐粲然备具。金人既悉收其图籍，载其车辂、法物、仪仗而北，时方事军旅，未遑讲也。既而，即会宁建宗社，庶事草创。皇统间，

---

1 脱脱等：《宋史》卷二四《律历志四》，北京：中华书局，1977 年，第 1608—1610 页。

2 脱脱等：《辽史》卷四九《礼志》，北京：中华书局，1974 年，第 833—834 页。

熙宗巡幸析津，始乘金辂，导仪卫，陈鼓吹，其观听赫然一新，而宗社朝会之礼亦次第举行矣。……世宗既兴，复收向所迁宋故礼器以旋，乃命官参校唐宋故典沿革，开详定所以议礼，设详校所以审乐。"[1]从客观上来说，辽金元礼法制度的许多方面对宋代有所吸收。

二、关于选才任职

宋元时期，朝廷在选才任职的许多方面以《汉书》记载作为参考：其一是在官职任命方面，皇帝以《汉书》记载的事迹对大臣提出期望，或以大臣能否精通《汉书》作为任命依据。北宋兴立之初，承接五代时期的混乱局面，法律制度上承袭唐代的律令格式。宋太祖、太宗"颇用重典，以绳奸慝，岁时躬自折狱虑囚，务底明慎，而以忠厚为本"，此时偏重使用严苛的法律，但皇帝对使用严法的态度很慎重，故常常亲自复核案情，在审判时遵循忠实宽厚的原则，实际上使这一时期"立法之制严，而用法之情恕"。皇帝对法律的重视影响到各级官员，在士人初试做官时都要进行法律条令的学习。开宝二年（969）五月，宋太祖向大臣们提出了他对官员治狱的期望："帝每亲录囚徒，专事钦恤。凡御史、大理官属，尤严选择。尝谓侍御史知杂冯炳曰：'朕每读《汉书》，见张释之、于定国治狱，天下无冤民，此所望于卿也。'赐金紫以勉之。"[2]宋太祖的这种期望来源于他读《汉书》时的感想，《汉书》中记载张释之、于定国断案的事迹令太祖受到触动，希望宋也可以实现"天下无冤民"的理想状态。基于这样的期望，宋太祖在遴选任命御史台和大理寺官员时格外严格。

淳化二年（991）十月二日，"学士院试殿中丞郭延泽、赞善大夫董元亨《唐

---

1 脱脱等：《金史》卷二八《礼志》，北京：中华书局，1975年，第691页。

2 脱脱等：《宋史》卷一九九《刑法志一》，北京：中华书局，1977年，第1607页。

书》《汉书》问目十道，各通七，诏并充史馆检讨"[1]。关于《汉书》《旧唐书》的十道考题，成为遴选史馆检讨的标准。此后，"（郭）延泽等俱以门荫好学，帝闻其名，诏宰臣问以经史大义，对皆如旨，故有是命"[2]。宋太宗听闻郭延泽等人有通晓经史的名声，还特意命宰臣又对他们进行了测试。

其二是在官职名称方面，有直接参考《汉书》记载的情况。大中祥符二年（1009）七月八日，中书门下官员向宋真宗上疏说："按《汉书·百官表》，长信詹事掌皇太后宫，景帝更名长信少府。注云，以太后所居为名也。居长信宫则曰长信少府，居长乐宫则曰长乐少府。又云，长乐卫尉不常置。万安宫本因明德皇太后特建，今明德皇太后上仙，万安宫废置，合依宫官之例。"[3]这篇上疏引用《汉书·百官表》中记载的汉代官制，应以皇太后所居宫名制定掌管官名，指出明德皇后去世后其宫废置，仍应遵循旧制，真宗阅后下诏"恭依"。

其三是官府事务方面，参考《汉书》所记旧制。乾德三年（965），宋太祖下诏重铸各部官印："太祖诏重铸中书门下、枢密院、三司使印。先是，旧印五代所铸，篆刻非工。及得蜀中铸印官祝温柔，自言其祖思言，唐礼部铸印官，世习缪篆，即《汉书·艺文志》所谓'屈曲缠绕，以模印章'者也。思言随僖宗入蜀，子孙遂为蜀人。自是，台、省、寺、监及开封府、兴元尹印，悉令温柔重改铸焉。"[4]由于中书门下、枢密院、三司使所用的旧印是五代时期铸造的，篆刻工艺不精，所以宋太祖下诏进行重铸，由蜀地的铸印官祝温柔负责，后来又将铸新印的范围扩大。《宋史·舆服志》称新铸官印所运用的方法就是参考《汉

1　徐松：《宋会要辑稿》选举三一《召试除职》，刘琳等点校，上海：上海古籍出版社，2014年，第5852页。

2　徐松：《宋会要辑稿》职官一八《崇文院》，刘琳等点校，上海：上海古籍出版社，2014年，第3499—3500页。

3　徐松：《宋会要辑稿》后妃一《皇后皇太后杂录一》，刘琳等点校，上海：上海古籍出版社，2014年，第255页。

4　脱脱等：《宋史》卷一五四《舆服志六》，北京：中华书局，1977年，第3591页。

书·艺文志》所提到的"屈曲缠绕，以模印章"[1]。

元代吏治制度的某些方面以《汉书》所记载的西汉吏治相标榜。在《元史·良吏列传》中，引班固所言："汉兴，与民休息，凡事简易，禁罔疏阔，以宽厚清静为天下先，故文、景以后，循吏辈出。"[2]《元史》纂官认为这一吏治背景与元初十分相似："元初风气质实，与汉初相似。世祖始立各道劝农使，又用五事课守令，以劝农系其衔。故当是时，良吏班班可见，亦宽厚之效也。"[3]这一时期，有关吏治的一些制度以《汉书》所记载的历史情况为要求，元儒郑介夫曾向皇帝上疏，就官吏素质低下的问题进谏说："今中外百官，悉出于吏。观其进身之初，不辨贤愚，不问齿德，夤缘势援，互相梯引。有力者趋前，无力者居后。口方脱乳，已入公门；目不识丁，即亲案牍。……今随朝吏员通儒明吏者，十无二三。天下好官尽使此辈为之，甚可为朝廷名器惜也。夫吏之与儒，可相有而不可相无，儒不通吏，则为腐儒；吏不通儒，则为俗吏，必儒吏兼通，而后可以莅政临民。《汉书》称儒术饰吏治，正谓此也。"[4]郑介夫就当时以吏治国的风气展开评论，认为最明显的一个缺点在于官吏素质低下，国家的权力把持在这样的人手中，对吏治制度的建设非常不利。郑介夫以官吏能否"通儒"作为评判其优劣的标准，以《汉书》所言的"以儒饰吏"作为国家吏治的追求。这种以"儒吏"相互标榜的风气在元代士人阶层中间流行开来，"以儒饰吏"成为这时的一种社会思潮。[5]

1　考察《汉书·艺文志》中，并没有"屈曲缠绕，以模印章"的记载，相关记载为："六体者，古文、奇字、篆书、隶书、缪篆、虫书，皆所以通知古今文字，摹印章，书幡信也。"有学者认为，"屈曲缠绕，以模印章"应指的是"缪篆"，为汉代的一种篆刻方式。周屹：《逸之刻佛与其田野工作——兼论印章艺术与文、物、图的历史及观念》，《诗书画》，2017 年第 2 期。

2　宋濂等：《元史》卷一九一《良吏列传》，北京：中华书局，1976 年，第 4355 页。

3　宋濂等：《元史》卷一九一《良吏列传》，北京：中华书局，1976 年，第 4355 页。

4　郑介夫：《上奏一纲二十目》，《元代奏议集录（下册）》，杭州：浙江古籍出版社，1998 年，第 56 页。

5　关于这一时期"以儒饰吏"的社会风气，可参见王秀丽：《"以儒饰吏"为何独受元人青睐？——元代儒吏阶层及其文化身份认同》，《华南师范大学学报（社科版）》，2014 年第 3 期。

综上所述，宋元时期的政治活动对《汉书》记载的引用和参考表现在多个具体方面。这显示出《汉书》作为一本史书，对宋元时期政治活动的直接意义。从统治集团的角度来说，《汉书》在政治活动中具有重要地位；从"汉书学"发展的角度来看，《汉书》在政治活动中所扮演的重要角色无疑促进了整个社会对《汉书》的重视。

小　结

"汉书学"在隋唐时期成为史学中的一门显学。宋元时期，《汉书》在史学上的地位得到进一步巩固，"汉书学"在当时有比较广泛的社会基础。《汉书》受到时人的特别重视，在社会上形成了读《汉书》、习《汉书》、评《汉书》、用《汉书》的风气。这种风气彰显于国家的政治活动、文化活动中，充斥在士人阶层的生活与交往中。"汉书学"在宋元社会中的盛行，得益于《汉书》自身所具有的明显优点[1]，更重要的因素在于，宋元时期的社会、文化背景为"汉书学"发展开辟了宽阔的道路。这一时期崇尚学术、追慕古风的文化环境，政治上参考《汉书》记载史事的种种做法，以及经筵教育、科举制度等因素的客观推动，都使整个士人阶层对《汉书》表现出浓厚的兴趣，促使人们对《汉书》所记史事进行深入研读。此外，得益于宋元时期经济的发展和印刷技术的进步，《汉书》得以在更广泛的范围内传播。从宋元时期整个社会文化风气的角度看，有不少涉及《汉书》的诗词作品，如苏轼曾在元祐元年（1086）二月八日这退朝以后，"独在起居院读《汉书·儒林传》，感申公故事，作小诗一绝"[2]。又

---

[1]　唐代史家司马贞总结《汉书》优点说："班氏之书，成于后汉，彪既后迁而述，所以条流更明，且又兼采众贤，群理毕备。故其旨富，其词文。是以近代诸儒共所钻仰。" 司马贞：《史记索隐序》，司马迁：《史记》，北京：中华书局，1959年，附录第7页。

[2]　苏轼：《苏轼诗集》卷二七《古今体诗三十九首》，张志烈等校注，石家庄：河北人民出版社，2010年，第2979页。

如黄庶作《送李室长庆州宁觐》表达他对班固的崇敬："我爱孟坚文学饱，持笔去作将军客。"[1]元代讲史在社会上比较流行，在元代的讲史话本中，《前汉书平话》作为仅存的五种平话之一流传至今；被称为"元曲四大悲剧"之一的《汉宫秋》，也是其作者马致远在西汉与匈奴和亲之事的基础上创作的。这说明宋元"汉书学"不独为史学所崇尚，而是这个时期整个社会文化中的一种风气。

1　黄庶：《送李室长庆州宁觐》，《全宋诗》卷四五二，北京：北京大学出版社，1992 年，第 5502 页。

第三章
宋元"汉书学"专书的多种形式

在宋元时期"汉书学"风气的影响下，出现了很多"汉书学"专书。首先，宋元时期《汉书》研究方面的专书数量很多。其次，这一时期涌现出一批基于《汉书》文本进行改作的专著。再次，宋元学人对《汉书》，以及汉代历史的重视和兴趣催生出一些汉代历史研究和评论的专著，从广义上讲也可将其纳入"汉书学"研究的范畴。宋元"汉书学"专书的形式多样，通过这些专书的具体情况，能够对这一时期的"汉书学"成就有整体的认识，从而揭示宋元时期"汉书学"的具体面貌，总结宋元"汉书学"对此前"汉书学"的发展。

第一节　《汉书》研究的专书

一、概说

宋元时期，出现了不少直接对《汉书》进行研究的专书，这是宋元"汉书学"中最为重要的研究成就。依据历代目录书对宋元时期典籍的著录，现将这一时期研究《汉书》的专书情况列表如下：

朝代	研究者	官职	书名	卷数	著录情况	存佚情况
北宋	余 靖	秘书丞	《汉书刊误》	三〇	《宋史》卷二〇三《艺文志二》	佚
	赵 抃	参知政事	《新校前汉书》	一〇〇	《宋史》卷二〇三《艺文志二》	佚
	张 泌	秘书丞	《汉书刊误》	一	《宋史》卷二〇三《艺文志二》	佚
	富 弼	枢密使	《前汉书纲目》	一	《宋史》卷二〇三《艺文志二》	佚
	刘 敞 刘 攽 刘奉世		《三刘汉书标注》	六	《宋史》卷二〇三《艺文志二》	佚

续表

朝代	研究者	官职	书名	卷数	著录情况	存佚情况
北宋	刘 攽	中书舍人	《汉书刊误》	四	《宋史》卷二〇三《艺文志二》	佚
	佚 名		《西汉刊误》	一	《宋史》卷二〇三《艺文志二》	佚
	朱子文		《汉书辨正》		南宋庆元刘元起刻本《汉书》校记	佚
	陈 绎	馆阁校勘	《是正文字》	七	《玉海》卷四三《艺文》	佚
	赵 瞻	秘书丞	《汉书问答》	五	《宋史》卷二〇三《艺文志二》	佚
	杨 侃	集贤院学士	《两汉博闻》	一二	《宋史》卷二〇三《艺文志二》	存
	刘 泾	太学博士	《西汉发挥》	一〇	《郡斋读书志》卷七《史评类》	佚
	程 俱	中书舍人	《班左诲蒙》	三	《宋史》卷二〇七《艺文志六》	存
南宋	王应麟	中书舍人	《汉艺文志考证》	一〇	《宋史》卷二〇三《艺文志二》	存
	吴仁杰	国子学录	《两汉刊误补遗》	一〇	《宋史》卷二〇三《艺文志二》	存
	林 钺		《汉隽》	一〇	《宋史》卷二〇三《艺文志二》	存
	程 瑀		《两汉索隐》		《续文献通考》卷一七六《经籍考》	佚
	洪 迈	端明殿学士	《西汉法语》		《遂初堂书目·史学类》	佚
	陈天麟	集英殿修撰	《前汉古字韵编》	五	《直斋书录解题》卷三《小学类》	佚
			《前汉六帖》	一二	《宋史》卷二〇三《艺文志二》	佚

续表

朝代	研究者	官职	书名	卷数	著录情况	存佚情况
南宋	吴 莘	国子博士	《西汉补注》	一〇	《读书附志》卷上《史类》	佚
			《西汉鉴》	一〇	《读书附志》卷上《史评类》	佚
	刘刚中	兰溪丞	《两汉奇语》		《续文献通考》卷二〇四《道统考》	佚
	倪 思	著作郎	《班马异同》	三五	《直斋书录解题》卷一四《类书类》	存
	何 俌	工部侍郎	《西汉补遗》	一	《读书附志》卷上《史类》	佚
	沈长卿		《西汉总类》	二六	《读书附志》卷上《杂说类》	佚
	黄公度	肇庆府通判	《汉书镌误》		《道光肇庆府志》卷一六	佚
	师 古	全州教授	《西汉质疑》	一九	《宋史》卷二〇三《艺文志二》	佚
	娄 机	秘书郎	《班马字类》	二	《直斋书录解题》卷三《小学类》	存
	徐天麟	武学博士	《西汉地理疏》	六	《宋史》卷四三八《儒林传八》	佚
	周 京		《史汉音辨》		《雍正江西通志》卷七六	佚
	倪 遇		《汉书家范》	一〇	《宋史》卷二〇七《艺文志六》	佚
	谌 祐		《史汉韵纪》		《宋诗纪事补遗》卷六四	佚
	王 迷	国子司业	《西汉决疑》	五	《直斋书录解题》卷四《正史类》	佚
宋	佚 名		《汉书考正》		《八千卷楼书目》卷四《史部》	存
金	徒单镒	翰林待制	《汉书译解》		《补三史艺文志·史部·正史类》	佚
元	刘辰翁		《班马异同评》	三五	《四库全书总目》卷四六《史部二》	存

由上表可知：首先，宋元时期研究《汉书》的专书数量很多，但大部分已经散佚。其次，从具体的研究类型来看，有对《汉书》的刊误，如《汉书刊误》《两汉刊误》；有为研读《汉书》提供方便而作的目录，如《前汉书纲目》；有为科举考试提供便利的参考书籍，如《汉书问答》《前汉六帖》；有对《汉书》字音、词义、注文的整理和汇集，如《两汉博闻》《汉隽》《班马字类》；有对《汉书》记载的专题详考，如《汉艺文志考证》《西汉地理疏》；有关于《史记》《汉书》的比较研究，如《班马异同》《班马异同评》等。这显现出宋元时期《汉书》研究的多样性。通过对现存几部专书基本情况的考察，大致可以窥见这一时期《汉书》研究的面貌。

二、摘编与通释性研究

由现存宋元《汉书》研究的专书来看，其中不少采用资料汇编的形式，大致情况如下：《两汉博闻》十二卷，北宋杨侃辑。杨侃，钱塘（今浙江杭州）人，端拱年间（988—989）进士，官至集贤院学士，《宋史》无传。《两汉博闻》选取《汉书》和《后汉书》中的字词，摘录、节选前代所作注文进行解释。该书前七卷解释《汉书》字词，后五卷解释《后汉书》字词。书中对《汉书》字词的解释仅限于引用颜师古注本中的说法，字词的选择不分门类，也不按照《汉书》体例的顺序进行编排，无规律可循，且其中收录有很多简单的字词。此书在解释字词时，先是指出该字或词于《汉书》中的出处，其后或引该字或词在《汉书》中的原文，最后附上解释。如《两汉博闻》卷六"单于"条，"单于"词下标明"《文帝纪》《匈奴列传六十四上》"，言明所出现的篇目，接着录《汉书·匈奴列传》原文："单于者，广大之貌也，言其象天单于然也。"最后引颜师古注，"师古曰：'单于，匈奴天子之号，单音蝉。'" [1] 通过这种形式的辑录,能够为《汉书》读者提供方便。《四库全书总目提要》评价《两汉博闻》:"虽于史学无关,然较他类书采撷杂说者,究为雅驯" [2]。虽然《两汉博闻》的史学价值不高,但它为学者研究《汉书》提供了参考资料。

《班左诲蒙》三卷,北宋程俱编。程俱(1078—1144),字致道,号北山,开化(今浙江衢州)人。《班左诲蒙》成书于政和三年(1113),今存清抄本,但从此本卷后所录牌记来看,《班左诲蒙》在绍兴三十一年(1161)镂板,说明此书在当时一度有刻本流传。《班左诲蒙》书名中的"诲蒙"并非意味着此书是蒙学专书,这是程俱自谦的结果。此书辑录《左传》与《汉书》中的字词,指出所释字词在《汉书》中的出处,后引诸家注文进行解释,上卷为《左传》部,中卷与下卷为《汉书》部。书中解释《汉书》字词的部分大体按照《汉书》体例的顺序编排、划分篇目,引颜师古注本中的注文加以解释。之所以将《左传》和《汉书》字词编排解释,原因在于程俱认为:"中古以还,叙事之文唯左丘明《春秋传》《太史公记》、班固《汉书》最为近古,班、左得善注,故训诂益明,世之人发言下笔终日出其中,乃或不知其所谓,由若字画不异而音释顿殊,苟为道听意读,其不笑于人者几希。" [3] 他指出《左传》《史记》《汉书》对时人以古法作文的重要性,而《左传》《汉书》有较好的注本,便于人们学习古时字词的音义,通过阅读《班左诲蒙》,避免乱用字词而贻笑于人。

《汉隽》十卷,林钺辑。林钺,生平事迹不详,通过《汉隽自序》后署有"绍兴壬午六月朔",可知他为南宋时人。林钺在《汉隽自序》中称《汉书》有八十万言,导致:"学者骤而读之不得其要领。"故林钺选取《汉书》中的

---

1 杨侃:《两汉博闻》卷六"单于"条,《文渊阁四库全书》第 461 册,台北:台湾商务印书馆,1986 年,第 105 页。

2 永瑢等:《四库全书总目提要》卷六五《史部·史钞类》,北京:中华书局,1965 年,第 577—578 页。

3 程俱:《班左诲蒙自序》,《衢州文献集成》第 134 册,北京:国家图书馆出版社,2015 年,第 285 页。

名词，辑录各注家对名词的解释编成一书，共计五十篇，他希望帮助《汉书》的读者一方面"详其事"，另一方面"玩其词"[1]。《汉隽》按照字词意义大致划分了篇目，如"三宫篇"下，辑录有"三宫""两宫""东宫""中宫"等相关词语，为读者查找字词提供了便利。《汉隽》的辑录方式与《两汉博闻》相似，同样是指出该字词在《汉书》中的出处，引注文进行解释。《四库全书总目提要》对《汉隽》评价不高，认为它："割裂字句，漫无端绪，而曰可详其事，其说殊夸。"[2] 从内容和形式上看，《汉隽》也是一部为习读《汉书》之人提供方便的参考书。

《班马字类》五卷（《直斋书录解题》著录为二卷），娄机撰。娄机（1133—1212），字彦发，嘉兴（今浙江嘉兴）人，是南宋时期著名的小学家。与其他研究《汉书》的专书相比，《班马字类》较为特殊，《直斋书录解题》将其归为小学类，《四库全书》将其归于经部。在楼钥为此书所作序中写道："古字不多，率假借以为用，后世寖广随俗更改，多失造字之意，此好古者所叹也。"[3] 说明《班马字类》的撰述旨趣是为"好古者"撰写参考书。实际上，北宋时期，吴缜就盛赞《汉书》使用古字："其间存用古字，使后世兼见古人文字之学，且又不妨本书而余光施及后人，斯可谓一举而两得。在小学家不为无助，故其《叙传》自云'正文字维学林'，此实史家之一美，而后世修书者之所宜法也。"[4] 吴缜认为《汉书》好用古字为小学研究提供了便利，历代修史者都应吸收《汉书》这一特点。娄机撰《班马字类》便是系统采择《史记》和《汉书》中的古字、僻字，以平声、上声、去声、入声分类进行解释。书中对于《史记》《汉书》中同一古字在运用时的情况，有比较详细的对比说明，如关于"贛"字的用法，娄机列举《史

---

1 林钺：《汉隽序》，《汉隽》，日本内阁文库，第 9012 号。

2 永瑢等：《四库全书总目提要》卷六五《史部·史钞类》，北京：中华书局，1965 年，第 579 页。

3 楼钥：《班马字类序》，娄机：《班马字类》，《文渊阁四库全书》第 225 册，台北：台湾商务印书馆，1986 年，第 751 页。

4 吴缜：《新唐书纠谬》卷二〇《字书非是》，上海：商务印书馆，1936 年，第 209 页。

记·货殖列传》和《汉书·董仲舒传》赞中都有"子赣"的记载，他指出"赣"字"与'贡'同"[1]，实际上"子赣"就是"子贡"。今中华书局标点本《史记》《汉书》皆保留了"子赣"的记载，当今学者也有对"子赣"与"子贡"是否为一人展开的研究[2]，如在此问题研究中能参考《班马字类》，又可得一旁证。这样看来，通过《班马字类》，可以使学者明了《史记》《汉书》在所用古字字音、字形、字义上的情况。此外，《班马字类》对汉代及汉代以前的历史、文字研究也有一定意义。《四库全书总目提要》认为《班马字类》："于假借、通用诸字，胪列颇详。实有裨于小学，非仅供辞藻之掉扯。"[3]以当今的眼光来看，娄机撰《班马字类》，是基于《史记》《汉书》文本基础上的文字学研究，客观上是宋元时期"汉书学"中的一部分。

此外，现还存有《汉书考正》，不著撰人，不分卷，无序跋，此书现存清代抄本，根据书前藏书序，可知此抄本根据"至正三年勤有堂刊"的元代刻本而成。此书辑录《汉书》注文，其中有不少北宋时期宋祁及"三刘"所作《汉书注》。宋元史料中未提及此书，清代目录书《八千卷楼书目》卷四《史部》著录："《汉书考正》，不分卷，宋余靖、王洙撰。"[4]考察这一说法，余靖、王洙的年龄与宋祁相仿，但他们二人较刘攽、刘敞长二十岁以上，故余靖、王洙是《汉书考正》编者的可能性不大。书前有清代《稽瑞楼藏书》序，认为《汉书考正》可能是宋末喜好《汉书》之人所编。从研究内容上看，《汉书考正》也是一部关于《汉书》注文的汇编。

《四库全书总目提要》认为《两汉博闻》《汉隽》《班马字类》三部书"大

---

1 娄机：《班马字类》卷四《去声》，《文渊阁四库全书》第225册，台北：台湾商务印书馆，1986年，第773页。

2 李建平：《从定州简〈论语〉看"子贡"与"子赣"》，《文史杂志》，2012年第3期。

3 永瑢等：《四库全书总目提要》卷四一《经部·小学类二》，北京：中华书局，1965年，第351页。

4 丁立中：《八千卷楼书目》卷四《史部·正史类》，《续修四库全书》第921册，上海：上海古籍出版社，2002年，第107页。

概略同"[1]，都是将《汉书》中的字词摘取出来，引诸家注释进行解释。以上三部专书，包括《班左诲蒙》《汉书考正》在内的这类研究，从形式上看都有集注和资料汇编的倾向，其编撰的主要目的在于方便《汉书》读者的阅读。

除上述五种专著以外，宋元时期研究《汉书》的专书中，还有吴仁杰所撰《两汉刊误补遗》，王应麟所撰《汉艺文志考证》，刘辰翁评点、倪思撰《班马异同》流传至今，它们在撰述旨趣、研究内容与方法上都各具特点，具有较高的史学价值，有进一步深入探讨的必要。关于这几部书的具体情况，将在本书第四章进行详细论述。

第二节　以《汉书》文本为基础的改作

一、概说

"汉书学"在宋元时期深入人心，不少学者将《汉书》改写为其他体裁的史书，或选取《汉书》某一部分的记载重新编排、改作，形成与《汉书》文本密切相关的著作。此类专书的大致情况如下表所示：

朝代	研究者	官职	书名	卷数	著录情况	存佚情况
北宋	胡　旦	史馆修撰	《汉春秋》	一〇〇	《宋史》卷二〇三《艺文志二》	佚
	丁　度	参知政事	《前后汉书节义》（又名《前史精要》）		《续资治通鉴长编》卷一七一"仁宗皇祐三年十月甲申"条	佚
	刘　敞	起居舍人	《汉官仪采选》	一	《郡斋读书志》卷一五《艺术类》	佚
	刘　攽	中书舍人	《汉官仪》	三	《宋史》卷二〇七《艺文志六》	存

---

1 永瑢等：《四库全书总目提要》卷四一《经部·小学类二》，北京：中华书局，1965年，第351页。

续表

朝代	研究者	官职	书名	卷数	著录情况	存佚情况
北宋	林　虙	开封府掾	《西汉诏令》	一二	《直斋书录解题》卷五《诏令类》	存
	赵世逢		《两汉类要》	二〇	《宋史》卷二〇三《艺文志二》	佚
	胡　寅	中书舍人	《西汉史钞》	二〇	《世善堂藏书目录》卷上	佚
	陶叔献		《两汉策要》	一二	《玉海》卷六一《艺文》	存
	刘　珏	同知三省枢密院事	《两汉蒙求》	一〇	《郡斋读书志》卷十四《类书类》	佚
	舒　雅	校书郎	《前后汉纪》		《乾隆江南通志》卷一九一《艺文》	佚
南宋	洪咨夔	教授	《两汉诏令揽钞》		《宋史》卷四〇六《洪咨夔传》	佚
	苏　钦		《两汉提要》	一〇	《宝祐仙溪志》	佚
	王益之	大理司直	《西汉年纪》	三〇	《四库全书辑永乐大典本书目·史部·编年类》	存
	陈傅良	中书舍人	《西汉史钞》	一七	《宋史》卷二〇三《艺文志二》	佚
	徐天麟	武学博士	《西汉会要》	七〇	《直斋书录解题》卷五《典故类》	存
元	吕思诚	国史院检阅	《两汉通纪》		《元史》卷七二《吕思诚传》	佚
	苏天爵	国史院典籍	《两汉诏令》		《千顷堂书目》卷三〇《制诰类》补	存

由上表可知：其一，宋元时期的学者比较重视对《汉书》的改作，这类专书数量不少，但大部分都已经散佚。其二，以《汉书》为基础改作的史书体裁多样，有编年体、会要体等。其三，以《汉书》为基础所改作的书籍功能多样，如作《两

汉蒙求》以用作启蒙教材[1]，作《西汉史钞》《西汉诏令》以便于查阅参考，作《汉官仪》以用于娱乐活动[2]等。表中所列举的流传至今的专书中，《汉官仪》缺乏学术研究的价值，元代时苏天爵合《西汉诏令》《东汉诏令》为《两汉诏令》，故不做深入讨论。

二、诏令、奏议与会要的编纂

《西汉诏令》《两汉策要》和《西汉会要》的编写，显现出这一时期"汉书学"专书所具备的资政功能。《西汉诏令》十二卷，北宋林虙编。《千顷堂书目》记载元代时苏天爵总《西汉诏令》《东汉诏令》为一书，编成《两汉诏令》。林虙，字德祖，吴郡（今江苏苏州）人，《宋史》无传，从《西汉诏令》书前程俱所作序来看，林虙与程俱应是同一时期的学者。与宋敏求编《唐大诏令集》时按照诏书类型编目不同，稍晚于宋敏求的林虙则严格按照《汉书》本纪中记载的十二位皇帝（包括吕后）的顺序将诏书进行分类，以每位皇帝在位时期的诏令作为一卷，即便汉惠帝时仅收录一篇诏书，也独成一卷。在辑录该书时，林虙遵循"凡直叙事实，不载辞命者，不录"[3]的原则，仅摘录诏令的原文，他根据每篇诏书的主题拟定了题目，在题目下标明该诏书颁布的时间，如有诏书未记载于本纪当中，则进一步说明该诏书出现于《汉书》的位置。如《西汉诏令》

---

1 《两汉蒙求》"仿唐李瀚《蒙求》之体，取两汉之事，以韵语括之。取便乡塾之诵习，于史学无所发明"。永瑢等：《四库全书总目提要》卷一三七《子部·类书类存目一》，北京：中华书局，1965年，第1162页。

2 《郡斋读书志》著录："《汉官仪采选》一卷，刘敞撰，删取西汉之官，而附其列传黜陟可戏笑者杂编之，以为博弈之一物。"今存刘敞撰《汉官仪》三卷，为娱乐所用，现收录于《丛书集成新编》第54册《艺术类·赌博》，书前附有玩法，与晁公武所言《汉官仪采选》相合。《宋史·艺文志六》及《读书附志》"采选集"条皆著录为刘敞撰，应为晁公武之讹误。晁公武：《郡斋读书志》卷一五《艺术类》，孙猛校证，上海：上海古籍出版社，1990年；《丛书集成新编》第54册《艺术类·赌博》，台北：新文丰出版公司，2008年。

3 林虙：《两汉诏令》卷一《西汉一》，《文渊阁四库全书》第225册，台北：台湾商务印书馆，1986年，第977页。

卷一《高祖》中的《祠祭诏》，林虑就标明"二年，见《汉书·郊祀志》"[1]。《西汉诏令》按照《汉书》本纪顺序标目，同时拟定诏书主题，标明诏令时间、出处，为查阅西汉时期的诏令提供了极大便利。《四库全书总目提要》评价《西汉诏令》说："采辑详备，亦博雅可观……首尾完赡，殊便观览，固有足资参考者焉。"[2]《两汉策要》十二卷，北宋陶叔献辑。陶叔献生平事迹不详，根据书前阮逸于景祐二年（1035）重刻《两汉策要》时所作序，可知陶叔献为北宋进士。此书将《汉书》《后汉书》中收录的策疏奏议辑录出来，前六卷为《前汉》部，后六卷为《后汉》部，以作者及其策疏主题划分标目，如"贾谊政事书一首""匡衡灾异疏一首"等。此书目的在于供科举考试参考，书前有北宋人阮逸和金人王大钧所作序，目前流传的版本盛传为元代赵孟頫手书，说明此书在宋元时期是比较流行的。在阮逸看来，《汉书》《后汉书》具有很高价值，然而当时"后学异乡罕能兼诙，尚辞者则寡其纤华而遗于体例，玩理者执其事实而泥于通方"，他认为对《汉书》《后汉书》的研读不应仅流于文辞和所叙史事的表面，而应当看重汉代策疏的价值，以"明一代制度"[3]。

　　《西汉会要》七十卷，南宋徐天麟撰。徐天麟，字仲祥，临江（今江西清江）人，是南宋史家徐梦莘之侄。徐天麟仿照《唐会要》，依据《汉书》记载编纂《西汉会要》，以期给负责典章制度的官员提供参考。《西汉会要》根据《汉书》纪、表、志、传中所出现关于典章制度的记载分门编撰，按照帝系、礼、乐、舆服、学校、运历、祥异、职官、选举、民政、食货、兵、刑法、方域、蕃夷分为十五门，每门之下设有子目，共三百七十六事。该书所划分的十五门遵循

1　林虑：《两汉诏令》卷一《西汉一》，《文渊阁四库全书》第 225 册，台北：台湾商务印书馆，1986 年，第 977 页。

2　永瑢等：《四库全书总目提要》卷四一《史部·诏令奏议类》，北京：中华书局，1965 年，第 495 页。关于《西汉诏令》的流传和编纂特点，学界已有一些研究成果。可参看陈杏珍：《〈两汉诏令〉及其刻本》，《文献》，1986 年第 1 期；李晓菊：《〈西汉诏令〉的编纂及其得失》，《史学史研究》，2012 年第 3 期。

3　阮逸：《重雕补注两汉序》，陶叔献：《两汉策要》，乾隆五十六年（1791），第 1 页 a。

了较强的逻辑原则，且《西汉会要》的附录都设置于相关类目后，体例上较之于《唐会要》有所发展。徐天麟作《西汉会要》所参考的主要资料为《史记》《汉书》及二史注文，故其他书中记载的汉代制度涉及很少。朱仲玉指出："徐天麟看重的是《东汉会要》……故《西汉会要》取材较窄……他自己没有就史事发议论，也没有引别人的论说。"[1]但《西汉会要》作为第一部补撰前代会要的史书，对会要体史书的发展具有意义。

三、以编年体为体裁的改作

两宋社会中，政治和文化方面追慕三代的社会风气反映在史学方面，是时人对春秋笔法的重视，北宋时孙甫曾说："后之为史者欲明治乱之本，谨戒劝之道，不师《尚书》《春秋》之意，何以为法？"[2]这表现出他重编年体、轻纪传体的明显倾向。至《资治通鉴》问世，"通鉴学"兴起，编年体史书在宋元时期迎来一次复兴。参与编修《资治通鉴》的刘恕于《资治通鉴外纪后序》中，赞扬荀悦、袁宏、孙盛等以撰写编年体史书闻名的古代史家，进而高度评价《资治通鉴》编年为史的意义："因丘明编年之体，仿荀悦简要之文，网罗众说成一家书。……可继仲尼之经，丘明之传。"[3]从编年体史书发展的角度肯定了《资治通鉴》在史书体裁方面的意义。在司马光修撰《资治通鉴》的过程中，也显现出他自身对编年体史书的偏爱，南宋时赵彦卫于《云麓漫钞》中评价《资治通鉴》的史料来源，提道："司马温公作《通鉴》，两汉用荀悦、袁宏《汉纪》，唐用《旧唐书》，故与《汉书》及《新唐书》语不同。"[4]司马光在编撰《资治通鉴》时，关于两

---

1 朱仲玉：《徐天麟和〈两汉会要〉》，《江西社会科学》，1985 年第 5 期。

2 孙甫：《唐史论断序》，《全宋文》第 25 册，上海：上海辞书出版社、合肥：安徽教育出版社，2006 年，第 211 页。

3 刘恕：《资治通鉴外纪后序》，上海：上海古籍出版社，1987 年，第 101 页。

4 赵彦卫：《云麓漫钞》卷四，北京：中华书局，1996 年，第 60 页。

汉历史有《汉书》《后汉书》两部正史存世，且《汉纪》也是荀悦在《汉书》基础上撰成的。即便如此，司马光依然将《汉纪》记载作为撰写西汉历史的主要参考。不可否认的是，《汉书》在《资治通鉴》撰写中也发挥了重要的作用，《资治通鉴》中往往直接以"班固赞曰"的形式援引《汉书》原文。同时，从司马光撰《资治通鉴考异》中就可以发现他对《汉书》记载多有参考，但他主观上将《汉纪》视为获取西汉历史的主要资料，则显现出他本人对编年体史书的喜爱。这种喜好编年体史书的风气一定程度上影响着宋元时期的"汉书学"。由宋元时期学者改作《汉书》的情况来看，北宋时胡旦撰写的《汉春秋》、南宋人舒雅的《前后汉纪》，以及元代史官吕思诚的《两汉通纪》虽均已散佚，但由其书名来看，它们极有可能都是对《汉书》进行编年体改作的史书。除此之外，南宋时王益之撰写的《西汉年纪》流传至今，成为这一时期对《汉书》进行编年体改作的代表性著作。

《西汉年纪》三十卷，南宋王益之撰。王益之，字行甫，金华（今浙江金华）人，《宋史》无传。王益之于《西汉年纪序》称此书涉及汉高祖至王莽败亡期间的史事，但今本记载终于汉平帝时期，已有缺佚。王益之喜爱编年体史书，他在自序中说："余幼喜诵迁、固史……取荀悦《纪》一再读之，爱其有功于古史。"[1]他引用《史记》《汉书》《汉纪》《资治通鉴》的记载，于每一事之下都标明出处。《西汉年纪》还应有《考异》十卷，今不存，只有一些考异条目零星分布在正文中。王益之在撰写这部编年体西汉史的过程中，对西汉史事进行了仔细的考察，如在叙述西汉开国"十八功侯"的情况时，他并未列举第三位宣平侯张敖，在第二位平阳侯曹参、第四位绛侯周勃的正文之间，有考异曰："《侯表》以张敖为第三。按是时敖正为赵王，未为宣平侯也。意必高后时曲升之，非高祖之旧也。今既无考，姑阙之。"[2]虽然王益之并没有更多材料佐证自己的判断，但出于严谨的态度，

---

1 王益之：《西汉年纪序》，《西汉年纪》，《文渊阁四库全书》第329册，台北：台湾商务印书馆，1986年，第4页。

2 王益之：《西汉年纪》卷一《高祖》，《文渊阁四库全书》第329册，台北：台湾商务印书馆，1986年，第19页。

他还是没有将宣平侯张敖列举进正文。对于同一史事在不同史书中记载的差异，王益之在考异条目中也有说明，指出了一些《汉书》可能"脱略"的情况。《西汉年纪》是王益之有感于编年体史书的缺憾，在荀悦《汉纪》的启发之下改作而成的编年体断代史。王益之对《汉书》的编年体改作并不仅仅局限于对史书体裁外部结构的改造，还注重从内在思想方面强调"褒贬之义"在史著中的反映。这种内在趋势在宋元"汉书学"中有明显的表现。王益之依据《汉书》撰写的《西汉年纪》，就是在这种史学意识背景下的结果，他在《西汉年纪序》中说：

> 王（通）仲淹曰："史之失自迁固始。"或问荀悦曰："史乎史乎？"余三复斯言，未尝不废卷而叹也。盖自黍离降而为国风，国异政，家殊俗，天下不复有周矣。诗亡然后《春秋》作，夫子冠王于正，以示一统，所以立万世君臣之大法也。迁、固易编年以为纪传事之，大较虽系于纪，而人臣之议论功勋自见于传，殊不知孔子当列国纷纭之际，首王纲以明大义；迁、固于大汉一统之时，顾使人自为传，臣自为功，毋乃非《春秋》之旨欤。下是述作滋多转相师用卒未有能复。编年之体者，独荀氏有见于古史废坠之余，此仲淹所以既咎迁、固之失而且幸荀氏之可考也。余幼喜诵迁、固史，已复感于仲淹之论，取《荀纪》一再读之，爱其有功于古史，犹憾经始之初间多舛逆。司马公《通鉴》从而正之，先后次第，烂然有别，固已整齐于荀氏矣，独其刊落盈辞求为省约，以便人主之观览，而当时论议所及制度所关不无遗者。窃不自揆取迁、固史与其轶见于他说者以荀《纪》《通鉴》凡例裁之……虽纂辑之际失不自保，然先汉之事大略具焉。或病余曰：纪传之作尚矣，子顾欲废之可乎？答曰："不然，纪传存一人之始末，论人物者有考焉，编年著一代之升降，观治乱者有稽焉，以一人之始末视一代之升降，重轻何如也？"荀氏之作、温公之述、仲淹之论，

夫子之志也。因序其所以作者，以俟同志焉。[1]

这段序言中，王益之引用隋代学人王通于《中说》中的言论发论，感慨于纪传体史书失去《春秋》褒贬的大义，指出孔子"冠王于正""首王纲"都是出于这种考虑的结果。王益之尤为喜好《汉书》，其弟王观之曾说："先兄（王益之）行甫，好嗜班史，东西宦仕，挈以自随，饮食起居不去手者。"[2]无论王益之在何处任官，《汉书》都是他必备的读物，即便日常起居也手不释卷。但出于对古史之法的重视，王益之又对《汉纪》显现出特别的偏爱，他考察关于西汉一代的编年体史书，古已有《汉纪》，近又有《资治通鉴》以编年体叙西汉史事，但二者都有各自的问题：《汉纪》记西汉初年之事有颠倒错乱之处，撰修《资治通鉴》时虽然已经将《汉纪》存在的问题改正，但《资治通鉴》为便于皇帝观览而对许多史事进行了删削。故王益之有志于撰成一部基本囊括西汉史事，且体例严格的编年史。王益之认为《汉纪》《资治通鉴》，以及王通所论，都是重视《春秋》之义的体现。另外，从序言中还可以看出，宋代虽然是编年体史书发展相对兴盛的时期，但在当时，不少人仍然持"纪传之作尚矣"的态度，故有人质疑王益之编年为史。王益之力陈编年体史书的优点，指出由编年体史书观"一代之升降"的重要性。王益之于《西汉年纪序》中的言论，既从继承《春秋》"褒贬之义"的角度论述了编年为史的必要性，又从史书体裁的角度对纪传体、编年体史书的优劣有所阐发。宋元时期，围绕《汉书》展开的史书体裁、体例等方面的有关批评，都是这一时期"汉书学"上的重要问题，将在本书第六章进行详细论述。

除以上介绍的流传至今的几部改作专书以外，从历代目录书著录的情况来

---

1 王益之：《西汉年纪序》，《西汉年纪》，《文渊阁四库全书》第329册，台北：台湾商务印书馆，1986年，第4—5页。

2 王观之：《西汉年纪后序》，《文渊阁四库全书》第329册，台北：台湾商务印书馆，1986年，第405页。

看，可以断定，宋元时期至少还存在以史钞、提要、类要等形式改作《汉书》的情况。这丰富了古代史学专著的类型，产生了一批值得重视的成果。这些专书基于《汉书》文本进行改作，虽不是以《汉书》为对象展开的专门研究，但它们与《汉书》的密切关系使之在宋元"汉书学"发展中也具有不可忽视的地位。这显现出《汉书》作为古代历史上最重要的史书之一，在宋元史学发展过程中起到的积极作用。

第三节 依据《汉书》所叙史事展开的研究和评论

一、概说

宋元时期，学人对汉代历史的重视和学术兴趣促使这一时期的汉代历史研究和历史评论有明显的发展。研究汉代历史，《汉书》是必不可少的参考资料，《汉书》自然也受到学人更多的关注。许多学人基于《汉书》对汉代历史的记述，旁征博引，出现了一批汉代历史研究和评论的专书。现将这一时期相关专书的大致情况列表如下：

朝代	研究者	官职	书名	卷数	著录情况	存佚情况
北宋	吕大忠	宝文阁学士	《吕氏前汉论》	三〇	《郡斋读书志》卷七《史评类》	佚
	刘泾		《西汉发挥》	一〇	《郡斋读书志》卷七《史评类》	佚
南宋	钱时	史馆检阅	《两汉笔记》	一二	《宋书》卷四〇七《杨简传附传》	存
	吕祖谦	直秘阁	《西汉精华》	一四	《宝文堂书目·史》	存
	陈季雅	教授	《两汉博议》	二〇	《宋史》卷二〇三《艺文志二》	存

续表

朝代	研究者	官职	书名	卷数	著录情况	存佚情况
南宋	王应麟	中书舍人	《汉制考》	四	《宋史》卷二〇三《艺文志二》	存
	袁梦麟		《汉制丛录》	二〇	《宋史》卷二〇三《艺文志二》	佚
	徐筠	知金州	《汉官考》	四	《宋史》卷二〇三《艺文志二》	佚
	刘子翚	兴化军通判	《汉书杂论》	二	《千顷堂书目》卷一五	存
	王益之		《汉官总录》	一〇	《宋史》卷二〇三《艺文志二》	佚
	陈傅良	中书舍人	《汉兵制》	一	《宋史》卷二〇七《艺文志六》	佚
	钱文子	宝文阁学士	《补汉兵志》	一	《宋史》卷二〇七《艺文志六》	存
	王玲		《两汉兵制》	一	《直斋书录解题》卷一二《兵书类》	佚
宋	倪遇		《汉论》	一三	《宋史》卷二〇三《艺文志二》	佚
元	朱礼		《汉唐事笺》	二〇	《宝文堂书目·举业》	存

从上表所列十五种专书的情况来看，其中还有七部流传至今。南宋时期的专书数量较多，这一方面显现出南宋学人对汉代历史的浓厚兴趣，另一方面这种情况的出现与南宋时期国家命运多舛不无关系，一些学人希望从汉代制度中汲取有益于国家稳定和发展的经验。这类专书按照其研究内容可划分为史论研究和制度史研究。

二、史论研究

史论，是指人们对客观历史所做的评论，其评论对象主要是历史事件、人

物等客观历史现象。《汉书》所叙汉代史事为宋元学者所重视，这一时期撰成
的相关研究的专书现存以下五种：《汉书杂论》二卷，刘子翚所撰。刘子翚（1101—
1147），字彦冲，号屏山，崇安（今福建武夷山）人。《汉书杂论》分为上下两卷，
卷下不设标目，各条所论内容之间没有明显的逻辑关系，故以"杂论"作为书
名，有可能是刘子翚读《汉书》时所作的读史札记，今收录于刘子翚《屏山集》
中。《汉书杂论》中包含了刘子翚的历史认识，一定程度上显现出他的个人抱
负和克己修身的价值观念。西汉时的博士严彭祖是严延年的次弟，他为人廉直，
不事权贵。刘子翚引《汉书》中严彭祖的言论，继而展开评价："'凡通经术，
当修行先王之道，何可委曲从俗，苟求富贵乎？'噫！汉儒虽盛，若彭祖者可
谓有守之士矣。彼夏侯胜谓明经取青紫，刘歆谓学易干利禄，其言鄙矣。孔子曰：
'古之学者为己，今之学者为人。'况爵禄乎？"[1]刘子翚认为，士之为人当如
严彭祖，通晓经学最重要的是践行先王之道，而不应曲意逢迎，仅以个人富贵
为最终追求。即便自己身处低位，也应以严格的要求约束自己，刘子翚还曾说：
"萧望之不屈霍光而甘于抱关，孙宝不屈张忠而安于主簿，后卒为名臣。士之
行己必正其始，《易》曰：'进以正，可以正邦也。'彼躁进之士，苟得一时，
虽欲自反，人弗信焉，可不慎与？"[2]这里，刘子翚列举了西汉时期萧望之、孙
宝两位大臣不屈于权贵的事迹，他们在相对低微的职位上兢兢业业，最终又受
到重用，成为一代名臣。刘子翚借此抨击当时社会上的急功近利之士，指出这
样的人虽有可能名噪一时，但事后即便自己有所反省，也难以得到人们的信任。
这些由阅读《汉书》而有感而作的杂论，生动地反映出刘子翚为人处世的原则，
这与他的人生轨迹相契合。刘子翚以荫补任官，担任兴华军通判，虽然其官阶
地位无法与当朝要员相提并论，但他一生专事学术，颇有美名。朱熹之父朱松

---

1 刘子翚：《汉书杂论》卷上，《屏山集》卷三，明刻本，日本内阁文库第10255号，第5b—6a页。

2 刘子翚：《汉书杂论》卷上，《屏山集》卷三，明刻本，日本内阁文库第10255号，第6页。

去世之前"以熹托子翚。及熹请益，子翚告以《易》之'不远复'三言，俾佩之终身"[1]，这说明刘子翚的学说在当时的影响力。

《西汉精华》十四卷，南宋吕祖谦撰。吕祖谦（1137—1181），字伯恭，婺州（今浙江金华）人，世称东莱先生。《西汉精华》大体上引用《汉书》记载，以纪、传、表、志的次序对西汉时期的人物、史事展开评说。如吕祖谦评价刘邦，就从汉高祖的地位、资质、治效、难易、规模、治道、措置、任用几个主要方面出发，引用《汉书》原文的相关记载，从而将刘邦的面貌展现给读者，接着作"事意本末""情理血脉""事情异同"条，借用《汉书》中的侧面描写，从而全面展现刘邦的为人及其统治下的社会状态。通过这些材料的佐证，便于读者"看事末，而反推事本"[2]，并能够结合同一史事在《汉书》中的互见记载，更好地理解当时的历史情境。除高祖外，吕祖谦将文景时期、武帝时期、宣帝时期、元成哀平时期作为西汉历史分期做类似的评论，显现出他对西汉历史分期的史学认识，在他评论西汉人物、史事后，还对班固的史法褒贬、议论当否稍有阐发，这是吕祖谦史学批评思想在其历史评论中的反映。总的来说，吕祖谦于《西汉精华》中所表现出的历史评论思想具有很强的逻辑性，他首先明确历史人物的地位、资质，从而对这一人物有总体上的定性评价；其次，结合其所处时代，评价其创业、守成的难度以及在用人、行事等方面的具体措施是否恰当；再次，通过对相应历史事件因果、情理的分析，帮助读者了解当时古人为人、行事的深意；最后，辅以史官对历史人物和事件的论赞，最终使读者对西汉历史有全面和相对客观的认识。这种思路使得《西汉精华》有比较严谨的体例，其历史评论方法相对于一般意义上就事论事的历史评论更为深刻。

《两汉笔记》十二卷，南宋钱时撰。钱时（1175—1244），字子是，号融堂，

---

1 脱脱等：《宋史》卷四三四《儒林列传四》，北京：中华书局，1977年，第12873页。

2 吕祖谦：《西汉精华》卷一，《吕祖谦全集》第7册，杭州：浙江古籍出版社，2008年，第10页。

淳安（今浙江杭州）人。《两汉笔记》是一部就两汉史事发表议论的历史评论笔记，大致以《史记》《汉书》《后汉书》记载为基础发论，实际上是钱时借评两汉历史而抒发其政治见解。如钱时列举韩信、张耳领兵攻打赵国，赵国成安君陈馀以"义兵不用诈谋奇计"的理由拒绝了偷袭韩信、张耳部队粮草的计策，最终陈馀兵败身死这一事件，表明他对于先王政典的态度。钱时设问说："若成安君之不用诈谋以败，则先王政典皆不可用于后世乎？"他的回答是："流俗之论谓王者之兵真无用于后世，后世非诈谋不可。皆宋襄公、成安君之徒实误之也。"钱时认为成安君失败的最重要因素是"无义师之实而欲假义师之名"，最后还引用孔子"我战则克"[1]的说法，认为战争胜负不是诈谋可以左右的。对于这场战役，钱时并不着重于分析双方的实际情况，而是着意于军队的"义"和"不义"上。《四库全书总目提要》评价《两汉笔记》："前一二卷……故为苛论，以自矜高识。三卷以后，乃渐近情理，持论多得是非之平。"[2]

《两汉博议》二十卷，南宋陈季雅撰，《宋史·艺文志二》著录为十四卷。陈季雅，字彦群，永嘉（今浙江温州）人，《永嘉县志》记载他为淳熙年间（1174—1189）进士。《两汉博议》不收录于《四库全书》中，民国时期，由当时的藏书家黄群将此书二十卷辑入《敬乡楼丛书》，得以流传。《两汉博议》撰述的初衷是为南宋科举应试者通晓汉代史事提供参考，此书前八卷大致以历史事件和人物为纲，评价汉代史事，九至二十卷以典章制度为纲分类评论汉代制度。但根据清人刘绍宽的考察，此书标目、内容上似都经过书商改动，已与其成书时的原貌大相径庭。[3]

《汉唐事笺》二十卷，元代朱礼所撰。朱礼，盱黎（今江西南城）人，其

---

1 钱时：《两汉笔记》卷一《高祖》，《文渊阁四库全书》第 686 册，台北：台湾商务印书馆，1986 年，第 419 页。

2 永瑢等：《四库全书总目提要》卷八八《史部·史评类》，北京：中华书局，1965 年，第 753—754 页。

3 刘绍宽：《两汉博议跋》，《敬乡楼丛书（第 4 辑）》，永嘉黄氏排印本，1935 年。

事无可考。书前有朱礼友人谢升孙于至正元年（1341）所作序，可知朱礼为元代人。《汉唐事笺》就两汉和唐代政典分门纂记，加以论断和笺注，前十二卷为前集，论两汉事，后八卷为后集，论唐代事。朱礼崇尚汉唐一统，重视汉唐历史于现实的借鉴价值，如他作"经筵"条，列举西汉"诸儒讲论经学以养成天子圣德"的事例，认为这就是"今所为讲筵是也"[1]，并表达了他对汉代帝王教育的赞美。《汉唐事笺》对汉唐政典的具体看法颇具可读性，清人瞿镛在《铁琴铜剑楼藏书目录》称赞此书说："有裨于经世之学，不徒供科举之用也。"[2]

三、制度史研究

两宋学人追慕三代制度的情结尤甚，《汉书》关于汉代制度的相关记载成为这一时期学人了解上古制度的一条路径。同时，这些相关记载中的积极因素也使学者反思当时的政治制度，为国家发展的某些方面提供了有益的参考。

《汉制考》四卷，南宋王应麟撰。王应麟可谓是宋元时期"汉书学"的代表人物，本书第二章论及他对三代制度抱有很大兴趣，认为从汉代制度中可以窥得三代礼法的面貌。《汉制考》全书分为《周礼》《仪礼》《礼记》《诗》《书》《论语》《孟子》《国语》《公羊春秋》《说文》十个部分。王应麟根据《周礼注疏》《仪礼注疏》《礼记正义》等经注材料，考证汉代的制度、名物，他结合史著记载，以经学、史学互证，兼及小学知识。如王应麟对《周礼》中提及的"媒氏"官加以解释，首先引用郑玄注："媒之言谋也。谋合异类，使和成者。今齐人名麴麮（鱼列反）曰媒。"继而用《汉书》注加以佐证："孟康曰：'媒，酒教。'颜师古曰：'齐人名麴饼曰媒。'"[3]他通过史注和经注的相互佐证参考，

---

1 朱礼：《汉唐事笺》卷一"经筵"条，刻本，道光二年（1822），第9页。

2 瞿镛：《铁琴铜剑楼藏书目录》卷一七《子部五·类书类》，《续修四库全书》第926册，上海：上海古籍出版社，2002年，第287页。

3 王应麟：《汉制考》卷一《周礼》，张三夕、杨毅点校，北京：中华书局，2011年，第19页。

将"媒氏"这一官职的作用，以及"媒"字在历史发展中演变为酒酵之义都呈现出来。又如王应麟考《礼记》中"缁衣"一词，先引用《礼记》中的相关解释："其出如绹。"再引郑玄注："绹，今有秩啬夫所佩也。"[1]指出绹是汉代有秩、啬夫官的配饰。最后王应麟引孔颖达疏解释有秩、啬夫官的情况和"绹"的形制："案《汉百官公卿表》：十里一亭，十亭一乡，乡有三老，有秩啬夫。《汉书》云：'张敞以乡有秩，补太守卒史''朱邑为桐乡啬夫'。《续汉百官志》：乡置有秩，郡所置。其乡小者，县所署啬夫。案此，有秩啬夫职同，但随乡大小，故名异耳。名虽异，其所佩则同。张华云：'绹如宛转绳。'"[2]通过他的考订，使关于"缁衣"的相关情况大致明了。王应麟考证汉代制度，大量引用经书、史书的记载，参考多家经注、史注，"某物如今某物，某事如今某事者，往往循文笺释，于旧文不必悉符。（王应麟）亦一一详为订辨"。所涉及的方面包括职官职责、器物用途、祭祀封禅等。《汉制考》以经证史、以史解经的特点，使得王应麟的汉代制度考证"大致精核，具有依据"[3]。这对制度史研究有重要参考价值。

《补汉兵志》一卷，南宋钱文子撰。钱文子（1147—1220），字文季，号白石山人，乐清（今浙江温州）人，绍熙三年（1192）任官，《宋史》无传。关于《补汉兵志》的撰述旨趣，在钱文子的门人陈元粹所作《补汉兵志序》中有所体现。陈元粹列举宋代自开国以来军事方面的弊病，说："先生所以拳拳有意于汉家之遗制也……诚使稍取汉制，斟酌剂量，参而行于今日，以救其极敝。不十年间国力可纾，民力可裕。"[4]可见《补汉兵志》的撰述目的并不是为《汉书》补作《兵志》，而是钱文子为南宋提供强兵富民的具体改革政策。但从客观上来说，《补汉兵志》仍有补《汉书》兵志之阙的学术意义。《补汉兵志》

---

1 《礼记正义》卷五五《缁衣》，《十三经注疏》，北京：北京大学出版社，2000年，第1755页。

2 王应麟引孔颖达疏时稍有删节。王应麟：《汉制考》卷三《礼记》，张三夕、杨毅点校，北京：中华书局，2011年，第87—88页。

3 永瑢等：《四库全书总目》卷八一《史部·政书类一》，北京：中华书局，1965年，第696页。

4 陈元粹：《补汉兵志序》，钱文子：《补汉兵志》，《文渊阁四库全书》第663册，台北：台湾商务印书馆，1986年，第483—484页。

体例严谨，内容全面，书前有《补汉兵志纲目》，便于读者查阅，编次有当。如其中关于汉代部都尉和农都尉两官的记载为："部都尉，部戍卒乘障塞，有东西部，或南北部，皆因秦故，随地要害稍损益之。乘塞列隧不过数千人，有障塞尉各领其土，要以屯卫边民不以从征也。农都尉，武帝初置，领内郡卒屯田塞下因以备虏，其制边守塞大略如此。"正文共九十字，但钱文子在各句下的注解达三百六十余字，篇幅是正文的四倍。钱文子注明"部戍卒乘障塞，有东西部，或南北部"的说法取自《汉书·地理志》记载的朔方郡、五原郡、云中郡、定襄郡、代郡设有东部都尉、西部都尉，陇西郡、乐浪郡设有南部都尉，北地郡、武威郡、广汉郡、上郡有北部都尉等历史情况。"乘塞列隧不过数千人"的说法来源于《汉书·赵充国传》的奏疏。"障塞尉各领其土"出自《汉书·武帝本纪》颜师古注："每塞要处别筑为城，置人镇守，谓之候城，此即障也。"农都尉"领内郡卒屯田塞下因以备虏"[1]，则是参考了《汉书·百官表》关于农都尉的记载。钱文子所作《补汉兵志》，在研究方法上独具特点，其观点必有相对可靠的历史依据，基本上还原了汉代兵制的情况，是汉代制度史研究的一项成就。

宋元时期，学人基于《汉书》所叙史事而展开的汉代历史研究和评论，进一步扩大了《汉书》的学术影响力，突显出"汉书学"所具备的现实意义。这些成果与前两类研究相辅相成，共同促进了"汉书学"的继续发展。

小　结

宋元时期，关于"汉书学"的专书数量繁多，依笔者统计，共六十九种。综观宋元时期的"汉书学"专书，有以下特点：其一，撰述"汉书学"专书的

---

1 钱文子：《补汉兵志》，《文渊阁四库全书》第663册，台北：台湾商务印书馆，1986年，第499—500页。

风气遍及这一时期的整个士人阶层。与宋代以前的"汉书学"研究者多为治《汉书》的名家不同，宋元时期，无论是余靖、富弼这样的当朝要员，还是其事无可考的地方官员及一般读书人，都撰写出了"汉书学"专书，这些撰述历经明清两代流传下来，显现出其蓬勃的学术生命力。其二，研究方法多有不同，且有所创新。宋元时期的学人，继承前代学人的研究方法和路径，在业已成熟的研究方法指导之下展开"汉书学"专书的撰述。此外，又有很多学人开创性地运用新的研究方法和形式，使撰成的专书具有自身特色，为这一时期的"汉书学"增色不少。其三，研究视野开阔，且具有指向性。宋元时期的"汉书学"专书，无论是从宏观的角度对《汉书》进行研究、改作，还是从专题研究的角度对《汉书》中的某一部分进行考辨，总体上看涵盖了宋代以前"汉书学"的各个方面，并开创了一些新的研究角度，为明清时期的"汉书学"提供了参考资料。由宋元时期"汉书学"专书的相关情况，我们不难发现这一时期"汉书学"的规模。

第四章
宋元《汉书》研究专书的史学价值

在宋元时期为数繁多的"汉书学"专书中,《汉书》研究的专著数量最多。其中,南宋时吴仁杰的《两汉刊误补遗》、王应麟的《汉艺文志考证》,以及元人刘辰翁评点、倪思所撰的《班马异同》,在研究方法上各具特色,显现出较高的史学价值,值得进一步探讨。通过探究上述几部《汉书》研究专书,归纳总结它们在《汉书》研究方面的创获,可以凸显出宋元时期"汉书学"的具体成就。

第一节 吴仁杰《两汉刊误补遗》的特点

一、旨在补遗的撰述目标

《两汉刊误补遗》是南宋时吴仁杰在《汉书刊误》基础上所作的补遗之作。吴仁杰,字斗南,崑山(今江苏昆山)人,淳熙年间(1174—1189)进士,《宋史》无传,《崑山县志》对其生平有简要记载:"(吴仁杰)博洽经史,有俊才。讲学朱子之门,登淳熙进士,历罗田令、国子学录。自号蠹隐,以诗文鸣一时。所著《古易》十二卷、《两汉刊误补遗》十卷、《禘祫绵蕞书》十卷、《周易图说》《乐舞新书》《庙制罪言》《郊祀赘说》《盐石论》丙丁各二卷、《集古易》《尚书·洪范图》《陶渊明、杜子美年谱》各一卷。"[1]从吴仁杰曾经"讲学朱子之门"的学术经历,以及其著作的名称来看,他的学术重点在于经学研究方面。在吴仁杰的诸多专著中,《两汉刊误补遗》作为一部《汉书》研究的史学专书得以流传至今,更加令人瞩目。

关于《两汉刊误补遗》的成书时间,目前还难以确定。书前有吴仁杰友人曾绛所作序,序末署"淳熙己酉闰月五日"[2],即1189年。曾序提及吴仁杰请他为《两汉刊误补遗》作序一事,后又在序中转录周必大对吴仁杰的赞许之词,

---

1 吴仁杰:《两汉刊误补遗》,北京:中华书局,1991年,第283页。

2 曾绛:《两汉刊误补遗序》,吴仁杰:《两汉刊误补遗》,北京:中华书局,1991年,第3页。

尊称周必大为"益公",而周必大被封为益国公是在淳熙十六年(1189)三月。故可以断定,《两汉刊误补遗》成书不晚于1189年。书后有全州州学教授林瀛所作跋,末尾署"己未仲冬望日"[1],此己未年应为庆元五年(1199)。跋语中提及此时《两汉刊误补遗》已经刊行于全州。故至晚在1199年,《两汉刊误补遗》已有雕版印行。

由《两汉刊误补遗》的书名来看,应当是吴仁杰针对《两汉刊误》所作的补充。书前序中提到的补遗对象,是北宋时刘敞、刘攽、刘奉世所撰《两汉刊误》。吴仁杰常以"《刊误》曰"的形式罗列"三刘"观点。《两汉刊误》今已佚,《西汉刊误》的观点大多附于宋元时期庆元本一系的《汉书》刻本当中,而《东汉刊误》则散于北监本《后汉书》。关于《两汉刊误补遗》的卷数,宋代已有不同说法,《宋史·艺文志》著录为十卷,而《直斋书录解题》著录:"《西(误,当为'两')汉刊误补遗》十七卷,国子博士吴仁杰斗南撰。补三刘之遗也。"[2]马端临撰《文献通考》时亦从此说。《四库全书总目提要》曾针对这一问题进行说明:

> 赵希弁《读书附志》载,《西汉刊误》一卷,《东汉刊误》一卷,称刘攽撰……《文献通考》载《东汉刊误》一卷,引《读书志》之文,亦称刘攽撰。又载《三刘汉书标注》六卷,引《读书志》之文,称刘敞、刘攽、刘奉世同撰。……徐度《却扫编》引攽所校《陈胜》《田横》传二条,称其兄敞及兄子奉世皆精于《汉书》。每读,随所得释之,后成一编,号《三刘汉书》。以是数说推之,盖攽于前后《汉书》初各为《刊误》一卷,赵希弁所说是也。后以攽所校《汉书》与敞父子所校合为一编,徐度所记是也。然当时乃以攽书合于敞父子书,非以敞父子书合于攽书,故不改敞父子《汉书标注》之名,而《东

1　林瀛:《两汉刊误补遗跋》,吴仁杰:《两汉刊误补遗》,北京:中华书局,1991年,第287页。

2　吴仁杰:《两汉刊误补遗》卷四"既生霸二"条,北京:中华书局,1991年,第107—108页。

汉》一卷，无所附丽，仍为别行，则马端临所列是也。至别本乃以敞书为主，
而敞、奉世说附入之，故仍题《刊误》之名，则陈振孙所记是也。厥后遂以《东
汉刊误》并附以行，而《两汉刊误》名焉。仁杰之兼补三刘，盖据后来之本，
而其名则未及改也。《文献通考》载是书十七卷，《宋史·艺文志》则作十卷……
殆修《宋史》时已佚其七卷，以不完之本著录欤。[1]

由四库馆臣所作相关论述，可以得到以下几点认识：其一，《两汉刊误》是《西
汉刊误》与《东汉刊误》合刊而成的版本，在流传过程中，其书名几经更易。其二，
刘敞撰《西汉刊误》《东汉刊误》各一卷，"三刘"则撰有《三刘汉书标注》六卷。
关于这三部书，可能曾将《西汉刊误》附于《三刘汉书标注》，以《汉书标注》
为名流传；也可能是先将《三刘汉书标注》附于《西汉刊误》，在此基础上又
将《东汉刊误》收录其中，以《两汉刊误》为名流传。其三，《宋史·艺文志》
著录《两汉刊误补遗》时，此书可能就已有七卷散佚，故有其为十七卷一说。
就我们当前能够在《汉书》与《后汉书》中所见的"三刘"观点来看，其关于
《汉书》的考辨内容较《后汉书》中明显更多。而《两汉刊误补遗》的编次，
前八卷涉及《汉书》，后两卷涉及《后汉书》，这一编排方式或是受《两汉刊误》
中内容比例的影响，故《两汉刊误补遗》或并未散佚七卷。至少可以确信的是，
吴仁杰所撰《两汉刊误补遗》，应是以"三刘"为作者，以《两汉刊误》为书
名刊行的本子。

从《两汉刊误补遗序》中，可以对吴仁杰的撰述旨趣有较为明确的认识：
"（吴仁杰）尝曰：'先秦古书，世祀绵邈，又多得于散佚，故难知而难读。
两汉特近古儒先耳目相接未远，二史何多疑也？班书繇服（虔）、应（劭）而下，
音解注释无虑，数十家世独以（颜）师古去取为正，而公是（刘敞）、公非（刘

1　永瑢等：《四库全书总目》卷四五《史部·正史类一》，北京：中华书局，1965年，第403页。

放）先生与其子西枢公（刘奉世）所著《刊误》尽摘其失，汉事至三刘若无遗恨矣。今熟复之，亦容有可议或者用意之过与夫偶忘之也。'"[1]吴仁杰关注经学，显然，他对前秦时期各种经学典籍的"难知""难读"有切身体会，但《汉书》这样经历代学者钻仰的史籍却仍然存在问题，则是他无法接受的，基于他对《汉书》的关注，以及对"三刘"《汉书》研究的认识，《两汉刊误补遗》得以出现。

《两汉刊误补遗》前八卷刊误《汉书》，大致以《汉书》体例的编排顺序进行考察，这些内容占其绝大部分。吴仁杰在《两汉刊误补遗》中关于《汉书》的校勘、西汉制度史的研究，以及其历史哲学思想等方面具有较高的史学价值。

二、对《汉书》内容的校勘

吴仁杰运用多种校勘方法，他一方面考察《汉书》的前后文记载，加以本校；另一方面则运用其他文献进行他校，订正了一些《汉书》记载的讹误。首先，吴仁杰注重《汉书》所记史实。例如《两汉刊误补遗》卷二"休侯"条，对《汉书·王子侯表》的相关记载进行订正：

> 《王子侯表》："休侯富，孝景三年，以兄子楚王戊反，免。三年，更封红侯。"《楚元王传》："富坐戊反，免侯削属籍。后闻其数谏戊，乃更封为红侯。"仁杰按，《表》载元王子四人同以孝景元年封，独执坐同反，除其籍。事见《景纪》，平陆自更封楚王，沈犹侯如故，休侯何独蒙其罪乎？且先戊未反，休侯已携其母奔京师自归，亦早矣无罪，固不坐免，何以更封为哉？《史记》误书"更封"，班氏不能考正。使休侯更被免侯削籍之丑。惜哉！[2]

---

1 曾绛：《两汉刊误补遗序》，吴仁杰：《两汉刊误补遗》，北京：中华书局，1991 年，第 2 页。

2 吴仁杰：《两汉刊误补遗》卷二"休侯一"条，北京：中华书局，1991 年，第 65—66 页。

吴仁杰参考《史记》和《汉书·景帝纪》《楚元王传》中关于休侯的记载，指出《王子侯表》记载免去休侯爵位是不符合历史事实的。[1]休侯"早矣无罪，固不坐免"，班固在看到《史记》"更封"的记载后，未经过考证，就称休侯被免，使之蒙上"免侯削籍之丑"。在此基础上，吴仁杰进一步对休侯的封地展开考订，《汉书》记载休侯食邑休、红两地，但《史记》是将休侯、红侯作为两个爵位分别记载的。[2]吴仁杰列举东汉时期，皇甫嵩被封为槐里侯，而其食邑在槐里、美阳两县，结合"（刘）富至会孙国绝，而五世孙歆以他功封红休侯"的记载，他认为："富本封休乡，又以红乡益之者，岂以自归之早，用是优宠之耶？不然红、休当是一邑，初不可分而为二。"[3]继而肯定班固能够订正《史记》将休侯、红侯分别记载的失误。吴仁杰关于休侯未被免去的考据令人信服，在此基础上对休侯封地的考证也有参考价值。

其次，吴仁杰关注《汉书》用字，考订各类名词的含义。如《汉书·司马迁传》记司马迁父子为太史公，关于这一称谓，吴仁杰说：

> 《司马迁传》："谈为太史公。"师古曰："谈为太史令耳，迁尊其父故谓之公。"仁杰按，迁自序云谈为太史公，谓尊其父可也，下文云太史公遭李陵之祸则迁自谓矣，安有官为令而自尊曰公者哉？盖春秋之世，楚邑令皆称为公，《汉书音义》曰："陈涉为楚王，沛公起应涉。"故从楚制称公。《史记》有柘公、留公。《索隐》曰："柘县留县令也。"故曹参为戚令，称戚公，夏侯婴为滕令，称滕公是也。按《茂陵书》谈繇太史丞为太师史令。本传言

1　《汉书·景帝纪》载："'……楚元王子艺等与濞等为逆，朕不忍加法，除其籍，毋令污宗室。'立平陆侯刘礼为楚王，续元王后。"《楚元王传》载："休侯使人谏王，王曰：'季父不吾与，我起，先取季父矣。'休侯惧，乃与母太夫人奔京师。"班固：《汉书》，北京：中华书局，1962 年，第 143、1924 页。

2　司马迁：《史记》卷一九《惠景闲侯者年表》，北京：中华书局，1959 年，第 1108—1110 页。

3　吴仁杰：《两汉刊误补遗》卷二"休侯一"条，北京：中华书局，1991 年，第 67 页。

> 谈卒三岁而迁为太史公，则是迁父子官为令耳。其称公者，如栎留咸滕之比，
>
> 非尊其父而然。[1]

至今，关于"太史公"究竟是一种尊称，还是司马迁的官职，都有争议。一些学者认同颜师古的观点，即尊称一说，反对者则认为司马迁自称太史公，没有尊自己为"公"的可能，故太史公应为官职。[2]吴仁杰的结论与上述两种认识皆不相同，他引用多种史料，指出汉代以前经常有将"令"称为"公"的习惯，这样就可以解释司马谈、迁父子"太史公"这一称谓的由来。吴仁杰的观点为解决这一问题提供了新的思路，长期以来，学者们多关注尊称或官职之说，却忽略了吴仁杰的看法。

除了以上所举的例子，《两汉刊误补遗》对《汉书》文本的校勘涉及多个方面，如"申徒"官名之辨、著作之"辑"与"集"的区别等。由此可见吴仁杰对《汉书》文本的重视，他在本校和他校的基础上，运用理校方法，所得出的一些结论含有推测成分。这些校勘方面的成果显现出吴仁杰卓越的学术修养，为后人的《汉书》研究提供了宝贵的资料。

三、对西汉官制的考证

制度史研究在历史研究中的地位十分重要[3]，西汉制度尚存三代制度的遗风，这令吴仁杰非常重视。《两汉刊误补遗》对《汉书》所记制度多有考察，涉及汉代制度史的各个方面，而吴仁杰对西汉官制的考证，是比较突出的一个方面。

1　吴仁杰：《两汉刊误补遗》卷五"太史公一"条，北京：中华书局，1991 年，第 184—185 页。

2　赵生群：《太史公为官名新证》，《南京师大学报（社科版）》，1988 年第 3 期。

3　严耕望曾引钱穆语："历史学有两只脚，一只脚是历史地理，一只脚就是制度……这两门学问是历史学的骨干，要通史学，首先要懂这两门学问，然后自己的史学才有巩固的基础。"严耕望：《治史三书》，上海：上海人民出版社，2011 年，第 238 页。

吴仁杰关于西汉官制中，职官的设置、权力范围、所负职责有详细的考辨，如他在《两汉刊误补遗》卷三"御史丞史"条中说：

> （《汉书》）《百官表》："御史大夫更名大司空，禄比丞相，置长史如中丞，官职如故。"《刊误》曰："多一'如'字。"仁杰曰：此言是也。《表》称御史大夫有两丞，一曰中丞，在殿中兰台，掌图籍秘书，外督部刺史，内领侍御史十五人，受公卿奏事，举劾按章。按晁错为御史大夫谓丞史云云。如淳曰："丞史，丞及史也。"《表》载丞不载史。《汉纪》始有之："一曰中丞，外督部刺史，一曰内史，掌秘书，受公卿奏事，举劾按章。"然则表有缺文者矣，督部刺史下当云：一曰内史，内领侍御史，今缺四字；置长史下，当云：省内史中丞，官职如故，今缺三字，衍一字。不然有两丞而止著其一，两丞之外复置长史，非缺则赘，其义安在？[1]

吴仁杰对西汉时期御史大夫之下的属官名称、职权进行考辨。《汉书》记晁错任御史大夫时与御史丞史的对话，结合如淳所做注，吴仁杰认为荀悦所说的"御史大夫置两丞，一曰中丞，外督部刺史。一曰内史，掌秘书，受公卿奏事，举掌劾章"[2]比较可信，故《汉书》表中关于御史大夫属丞的记载应该改为："一曰中丞，在殿中兰台，掌图籍秘书，外督部刺史；一曰内史，内领侍御史员十五人，受公卿奏事，举劾按章。成帝绥和元年更名大司空，金印紫绶，禄比丞相，置

---

1 吴仁杰：《两汉刊误补遗》卷三"御史丞史"条，北京：中华书局，1991年，第81—82页。

2 荀悦：《汉纪》卷五《惠帝纪》，北京：中华书局，2002年，第70页。

长史省内史中丞，官职如故。"[1]相对于《百官表》原文，共增七字、删一字。这里暂不谈《汉书》对御史大夫属官的记载是否可能出现如此重大的讹误，以当前掌握的材料来看，西汉时期的内史确实有接受奏议、处理奏章的职权，如"（景帝）二年，晁错为内史，贵幸用事，诸法令多所请变更，议以谪罚侵削诸侯"[2]。又如"泗水戴王前薨，以毋嗣，国除。后宫有遗腹子煖，相、内史不奏言，上闻而怜之，立煖为泗水王。相、内史皆下狱"[3]。由以上两例来看，吴仁杰关于内史的考证是有一定说服力的。清人永瑢修撰《历代职官表》从吴仁杰之说[4]，但是《汉书》中关于御史中丞的记载则与吴仁杰的观点不符。同时，《汉纪》记载内史"掌秘书"，而吴仁杰则认为御史中丞"掌图籍秘书"，这就使吴仁杰难以自圆其说了。可以确定的是，西汉时期，御史大夫下设有两个主要属丞，其中御史中丞的相关信息比较确切，但另外一位的官名、职权则难以断定。[5]吴仁杰提出《百官表》"有两丞而止著其一，两丞之外复置长史"的记载确实令人感到怀疑，但他认为这部分记载"非缺则赘"，则稍显武断。

值得注意的是，吴仁杰关于西汉官制的考订显现出他对史官作用的认识。《两汉刊误补遗》卷六"史书令史"条曰：

1　《汉书》卷十九上《百官公卿表上》记载："御史大夫，秦官，位上卿，银印青绶，掌副丞相。有两丞，秩千石。一曰中丞，在殿中兰台，掌图籍秘书，外督部刺史，内领侍御史员十五人，受公卿奏事，举劾按章。成帝绥和元年更名大司空，金印紫绶，禄比丞相，置长史如中丞，官职如故。哀帝建平二年复为御史大夫，元寿二年复为大司空，御史中丞更名御史长史。"班固：《汉书》，北京：中华书局，1962年，第725页。

2　司马迁：《史记》卷九十六《张丞相列传》，北京：中华书局，1959年，第2684页。

3　班固：《汉书》卷七《昭帝纪》，北京：中华书局，1962年，第225页。

4　永瑢：《钦定历代职官表》，上海：商务印书馆，1936年。

5　安作璋、熊铁基指出，御史大夫下"两个属丞，也不是平分秋色，所以（御史）中丞才被特别突出起来。《汉书·咸宣传》说咸宣'为御史及中丞者几二十岁'，《汉书·杜周传》又说杜周'与减宣（即咸宣）更为中丞者十余岁'，两相参照，当是一人。另一人或者即御史丞，他虽然也是'秩千石'，但作用远不如中丞"。安作璋、熊铁基：《秦汉官制史稿》，济南：齐鲁书社，2007年，第55—56页。

（《汉书》）《艺文志》："尚书、御史、史书令史。"《刊误》曰："史与书令史二名，今有书令史。"仁杰曰：史书，大篆也。太史籀所作以志考之，盖太史课试善史书者以补史书令史，而分隶尚书及御史也。按尚书、御史皆在禁中，受公卿奏事，故下文云吏民上书字或不正辄举劾，则所谓史书令史者，正以其通知六体书，故以补此吏员耳。《百官表》于尚书御史不载令史，而后书有之，曰：尚书六曹，有令史三人主书，御史中丞有兰台令史掌奏。则所谓史书令史即主书及掌奏者是已，故《通典》引《汉官仪》云能通仓颉史籀篇，补兰台令史，满岁为尚书郎。盖当时奏牍皆当用史书。《严延年传》称其善史书，所欲诛杀奏成于手中。《贡禹传》亦言郡国择便巧史书者以为右职。又《王尊传》司隶遗假佐。苏林谓取内郡善史书佐给诸府。则外之郡国，内之诸府皆有史书吏以备剟奏也，令史专以史书为职，恐不可为二名。[1]

吴仁杰追本溯源，以"史书"含义的引申过程展开论述。"史书"最早出现时，仅指的是"大篆"这种古代书体，随着"史书令史"选拔要求的提高，对史官的要求不再局限于大篆，而应"通知六体书"[2]，自此，"史书"所涵盖的意义变得更加广泛。基于这样的认识，吴仁杰指出《汉书》记载某人"善史书"，实际上是指这一历史人物善于多种书体。日本学者冨谷至对此问题有专文论述，他指出汉代"史书"的含义是"以'得为吏'为目的而学习的书体和书法"[3]，结合吴仁杰的相关考辨，这种认识是比较可靠的，故《两汉刊误》中将史书令史视为两名官员的认识就显得难以立论了。吴仁杰关于史书令史的考辨不可不谓精当，他通过兰台令史、尚书令史等类似官名的相关记载进行对比，进行合

1　吴仁杰：《两汉刊误补遗》卷六"史书令史"条，北京：中华书局，1991年，第153—154页。

2　六体书即古文、奇字、篆书、隶书、缪篆、虫书。

3　冨谷至：《"史书"考》，《西北大学学报》，1983年第1期。

理的推断，结合《汉书》中记载"善史书"的人物事迹，指出史书令史即"主书及掌奏者"，基本上还原西汉史书令史的相关情况。

四、以纲常为先的历史思想

从吴仁杰曾经"讲学朱子之门"的经历来看，他信奉理学，同时对朱子之学抱有很大敬意。在考订《汉书》的过程中，吴仁杰的历史思想有所流露。

首先，关于历史发展的动因，吴仁杰有所阐述，他评价《汉书》中记载"五则"的得失说：

> （《汉书》）《律历志》以冬智为权，夏礼为衡，秋义为矩，春仁为规，中央土信为绳。仁杰按，《志》言五则，揆物有轻重、圆方、平直，且曰规矩相须，准绳连体，权衡合德，而独置"准"不论其可哉？今易之曰：冬为水，水为礼，礼者齐，齐者平，故为准；夏为火，火为信，信者诚，诚者直，故为绳；秋为金，金为义，义者成，成者方，故为矩；春为木，木为智，智者动，动者圆，故为规；中央土于时为四季，于五常为仁，仁者容，容者重，故为权，而衡附焉……然则以准为水，权为土，非臆论也，五常配五行之说，仁杰已著于《洪范辨》中，兹弗复载。[1]

吴仁杰作此条，从表面上看是对《汉书·律历志》记载权、衡、规、矩、绳而不言"准"展开的，实则是吴氏对历史发展动因的深层认识。朱熹曾说："宇宙之间一理而已。天得之而为天，地得之而为地，而凡生于天地之间者，又各得之以为性；

---

1 吴仁杰：《两汉刊误补遗》卷四"五则"条，北京：中华书局，1991年，第104—106页。

其张之为三纲，其纪之为五常，盖皆此理之流行，无所适而不在。"[1]这是将"五常"和"天理"结合起来。吴仁杰更进一步，将"五常"与"五行"变化结合，明确将"五常"纳入"五行"相配。这是吴仁杰对《白虎通德论》及朱熹"五常"思想的发展。可见，将名常看作事物发展的规律，将"天理"视为历史发展的动力，是吴仁杰历史认识的根基，也是他撰写《两汉刊误补遗》时所遵循的思想原则。这给《两汉刊误补遗》这部以考据见长的专书蒙上一层神学的色彩。

其次，从是非褒贬的标准来说，吴仁杰对历史人物的评价显现出理学对其历史认识的影响。对于《汉书·古今人表》将古今人物分为九等的做法，吴仁杰有不少看法，如他说："《表》以羲和为下中，斟灌、斟寻为下上……孟坚以仲康声羲和畔官之罪而二斟为浇所灭，故皆列之下愚，此大误也。两人盖夏之忠臣，党于太康与相者，何名为愚哉？"[2]又如"《表》列柏封与羲和同在第八……伯封之亡，虽其贪惏忿頦，有以自取，后羿所为灭之者，亦以其党于帝相而不附己耶？……伯封虽不肖而以羿灭之，则为非辜"[3]。由上述两例可见，吴仁杰认为羲和、二斟为忠臣，因此他们绝非下等之人，而伯封叔即便有"贪惏忿頦"之名，但他不屈服于后羿被杀，在名教上也并无不妥。吴仁杰的是非褒贬标准在他对《古今人表》的考订中表现得尤其明显，而他衡量一个历史人物的标尺即在于历史人物的行为是否符合纲常名教的要求。这种价值取向在宋元"汉书学"中是一种主流趋势，关于宋元学人对《汉书》褒贬的批评将在本书第五章详细论述。

再次，从吴仁杰对天人关系的认识来看，表现出他对伦理纲常的注重，如他在考订《汉书·郊祀志》时，对其中许多荒诞之辞展开批评，他说："封者，

---

1 朱熹：《晦庵集》卷七十《读大纪》，《朱子全书·晦庵先生朱文公集》，上海：上海古籍出版社、合肥：安徽教育出版社，2002年，第3376页。

2 吴仁杰：《两汉刊误补遗》卷三"羲和四"条，北京：中华书局，1991年，第97页。

3 吴仁杰：《两汉刊误补遗》卷四"柏封四"条，北京：中华书局，1991年，第100—101页。

封土而为坛，禅者，除地而为墠，封禅即方岳明堂之异称耳，而方士之说乃谓封禅可以登仙而不死，故世主乐闻其说而甘心于此。是非方士之罪，儒者不能正其名之过也，霍去病伐匈奴，封狼居胥山，禅于姑衍，师古曰：'积土增山曰封，为墠祭地曰禅。'又可以是为不死之名耶？"[1]吴仁杰考辨"封禅"一词的原本意义，指出类似于升仙登天、长生不老等说法都不足取信，并加以无情的批判，强调了人在历史运动中的作用。但这种看法实际上基于他对方士，或者说对道家思想的偏见，最终将这些无稽之谈出现的原因归结于"儒者不能正其名"。吴仁杰关于天人关系的认识显现出明显的双重标准，《两汉刊误补遗》有"黄龙元年"条，关于"黄龙"这一年号，有详细的考辨：

> "黄龙元年"，师古曰："汉注此年黄龙见广汉郡，故改年。"《刊误》曰："按（《汉书》）《郊祀志》则宣帝自追用前四年黄龙改之耳。"仁杰按：苏文忠公云"古者有喜则以名物，周公得禾，以名其书；汉武得鼎，以名其年；叔孙胜敌，以名其子"。嘉禾事固出于当年，至叔孙获长狄侨如及虺也豹也，并以是名其三子则可疑，孔颖达谓未必其年顿生三子，当是追以前事名之，黄龙纪元年其比耶？元鼎尝逆用后四年事，然是年始有年号，若黄龙则前四年龙见新丰，宜即以此年纪元，而不用汉注，遂实以广汉之说，彼盖不知有前比也。[2]

吴仁杰旁征博引，对颜师古的注解展开考证。[3]吴氏以"周公得禾""汉武得鼎"

1　吴仁杰：《两汉刊误补遗》卷五"封禅"条，北京：中华书局，1991年，第127—128页。

2　吴仁杰：《两汉刊误补遗》卷二"黄龙元年"条，北京：中华书局，1991年，第63—64页。

3　《汉书·宣帝纪》："黄龙元年春正月，行幸甘泉，郊泰畤。"注一："应劭曰：'先是黄龙见新丰，因以冠元焉。'师古曰：'汉注云此年二月黄龙见广汉郡，故改年。然则应说非也。见新丰者于此五载矣。'"班固：《汉书》，北京：中华书局，1962年，第273页。

等瑞异记载进行类比，说明见"黄龙"以后"追以前事名之"的可能性，最终得出结论与《汉书·郊祀志》记载相同，即汉宣帝追用这一年号至之前四年。吴仁杰关于"黄龙元年"的所有考辨，均未对"得禾""得鼎""龙见"等祥瑞现象有任何质疑。这些关乎帝王、国运的祥瑞记载的真实性，在吴仁杰看来自然是毋庸置疑的。

《两汉刊误补遗》的考订内容，明显反映出吴仁杰的历史思想，不论是在他关于历史动因的认识，还是其褒贬标准与《汉书》的异趣，抑或其天人关系的论述中，都表现出明显的注重纲常伦理的意识。这是宋元"汉书学"研究区别于其他时期的一个显著特点。

虽然《两汉刊误补遗》于南宋已经刊行，但其成书后的影响力有限，直至清代，才又有朱彝尊、鲍廷博、卢文弨等学者研读此书。卢文弨读过后为《两汉刊误补遗》作跋，特别指出："宋人校勘（《汉书》《后汉书》）语大率浅陋居多，甚有鲁莽灭裂……今得吴斗南（吴仁杰）《两汉刊误补遗》，读之而不胜跃然喜也。吴氏自以后进，不欲斥言前辈明公之失，而曰'补遗'，不曰'纠缪'，此其用意良厚。"[1]肯定《两汉刊误补遗》在《汉书》研究方面的价值。综观《两汉刊误补遗》，吴仁杰由《汉书》所记字音、字形、句读、史事等方面展开的考辨，可谓精当，其与《汉书》在用字、记事、观念等方面体现出的差异、得失，对当今的《汉书》研究尚有参考价值。同时，《两汉刊误》原书已经散佚，故通过研读《两汉刊误补遗》，尚可窥得《两汉刊误》的一些面貌。《两汉刊误补遗》作为现存宋元时期《汉书》研究成就中的一部代表作，为当前学者的汉代历史研究提供了一条路径。

1　卢文弨：《两汉刊误补遗跋》，吴仁杰：《两汉刊误补遗》，北京：中华书局，1991年，第291页。

第二节 王应麟《汉艺文志考证》的价值

一、考证类型与方法

王应麟（1223—1296），字伯厚，号深宁居士，庆元府鄞县（今浙江宁波）人，淳祐元年（1241）举进士。《宋史·儒林列传》记载王应麟少通"六经"，著有《深宁集》一百卷、《困学纪闻》二十卷、《诗考》五卷、《汉艺文志考证》十卷、《通鉴地理考》一百卷、《汉制考》四卷、《小学绀珠》十卷、《玉海》二百卷等，共计二十二部。前文论及王应麟对三代制度和汉代制度关系的论述，他非常重视对汉代制度、名物的考证，在《汉制考》中，他引用许多经书、经注。《汉书·艺文志》在《七略》的基础上，"删其要，以备篇籍"，开创中国古代正史《艺文志》的先河，著录了先秦至西汉时期的众多典籍，是历史上最早的目录学文献。《汉书·艺文志》的这一特点为王应麟所重视，故他撰写《汉艺文志考证》十卷，明确地以专题研究的形式对《汉书·艺文志》中的相关内容展开考据。这使王应麟成为宋元"汉书学"的代表人物之一。《汉艺文志考证》在考证对象及研究方法方面具有鲜明的特点，对其后的文献考据产生了深远的影响。

这里先论《汉艺文志考证》的考证类型与方法。

《汉艺文志考证》是中国历史上首次对《汉书·艺文志》展开的专门系统研究。具体来说，《汉艺文志考证》的考证对象包括两个方面：其一是对《汉书·艺文志》著录典籍的考证，其二是对《汉书·艺文志》各序记载历史情况的考察。

从《汉艺文志考证》对著录典籍的考证来说，《汉书·艺文志》共计一万五千余字，所著录典籍近六百种。据笔者统计，《汉艺文志考证》对其中二百九十余种进行考证，典籍数量上不及《汉书·艺文志》一半，但篇幅上约是其四倍。王应麟严格按照《汉书·艺文志》所著录典籍的顺序，将他认为需要考证的条目摘取出来，进行解释说明。对于不同类型的典籍，王应麟基本上采取一视同仁的态度。历代学人对《六艺略》下著录的儒家经典发论较多，为王应麟所重视。而对于《诸子》《诗赋》《兵书》《数术》《方技》诸略下的著录典籍，王应麟也进行了仔细的考订，这显现出他在文献考据方面的深厚素养。王应麟对《汉书·艺文志》的考证主要有以下三种类型：其一是订正《汉书·艺文志》所著录典籍的讹误。如《汉书·艺文志》记载："《礼古经》五十六卷，《经》七十篇。"[1] 在嘉定十七年（1224）白鹭洲本《汉书》中，此条下已有刘敞注曰："当作十七，计其篇数则然。"[2] 但没有关于这一说法的进一步解释。王应麟从刘敞说，并展开考证，他援引《汉书·儒林列传》的记载："鲁高堂生传《士礼》十七篇。按今《仪礼》，《士礼》有《冠》《昏》《相见》《丧》《夕》《虞》《特牲馈食》七篇，他皆天子、诸侯、卿大夫礼。"又引南宋《仪礼》学者张淳的论断："汉初未有《仪礼》之名，疑后汉学者见十七篇中有仪有礼，遂合而名之也。"[3] 通过王应麟的考据，订正了《汉书》中"《经》七十篇"的说法，今中华书局本《汉书》虽未录刘敞注文，但已经吸收了十七篇的观点。

其二是对著录典籍相关历史情况的考证。《史记》在《汉书·艺文志》中著录于《六艺略·春秋》下，该条目下称《史记》"十篇有录无书"。王应麟用不少笔墨考证了这一问题，《汉艺文志考证》记载：

> 东莱吕氏曰："以张晏所列亡篇之目，校之《史记》，或其篇具在，或草具而未成，非皆无书也。其一曰《景纪》，此其篇具在者也，所载间有班书所无者。其二曰《武纪》十篇，唯此篇亡。卫宏《汉旧仪注》曰：'司马迁作本纪，极言景帝之短及武帝之过，武帝怒而削去之。'卫宏与班固同时，

---

1 班固：《汉书》卷三〇《艺文志》，北京：中华书局，1962 年，第 1709 页。

2 班固：《汉书·艺文志》，白鹭洲书院刻本，嘉定十七年（1224），第 7 页。

3 王应麟：《汉艺文志考证》卷二《礼》，张三夕、杨毅点校，北京：中华书局，2011 年，第 156 页

是时两纪俱亡，今《景纪》所以复出者，武帝特能毁其副在京师者耳，藏之名山固自有他本也。《武纪》终不见者，岂非指切尤甚，虽民间亦畏祸，而不敢藏乎？其三曰《汉兴以来将相年表》，其书具在，但前阙叙。其四曰《礼书》其叙具在，自'礼由人起'以下，则草具而未成者也。其五曰《乐书》，其叙具在，自'凡音之起'而下则草具而未成者也。其六曰《律书》，其叙具在，自书曰'七正，二十八舍'以下则草具而未成者也。其七曰《三王世家》，其书虽亡，然叙传云'三子之王，文辞可观，作《三王世家》'，则其所载不过奏请及策书。或如《五宗世家》，其首略叙，其所自出亦未可知也。赞乃真太史公语也。其八曰《傅靳蒯成列传》，此其篇具在，而无刊缺者也。张晏乃谓褚先生所补，褚先生论著附见《史记》者甚多，试取一二条与此传并观之，则雅俗工拙自可了矣。其九曰《日者列传》，自'余志而著之'以上皆太史公本书。其十曰《龟策列传》，其序具在，自'褚先生曰'以下乃其所补尔。方班固时，东观、兰台所藏十篇，虽有录无书，正如古文尚书，两汉诸儒皆未尝见，至江左始盛行，固不可以其晚出，遂疑以为伪书也。"[1]

《汉书·艺文志》记载《史记》另有十篇"有录无书"，张晏在《汉书·司马迁传》注中说："迁没之后，《景纪》《武纪》《礼书》《乐书》《兵书》《汉兴以来将相年表》《日者列传》《三王世家》《龟策列传》《傅靳列传》。元成之间，储先生补缺，作《武帝纪》《三王世家》《龟策》《日者传》，言辞鄙陋，非迁本意也。"[2]颜师古做注时除指出张晏"《兵书》"亡佚有误外，其余皆从张说，认为其中四篇是褚少孙伪作，《史记索隐》《史记集解》也都从此说，《史记》缺佚十篇的结论似已确凿。至唐代，刘知几认为："至宣帝时，迁外孙杨恽祖

1　王应麟：《汉艺文志考证》卷三《春秋》，张三夕、杨毅点校，北京：中华书局，2011年，第176—177页。

2　班固：《汉书》卷六二《司马迁传》，北京：中华书局，1962年，第2724—2725页。

述其书，遂宣布焉。而十篇未成，有录而已。"[1]宋代以前，关于《史记》"有录无书"的问题，至少存在十篇缺佚或十篇未成两种说法，但王应麟都不认同，他引用吕祖谦的说法阐明自己的观点，对张晏提及的十篇逐一考证，其结论是：一是依据卫宏《汉旧仪注》，十篇中仅有《五帝本纪》缺佚；《三王世家》虽也已不存，但其中记载的仅是奏策罢了，其赞为司马迁所作。二是《景纪》《汉兴以来将相年表》《傅靳蒯成列传》都是司马迁自己的手笔。三是认为《礼书》《乐书》《律书》中的一部分为司马迁所作，其余则"草具而未成"。四是指出《日者列传》《龟策列传》除去"褚先生曰"的部分都是司马迁所作。得出这样的结论，其依据首先是《汉旧仪注》。其次是以"褚先生曰"的部分与司马迁的记载相比较，从褚少孙与司马迁文辞特点差距的角度进行推测。再次是以古文《尚书》的流传情况相类比，推断《史记》十篇没有亡佚的可能性。王应麟在"《太史公》"条下的考证内容皆引吕祖谦《东莱吕太史别集》中的内容[2]，自己并未发论。面对前人的种种结论，吕祖谦没有实际的证据佐证其观点。但王应麟独引吕说，无疑说明他对这一问题的见解。从《汉艺文志考证》引吕祖谦考《史记》语以后，关于《史记》十篇缺佚状况的讨论成为学术界关注的问题，直至清代，王鸣盛在《十七史商榷》、梁玉绳在《史记志疑》中，都受吕祖谦和王应麟观点的影响，认为《史记》十篇是部分亡佚。近人余嘉锡专作《太史公书亡篇考》[3]，对此问题有细致的分析。《汉艺文志考证》对典籍的考证内容于王应麟的学术研究有重要意义，经研究者统计，在他所编类书《玉海》中，关于典籍的考证内容与《汉

1　刘知几：《史通》卷一二《古今正史》，上海：上海古籍出版社，2009 年，第 313 页。

2　吕祖谦：《东莱吕太史别集》卷一四《读书杂记三》"辨《史记》十篇有录无书"条，《吕祖谦全集》第 1 册，杭州：浙江古籍出版社，2008 年，第 565—567 页。

3　余嘉锡：《太史公书亡篇考》，《辅仁学志》第十五卷，1937 年第 1、2 合期。赵生群在《〈史记〉亡缺与续补考》中亦有精当论述。赵生群：《〈史记〉亡缺与续补考》，《汉中师院学报（哲社版）》，1993 年第 2 期。

艺文志考证》相同或相似的达一百八十余条[1]。

其三是对《汉书·艺文志》各篇序文所记载历史情况的考察。在此过程中，王应麟注意考镜其源流。如对《汉书·艺文志》载"古文《尚书》者，出孔子壁中"[2]这一说法，王应麟引用《东观汉记》、《汉书》颜师古注、《汉书决疑》、《史通》等多种文献材料，列举古文《尚书》为孔子后人孔鲋所藏或孔惠所藏两种观点，对史料中记载的具体情况进行对照。[3]王应麟对古文《尚书》的真伪并无任何怀疑，而是将注意力放在发现古文《尚书》的过程上。这里需要说明的是，王应麟所引《汉书决疑》的观点，源于《隋书·经籍志》中的记载。《隋书·经籍志》成书于显庆元年（656），而颜师古于贞观十九年（645）年已经去世，以此可以推定，王应麟这里所引用的《决疑》非颜游秦所作，而是指南宋时王逨所撰《西汉决疑》，今《西汉决疑》已佚。《汉艺文志考证》尚录有两条《西汉决疑》的观点，也显现出《汉艺文志考证》的文献价值。

在考证《汉书·艺文志》各序所记载的历史情况时，王应麟注重这些历史情况在宋代的影响，如他对《汉书·艺文志》道家小序中"法家者流盖出于理官"[4]的说法展开考证：

> 范氏曰："申、韩本于老子，李斯出于荀卿，学者失其渊源，其末流将无所不至。"朱文公曰："申、韩之学浅于杨、墨。"东莱吕氏曰："《六经》孔孟子之教，与人之公心合，故治世宗之。申、商、韩非之说与人之私情合，故末世宗之。"兼山黄氏曰："九家之学，今存者独刑名家而止耳，佛老氏而止耳。高者喜谈佛老，而下者或习刑名，故两家之说独存于世。秦、梁至于败

1　杨毅：《王应麟〈玉海〉与〈汉艺文志考证〉关系考略》，《图书情报知识》，2012年第4期。

2　班固：《汉书》卷三〇《艺文志》，北京：中华书局，1962年，第1707页。

3　王应麟：《汉艺文志考证》卷一《书》，张三夕、杨毅点校，北京：中华书局，2011年，第143页。

4　班固：《汉书》卷三〇《艺文志》，北京：中华书局，1962年，第1736页。

亡。"苏氏曰："自汉以来，学者虽鄙申、韩不取，然世主心悦其言，而阴用之。

小人之欲得君者，必私习其说，或诵言称举之，故其学至于今犹行也。"[1]

按照王应麟所引顺序，分别引用了范祖禹、朱熹、吕祖谦、黄裳、苏轼关于法家学说的言论，这些观点无一例外都是宋代学人所作，总体来看都是承认法家学说在宋代社会中的位置，并分析法家学说能够流传并为时人接受的原因。这一历史情况与"罢黜百家，独尊儒术"的认识有很大不同，今有学者从专业研究的角度也注意到了这一问题。[2]王应麟的考订使人对法家"盖出于理官"的记载有了更深刻的认识，同时能够了解法家学说在宋代的发展状况。这显现出王应麟考证与宋代社会状况密切结合的时代感。

由以上三种考证类型来看，王应麟的考证方法具有鲜明的特点：一方面是王应麟大量援引他人学说，自己很少发论。清代学者王鸣盛评价《汉艺文志考证》，说王应麟"所采掇亦甚博雅"[3]。王应麟所选取的材料大多出处明确，观点鲜明，这使《汉艺文志考证》具备较高的学术价值。大量对他人观点的引用并不意味着《汉艺文志考证》仅是一部学说的汇编，如《史记》亡佚十篇的问题在宋代以前就至少有两种说法，古文《尚书》的真伪宋人亦有质疑，王应麟在不同说法的基础上考证，遴选出他认为可信的观点进行辑录；又如《汉艺文志考证》和《玉海》中都有关于《子夏易传》的考证，在以材料广博著称的类书《玉海》中，关于《子夏易传》的解释收录有《唐会要》《中兴馆阁书目》《周易正义》《旧唐书·经籍志》《国史志》《孔子家语》《郡斋读书志》以及程迥、朱震等多种观点，《汉艺文志考证》中则对以上几家观点不予采纳，这无疑反映出王应

1　王应麟：《汉艺文志考证》卷六《法》，张三夕、杨毅点校，北京：中华书局，2011年，第233页。

2　陈松：《论宋代士大夫阶层法律思想中的法家因素》，《中国政法大学学报》，2009年第5期。

3　王鸣盛：《十七史商榷》卷二二《汉书》，上海：商务印书馆，1937年，第193页。

麟对这一问题的学术见解。另一方面是王应麟援引众家说法时，特别重视宋代学人的观点。王应麟所引广博，无论是出自史学家、文学家或是理学家，只要是他所见到的，对考证问题有意义的说法都被收录进来，所引宋代人观点出自欧阳修、司马光、邵雍、郑樵、沈括、"三苏"、陆游、程颐、程大昌、杨时、晁说之、吕祖谦、朱熹、洪迈、朱震、孙坦、叶梦得、周必大等，共计五十余家。可以说，《汉艺文志考证》很大程度上是建立在宋代学人观点基础上的考证，所考内容不限于文献，王应麟对许多学术问题的精当考证在宋代学术史上占有重要地位。

二、研究范畴及其影响

在对《汉书·艺文志》进行细致梳理、考订的基础上，王应麟进而辑补，这已超越了一般意义上考证的范畴。

王应麟将"其传记有此书而《汉志》不载者亦以类附入……凡二十六部。各疏其所注于下而以'不著录'字别之其间"[1]。在补录《汉书·艺文志》时，王应麟的态度严谨而慎重，如"《子夏易传》"条即是突出一例：

> 《子夏易传》不著录
>
> 《隋志》：《周易》二卷，《子夏传》残缺，梁六卷。《释文序录》：《子夏易传》三卷，卜商。《七略》云："汉兴韩婴传。"《中经簿录》云："丁宽作。"张璠云："或馯臂子弓所作，薛虞记。"《唐志》二志，今本十卷。案陆德明《音义》云："地得水而柔，水得地而流，故曰比。"今本作"地藏水而泽，水得地而安"，但小异尔。"束帛戋戋"作"残残"。又云"五

1　永瑢等：《四库全书总目》卷八一《史部·政书类一》，北京：中华书局，1965年，第730—731页。实为二十七部，余嘉锡：《目录学发微》，北京：中国人民大学出版社，2004年，第179页。

匹为束三玄二，缲象阴阳"，今本无此文，盖后人附益者多。景迂晁氏曰："唐
张弧伪作。"孙氏曰："汉杜子夏之学。"唐司马氏曰："《七略》有子夏传。"
《十录》六卷或云韩婴，或云丁宽。《中经簿》四卷。[1]

关于《子夏易传》的真伪问题，学术界至今尚存争论，学者们或认为《子夏易
传》为真本，或认定是唐代张弧伪作，或认为是除张弧外的其他人伪作。[2]王应
麟在补录"《子夏易传》"条时已经注意到关于其作者、卷数的多种说法，他
引用唐人陆德明和北宋学者景迂晁氏（晁说之）的观点，认为《子夏易传》或
存在后人附会的内容，或为唐张弧伪作。王应麟无法判断各家说法是否正确，
但他补录此条，认定《子夏易传》应是先秦时期的一部重要经传。陈振孙在《直
斋书录解题》中亦著录《子夏易传》，他与王应麟有着同样的疑惑："隋唐时
止二卷，已残缺，今安得有十卷？"陈振孙同援引晁说之的说法，但他亦无法
做出最终判断，"姑存之以备一家"[3]。王应麟补录"《子夏易传》"条时，对
于此书流传至宋代的真伪，持相当谨慎的态度。关于《子夏易传》的本来面貌，
仍将是学术界继续探讨的问题。王应麟对《汉书·艺文志》典籍的补录是建立
在"有"或"无"判断基础上的，他对于相关典籍真伪等问题，在广求异说的
基础上并未做进一步论断。

王应麟在补录《汉书·艺文志》条目的基础上对一些典籍加以辑佚。经部
著作是王应麟辑佚的重点。如《汉书·艺文志》中《六艺·易》下不著录"《连
山》《归藏》"，王应麟补录此条，引桓谭《新论》曰："《连山》八万言，《归

---

1 王应麟：《汉艺文志考证》卷一《易》，张三夕、杨毅点校，北京：中华书局，2011年，第132—133页。

2 刘玉建：《〈子夏易传〉真伪考证》，《山东大学学报（哲社版）》，1995年第4期；刘大钧：《今、古文易学流变述略——兼论〈子夏易传〉真伪》，《周易研究》，2006年第6期；陈伟文：《今本〈子夏易传〉即唐张弧伪本考论》，《周易研究》，2010年第2期。

3 陈振孙：《直斋书录解题》卷一《易类》，上海：上海古籍出版社，1987年，第4页。

藏》四千三百言，汉世盖有二易矣。"[1]并指出有隋人刘炫伪作的十卷《连山》，《归藏》至当时仅存《初经》《齐母》《本蓍》三篇。对这两部已经亡佚的易书，王应麟予以辑佚，通过《水经注》和《帝王世纪》所引内容辑出《连山》佚文两条，又通过《尔雅疏》、传注、《周易·明夷》中的记载辑出《归藏》佚文十九条。王应麟对《连山》《归藏》的辑佚对后世学人产生直接的影响，清代学者马国翰在《玉函山房辑佚书》中，对这两部易书的辑佚就将王应麟的辑佚成果尽数吸收。除经书以外，王应麟补录《汉令》《神农》《石氏星经》《星传》时也对这些著作有辑佚，如他在补录"《汉令》"条后，依据《晋书·刑法志》记载解释《汉令》说："汉时决事集，为令甲以下三百余篇。"[2]进而参考《汉书》中《宣帝本纪》《哀帝本纪注》《平帝本纪注》《萧望之传》《江充传注》《百官表注》等材料，辑条令名称和具体内容共计二十九条。王应麟在辑佚过程中对不同类型的典籍都给予了足够的重视，他对文献的态度令人钦佩。

由以上论述可见，《汉艺文志考证》在研究范畴上有两个大的方面：一是就《汉书·艺文志》的相关记载进行考证，二是就《汉书·艺文志》的著录原则进行文献辑补。

王应麟有关《汉书·艺文志》的专门研究开创了目录学与考据学结合的先例，其著作中关于《汉书》的诸多考证成果为学人的汉代历史研究，以及汉代史学研究提供了参考。《汉艺文志考证》作为历史上第一部以专题研究的形式系统考证、辑补史志目录的研究专书，在考据学和目录学上都产生了深远的影响。从文献考证的角度看，王应麟之后的学人对历代正史中的《艺文志》《经籍志》展开考证，其考证方法为后代学人所普遍接受。明人焦竑撰《隋书经籍志纠谬》，以《隋书·经籍志》研究对象展开专门考证，这种考证方法在清代考据学家中

1　王应麟：《汉艺文志考证》卷一《易》，张三夕、杨毅点校，北京：中华书局，2011年，第130—131页。

2　王应麟：《汉艺文志考证》卷六《法》，张三夕、杨毅点校，北京：中华书局，2011年，第232—233页。

间更加盛行。仅以《汉书·艺文志》为对象的考证，就有王仁俊的《汉书艺文志考证校补》、沈钦韩的《汉书艺文志疏证》、姚振宗的《汉书艺文志拾补》《汉书艺文志条理》、刘光蕡的《前汉书艺文志注》等。其中，王仁俊所撰《汉书艺文志考证校补》，是直接在《汉艺文志考证》架构基础上进行的进一步考证，其标目设置，考证内容、方法都与《汉艺文志考证》有不少相同或相似之处。

从目录学发展的角度看，王应麟之后的学人对历代正史《艺文志》《经籍志》进行补作。对于前代正史未作《艺文志》《经籍志》的情况，清代考据学家们在王应麟补录《汉书·艺文志》条目原则的基础上，对历代史志目录进行了补作，如姚振宗的《后汉艺文志》《三国艺文志》、钱大昭的《补续汉书艺文志》、顾櫰三的《补后汉书艺文志》、侯康的《补后汉书艺文志》《补三国艺文志》、丁国钧的《补晋书艺文志》、王仁俊的《补宋书艺文志》《补梁书艺文志》《西夏艺文志》、厉鹗的《补辽史经籍志》、钱大昕的《元史艺文志》等。这都显示出《汉艺文志考证》在文献考证和目录学方面的深远影响。

王应麟作为宋末《汉书》研究的主要代表人物之一，其"汉书学"的成就在中国古代"汉书学"发展史上有显著的地位。王应麟首次将《汉书·艺文志》作为研究对象撰成专书，是"汉书学"发展至南宋时期深入发展的一个标志性成果。

第三节　倪思《班马异同》和刘辰翁《班马异同评》

一、"因其异而知优劣"

《班马异同》为南宋倪思所撰，是一部以《史记》《汉书》内容差异展开的对比研究专书。倪思（1147—1220），字正甫，归安（今浙江湖州）人，累任秘书郎、著作郎兼翰林权直、兵部尚书、礼部尚书等职。倪思的《班马异同》

行世后，元代文学家刘辰翁对此书进行点评，其评点本一般被称为《班马异同评》。刘辰翁（1233—1297），字会孟，号须溪，庐陵灌溪（今江西吉安）人。《四库全书》分别收录倪思撰《班马异同》与刘辰翁《班马异同评》，将二书著录于《正史类一》《正史类二》下。学界目前已有从文学及版本学视角展开的关于《班马异同评》的研究成果。[1] 综观宋元时期的"汉书学"专书，《班马异同评》在研究对象、对比方法等方面显现出明显的特点，值得从史学研究的角度进一步探讨。

关于倪思撰《班马异同》的旨趣，现已无从知晓。宋代官修目录书及《宋史·艺文志》中均未著录《班马异同》，陈振孙在《直斋书录解题》中著录有《班马异辞》："《班马异辞》，三十五卷。倪思撰。以《班史》仍《史记》之旧而多删改，大抵务趋简严，然或删而遗其事实，或改而失其本意，因其异则可以知其笔力之优劣，而又知作史述史之法矣。"[2] 马端临在《文献通考·经籍考》中从陈振孙之说，但《文献通考》所著录的书名从"《班马异辞》"变为"《班马异同》"[3]，在明代刊刻此书时，书名为《史汉异同》。在明代刻本中，有学者杨士奇（1366—1444）于永乐壬寅（1422）八月为《班马异同评》所作序，其中提道："《文献通考》云：……思以《班史》仍《史记》之旧而多删改，务趋简严，然或删而遗其事实，或改而失其本意，因其异可以知其优劣。"[4] 杨士奇所引"《文献通考》云"的说法即本于《直斋书录解题》，但他在转引过程中较之于陈振孙的记载删去了关键性的表述："因其异则可以知其笔力之优劣，而又知作史述史之法矣。"倪思对《史记》《汉书》的对比，并不是为了简单

1　可永雪：《〈班马异同评〉与人物形象问题》，《内蒙古教育学院学报》，1992 年第 3 期；王晓鹃：《〈班马异同评〉研究三题》，《陕西师范大学学报（哲社版）》，2016 年第 1 期。

2　陈振孙：《直斋书录解题》卷一四《类书类》，上海：上海古籍出版社，1987 年，第 431 页。

3　马端临：《文献通考》卷二〇〇《经籍考二七·史》，北京：中华书局，1987 年，第 1675 页。

4　杨士奇：《班马异同评序》，刘辰翁：《班马异同评》，明刻本，哈佛大学燕京图书馆藏。

地"知其优劣",而是"知其笔力之优劣",这是建立在历史叙事方法上的判断,在此基础上"知作史述史之法",从而对历史撰述提供积极的参考,这决定了《班马异同》是一部基于严谨对比的史学著作,一定程度上反映出倪思撰此书的旨趣。

《班马异同》是基于《史记》《汉书》记载差别的对比研究,从书名来看,《史记》与《汉书》应在此书中地位相当,但实际上倪思应有所侧重。陈振孙在著录《班马异辞》的上一条,还著录了倪思所撰《迁史删改古书异辞》十二卷,并说:"以迁《史》多易经语,更简严为平异,体当然也,然易辞而失其义、书事而与经易者多,不可以无考,故为是编。经之外与他书异者,亦并载焉。"《迁史删改古书异辞》已佚,单从其书名来看,应与《班马异辞》属于同类性质的研究。《迁史删改古书异辞》的撰述目的在于,《史记》在引用材料时对古书有所删改,可能导致失去古书记载的本来意义,需要通过对比了解这些改动之处,故倪思撰《迁史删改古书异辞》的目的大抵应是为精读《史记》而作的。撰述《班马异辞》的原因,则是"以《班史》仍《史记》之旧而多删改,大抵务趋简严,然或删而遗其事实,或改而失其本意"[1]。结合《汉书》在宋代的社会地位,撰述《班马异同》的目的在于,《史记》作为《汉书》的史料来源之一,以《史记》记载为参照,经过对比,从而分析《汉书》改动后的内容优劣。

《班马异同》撰成后流传范围不广,至清代,赵翼仍说:"刘辰翁有《班马异同》,盖亦就《史记》《汉书》岐互处分别指出,今少有其本。"[2]赵翼认为《班马异同》是元人刘辰翁作,还特别提到在当时《班马异同》并不是常见的书。在杨士奇为《班马异同评》所作序中提到了此书在当时流传的一些情况:"此书吾郡前辈家有之,近从邹侍讲借录,凡三册。此书吾郡前辈家有之,相传作于须溪,而编内不载。观其评论批点,臻极精妙,信非须溪不能。……岂非书

1　陈振孙:《直斋书录解题》卷一四《类书类》,上海:上海古籍出版社,1987年,第431页。

2　赵翼:《廿二史札记》卷一《史记汉书》"史汉不同处"条,王树民校证,北京:中华书局,1984年,第14页。

作于倪，而评论批点出于须溪邪？"[1]杨士奇曾一度深信《班马异同》是刘辰翁所作。在杨士奇的《东里集》中，也提道："《史汉异同》，庐陵刘会孟先生作，欲知西汉文章之妙者，必考于此。盖先生用功迁固最深，前所未有。"[2]这里杨士奇认为读《班马异同》不仅可以知道《史记》《汉书》优劣，而是要知道西汉一代的文章精妙，此书都是必读之书，对刘辰翁有很高的评价。从现存《班马异同》的多种刻本来看，皆出于明代，且都附有刘辰翁评语。从《班马异同评序》的情况可以推断，《班马异同》经刘辰翁评点后，可能于元代并未刊刻，而是在小范围内传抄，从而有了"相传作于须溪"的说法。南宋时，陈振孙于《直斋书录解题》已著录此书，故《班马异同》绝无元人刘辰翁所撰的可能。自明代刊印《班马异同评》以后，随着其流传的广泛，学人逐渐接受倪思所撰、刘辰翁评点的说法。清人张之洞也同意这一说法，他于《书目答问》著录："《班马异同评》三十五卷。宋倪思，刘辰翁评。嘉庆丁酉福建刻本。倪书为考《史》《汉》文辞异同，刘评无谓，今倪书无单行本。"[3]张之洞肯定倪思撰《班马异同》的成绩，但他对刘辰翁所撰点评价很低。实际上，即便刘辰翁是一位文学家，四库馆臣还是将他评点的《班马异同》当作史部著作处理。《四库全书》将《班马异同》和《班马异同评》分别收录，是对刘辰翁评语价值的肯定。刘辰翁的评点内容直接书写于《班马异同》原书的天头位置，以眉批的形式就书中涉及的相关史事、记载差别进行评论，丝毫不吝惜溢美与批评之辞。杨士奇称赞刘辰翁的评语"臻极精妙"[4]。如果说阅读《班马异同》可以使读者知《史记》《汉书》之优劣，那么刘辰翁的评语就是他自己对《史记》《汉书》优劣认识的具体阐发。

无论是倪思撰《班马异同》，还是刘辰翁《班马异同评》，他们的目的都

1　杨士奇：《班马异同评序》，刘辰翁：《班马异同评》，明刻本，哈佛大学燕京图书馆藏。

2　杨士奇：《东里续集》卷一七《史汉异同》，《文渊阁四库全书》第 1238 册，台北：台湾商务印书馆，1986 年，第 589 页。

3　张之洞：《书目答问》卷二《史目》，《中华汉语工具书书库》第 90 册，合肥：安徽教育出版社，2002 年，第 507 页。

4　杨士奇：《班马异同评序》，刘辰翁：《班马异同评》，明刻本，哈佛大学燕京图书馆藏。

在于"因其异而知优劣",至于是知哪方面优劣,二者各有不同的侧重点。倪思撰《班马异同》,是为实现史学比较目的而做的基础研究,刘辰翁评点则是在《班马异同》史学比较基础上具体的史学和文学批评言论。《班马异同》与《汉书》的密切关系,使之成为宋元"汉书学"发展中的一部代表性作品。

二、开创性的史学比较研究形式

在中国古代史学史上,《史记》和《汉书》的对比研究是一个重要的问题。宋代以前,已有一些学人对《史记》和《汉书》两部巨著的优劣发论。《班马异同》在《史记》《汉书》比较研究方法,乃至于史学比较研究方法方面都有其开创性。从研究对象上来看,宋代以前,学人已有一些关于《史记》《汉书》优劣比较的言论,但比较零散。至南宋《班马异同》出现,成为历史上第一部以《史记》《汉书》进行对比研究的专书,标志着《史记》《汉书》对比研究这样一个中国古代史学史上的重要问题成为一个专题研究的方向。后来的学人在其影响之下,《史记》《汉书》比较研究的专书不断问世。

《班马异同》的对比研究方法富有特点:首先,标目简洁明了。《班马异同》以人物或人物类型为纲,涉及九十七个人物和匈奴,大体上以本纪和列传的人物设置分卷,有四卷"酷吏""游侠""佞幸""货殖"以人物类型分卷,其下再以具体人物作为标目,另附有"滑稽附""日者附"二卷,仅收录《史记·滑稽列传》《日者列传》内容。在每卷卷前,分别指出本卷人物记载出现于《史记》和《汉书》的位置,以便于读者翻阅查找。

其次,正文处理颇具技巧。从现存的《班马异同》几种明代刻本来看,其正文在体例上将《史记》原文以粗体大字呈现,凡是《史记》没有而《汉书》所加的内容以细体小字加入正文中(见图一);凡是《史记》记载但《汉书》删去的内容,在粗体大字旁以黑色线条勾勒出来(见图一);关于《汉书》对《史记》记载有前后调整的情况，则做注曰“《汉书》上接（连）某文、以下接（连）某文”，如《汉书》将《史记》记载移入其他篇，则注曰“《汉书》见某纪、传”（见图一方框处）。这种处理方式较之于将《史记》《汉书》关于同一人物、史事的记载分别摘录更为直观、精巧。

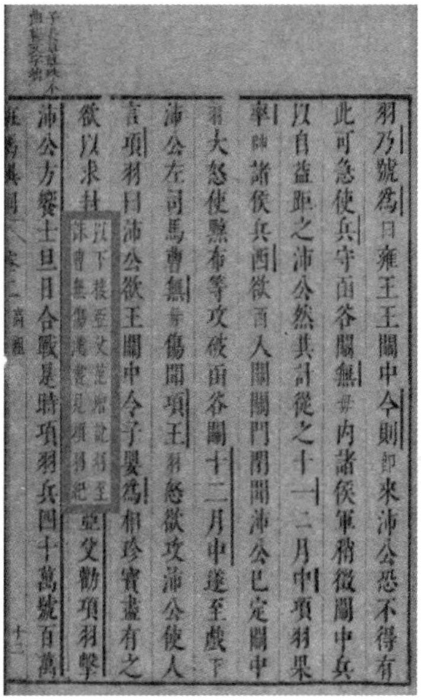
羽乃號爲日雍王王關中今則卽來沛公恐不得有
此可急使兵守函谷關無毋內諸侯軍稍徵關中兵
以自益距之沛公然其計從之十一二月中項羽果
率陣諸侯兵西欲西入關關門閉聞沛公已定關中
羽大怒使黥布等攻破函谷關十二月中遂至戲下
沛公左司馬曹無毋傷聞項王羽怒欲攻沛公使人
言項羽曰沛公欲王關中令子嬰爲相珍寶盡有之
欲以求封 亞父勸項羽擊
沛公方饗士旦日合戰是時項羽兵四十萬號百萬

图一　刘辰翁评《班马异同》明代刻本书影，哈佛大学燕京图书馆藏

《班马异同》的《史记》《汉书》比较研究方式在明代就产生了直接的影响。明人许相卿承袭《班马异同》的研究方法，在此基础上有所损益，撰成《史汉方驾》。许相卿（1479—1557），字伯台，海宁袁花（今浙江海宁）人。标目方面，《史汉方驾》基本上承袭《班马异同》的分卷方法。内容方面，《班马异同》缺少陈胜、英布二人记载的比较，《史汉方驾》将这部分进行补缺。正文体例方面，《史汉方驾》稍做改动，《史记》《汉书》记载相同的部分直

接书写于界行中；《史记》记载而《汉书》删去的部分，以小字写在界行右侧，《汉书》增加的内容以小字写在界行左侧，显得更加条理井然（见图二）。《班马异同》的体例和研究方法在《史汉方驾》的撰写过程中得到了发展。《史汉方驾》在体例方面的发展对史注体例也产生了积极影响："倪思作《班马异同》，以大字细字连书，猝难辨析。明许相卿改为《史汉方驾》，以班马相同者书于中，以马有而班无者侧注于左，以班有而马无者侧注于右。遂使增删之意，开卷厘然，而原书仍无改易，最为善变。"清代学者赵一清撰《水经注释》《水经注笺刊误》"殆亦类是"[1]，承袭了《史汉方驾》的体例。

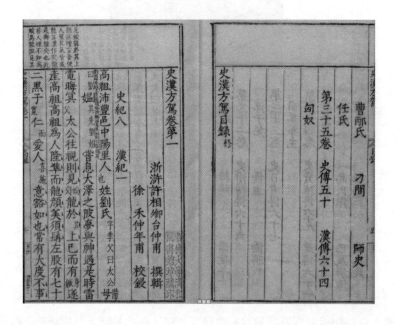

图二 许相卿《史汉方驾》明代刻本书影，哈佛大学燕京图书馆藏

在《班马异同》问世之前，辑录不同记载，就文本差别进行对比的研究方

---

1 永瑢等：《四库全书总目》卷六九《史部·地理类二》，北京：中华书局，1965年，第611页。

法就已经出现。欧阳修在《集古录跋尾》中,常常分别收录同一碑文的集本和真本,如《唐重摹吴季子墓铭》[1],在真迹内容之后收录"又别本"一篇,从而使读者能够直观地看到二者删改的关系。倪思将不同著者撰写的两部史书合为一书直接对照,可谓有文本对照研究方法方面的首创之功。

倪思在编撰《班马异同》时,凡《史记》《汉书》二者相异之处悉数注明,遵循事无巨细的原则,大体来看可分为三种情况:

其一,指出《史记》《汉书》所用古字的差别。如:

> 项羽召见诸侯将入辕门,无不膝行而前莫敢仰视,项羽由繇是始为诸侯上将军。[2]

又如:

> 景帝上居禁中,召条侯亚夫赐食,独置大胾无切肉又不置檯箸。条侯亚夫心不平,顾谓尚席取檯箸。[3]

这里关于《史记》《汉书》所用"由"与"繇","檯"与"箸"在字义上没有差别,《班马异同》指明这类差别,便于读者了解两部史书在用字方面的差异。

其二,指明用字假借情况和传抄过程中出现的讹误。如记载娄敬所言:

---

1 欧阳修:《集古录跋尾》卷七《唐重摹吴季子墓铭》,《欧阳修全集》卷一四〇,李逸安点校,北京:中华书局,2001年,第2256页。

2 倪思:《班马异同》卷一《项籍》,明刻本,哈佛大学燕京图书馆藏,第8页b。引文按《班马异同》正文体例处理,粗体为《史记》文,《史记》载而《汉书》删去者标上划线,《史记》不载而《汉书》增加,以及《汉书》与《史记》相异处为细体小字。下引《班马异同》原文处皆做相同处理。

3 倪思:《班马异同》卷七《周亚夫》,明刻本,哈佛大学燕京图书馆藏,第9页b。

> 与项羽籍战荥阳，争成皋之口，大战七十，小战四十。使天下之民肝脑涂地，
> 父子暴骨骸中野，不可胜数。哭泣之声未不绝，伤痍夷者未起，而欲比隆于
> 成康之时，臣窃以为不佯也矣。[1]

上述文字中，"暴骨中野"和"暴骸中野"，以及"伤痍"和"伤夷"都应是假借或传抄讹误所致。又如记载项羽所言，《史记》中为："今岁饥民贫，士卒食芋菽，军无见粮。"[2]而《汉书》中这句话是"士卒食半菽"[3]，"芋菽"和"半菽"这样的传写讹误，已经将文意改变了。《班马异同》指明这样的差异还是十分必要的。

其三，对于无关文意的字词改动，《班马异同》也一并注明。如载刘邦对萧何的评价：

> 至如萧何，发踪纵指示，功人也。且诸君独以身随从我，多者三两三人。[4]

这句话中，《史记》记载为"两三人"，《汉书》为"三两人"，这种差别在用字、文意方面均无影响。《班马异同》注明这种区别显得比较烦琐，但《四库总目提要》评价这种处理方式说："既以'异同'名书，则只字单词，皆不容略。"[5]还是肯定了倪思的细致对照。

清人对《班马异同》的评价存在较大分歧，四库馆臣认为《班马异同》"于

1　倪思：《班马异同》卷十五《刘敬》，明刻本，哈佛大学燕京图书馆藏，第 2 页 b。

2　司马迁：《史记》卷七《项羽本纪》，北京：中华书局，1959 年，第 305 页。

3　班固：《汉书》卷三一《项籍传》，北京：中华书局，1962 年，第 1802 页。

4　倪思：《班马异同》卷三《萧何》，明刻本，哈佛大学燕京图书馆藏，第 3 页 b

5　永瑢等：《四库全书总目》卷《史部·正史类一》，北京：中华书局，1965 年，第 401 页。

史学颇为有功"[1]。清初学者钱谦益则批评《班马异同》说："宋人《班马异同》之书，寻扯字句，此儿童学究之见耳。读班马之书，辨论其同异，当知其大段落、大关键来龙何处，结局何处。手中有手，眼中有眼，一字一句，龙脉历然。"[2]钱谦益对读《史记》和《汉书》的认识有一定道理，他认为读二史应着眼于宏观方面，厘清历史的脉络，但钱氏因此轻视《班马异同》，认为倪思着眼于字句的对照是"儿童学究之见"罢了。通过本节上文的论述，须知《班马异同》在史学比较研究方面的功绩还是值得学人重视的。

三、基于史学对比的评论

在《班马异同》的基础上，元代文学家刘辰翁进行了评点。此后，汇集刘氏评语的《班马异同评》为人所知，逐渐流传开来。关于这些评语的价值争议很大，杨士奇认为是"臻极精妙"，四库馆臣认为杨士奇的评价夸大了刘辰翁评语的价值，而张之洞则认为"刘评无谓"，这不禁使人对刘辰翁评语的价值产生疑问。综观刘氏评语，大体有以下几个方面的特点：其一，辑录注文，进行解释。刘辰翁通读《班马异同》，《史记》《汉书》中的一些记载对于元代人来说，在理解上可能存在困难和偏差。对于这种情况，刘辰翁引用《史记》《汉书》注进行解释。例如记载唐蒙通夜郎国时征发兵卒，军法的严苛令巴、蜀郡人大为惊恐，皇帝令司马相如撰文解释情况，安抚边民。司马相如檄文说：

> 陛下患使者有司之若彼，悼不肖愚民之如此，故遣信使，晓喻谕百姓以
> 发卒之事，因数之以不忠死亡之罪，让三老孝弟以不教诲之过责。方今田时，
> 重烦百姓，已亲见近县，恐远所溪谷山泽之民不遍闻，檄到，亟下县道，咸

1　永瑢等：《四库全书总目》卷《史部·正史类一》，北京：中华书局，1965年，第401页。

2　钱谦益：《牧斋有学集》卷三八《再答苍略书》，钱曾笺注，上海：上海古籍出版社，1996年，第1310页。

谕陛下意，毋忽！[1]

针对上述记载，刘辰翁在评语中注明："信使，师古曰'诚信之人以为使也'。""亲见近县，师古曰'近县之人，使者已自见而口谕矣。'"[2]刘辰翁认为这段记载中"信使"的意义和"近县之人"传达檄文的情况在理解上有一定困难，他在查阅《汉书》颜师古注后将相关解释以眉批的形式呈现。又如记载西汉赠予匈奴单于的礼物中有"黄金犀毗一"[3]，《史记》中作"黄金胥纰一"[4]，那么"犀毗"究竟为何物？北宋时期，叶廷珪在《海录碎事》中就已注意到这一问题。叶廷珪，字嗣忠，政和五年（1115）进士，他提道："班固与窦宪笺曰'复赐固犀毗金头带'，此将军所服也。"刘辰翁引用《史记索隐》的说法解释说："《索隐》曰：《汉书》作'犀毗'，此作'胥'，'胥''犀'声相近。《战国策》云'赵武灵王赐周绍具带黄金师比'。延笃云'胡革冠带钩也'。则此带钩亦名'师比'，则'胥''犀'与'师'相近而说异耳。"刘辰翁在引用时对《史记索引》原文稍有删改，但不影响其原意。刘氏的结论是："'犀毗''胥纰''师比'名同，即今钩搭。"[5]刘辰翁考异诸说，并解释《史记》《汉书》中记载的物品在元代的名称，对于读者理解还是有所裨益的。刘辰翁通读《班马异同》的过程中，对于他认为在理解上存在困难的说法都引用《史记》和《汉书》注文进行解释。

其二，"以意断制，无所考证"。《史记》《汉书》中记载的西汉史事为刘辰翁所重视，在阅读《班马异同》的过程中，他对相关记载进行评论。如《史

1　倪思：《班马异同》卷二七《司马相如》，明刻本，哈佛大学燕京图书馆藏，第3页a。

2　倪思：《班马异同》卷二七《司马相如》，明刻本，哈佛大学燕京图书馆藏，第3页a。

3　班固：《汉书》卷九四上《匈奴传上》，北京：中华书局，1962年，第3758页。

4　司马迁：《史记》卷一一〇《匈奴列传》，北京：中华书局，1959年，第2897页。

5　倪思：《班马异同》卷二三《匈奴》，明刻本，哈佛大学燕京图书馆藏，第13页。

记》《汉书》记载吕公将女儿许配给刘一事：

> 吕公曰："臣少好相人，相人多矣，无如季相，愿季自爱。臣有息女，
> 愿为季箕帚妾。"酒罢，吕媪怒吕公曰："公始常欲奇此女，与贵人。沛令善公，
> 求之不与，何自妄许与刘季？"吕公曰："此非儿女子所知也。"卒与刘季高祖。
> 吕公女乃即吕后也。[1]

刘辰翁读至此出发出感叹："四百年之业成于吕公。吕公以其女贵，必自极喜，
求人于天下。此天作之合者，非区区祯祥比也。项羽欲以力争经营，难矣。"[2]
吕后在西汉建立的过程中产生了积极作用，她主事后的种种政策也对西汉初期
的政治和社会稳定产生了积极影响。[3]但刘辰翁所言汉代"四百年之业成于吕公"，
刘邦与吕雉的结合即便是"祯祥"之兆也不能及，或是自二人结合后就注定项
羽难与刘邦争霸的结论显然都言过其实，是不符合历史事实的。又如刘辰翁对
曲逆献侯陈平的生平提出看法：

> 陈丞相平者，阳武户牖乡人也。少时家贫，好读书，治黄帝、老子之术。[4]

刘辰翁在此处评论说："不见平治老子之术。《汉书》据赞语特著于此，然赞
语本平道家口语，非事实也。"[5]班固根据《史记·陈丞相世家》中"陈丞相平

1　倪思：《班马异同》卷二《高祖》，明刻本，哈佛大学燕京图书馆藏，第2页b。

2　倪思：《班马异同》卷二《高祖》刘辰翁评语，明刻本，哈佛大学燕京图书馆藏，第2页b

3　安作璋：《论吕后》，《山东师范学院学报（社会科学版）》，1962年第1期。

4　倪思：《班马异同》卷六《陈平》，明刻本，哈佛大学燕京图书馆藏，第1页b。

5　倪思：《班马异同》卷六《陈平》，明刻本，哈佛大学燕京图书馆藏，第1页b。

少时，本好黄帝、老子之术"[1]的记载，将"治黄帝、老子之术"附于陈平的介绍后。刘辰翁认为陈平不曾施行过老子之术，而"太史公曰"的说法本于"始陈平曰：'我多阴谋，是道家之所禁'"[2]。这在他看来这也是陈平的"畏祸之辞"[3]，故陈平治黄老之术并非事实。刘辰翁的说法似不无道理，但他在表明观点的基础上并没有实际的证据，也缺乏进一步的阐发，这使其言论缺乏说服力。在评价西汉史事的过程中，刘辰翁多是有感而发，他的观点不曾经过细致的考证和梳理，显现出文人评史的一个缺点，故《四库全书总目提要》认为他"以意断制，无所考证"[4]。

其三，斟酌字句，评判得失。刘辰翁在评点《班马异同》时，特别注重《史记》《汉书》在叙事方面的技巧。如关于晁错之死的过程，《史记·袁盎晁错列传》记载比较简略，《汉书·爰盎晁错传》则很详细：

> 及会窦婴言、袁爰盎进说，诏召入见，上方与错调兵食。上问盎曰：……乃拜盎为泰常，密装治行。后十余日，丞相青翟、中尉嘉、廷尉欧劾奏错曰："吴王反逆亡道，欲危宗庙，天下所当共诛。……臣请论如法。"制曰："可。"错殊不知。乃使中尉召错，绐载行市。上令晁错衣朝衣，斩东市。[5]

《汉书·爰盎晁错传》详细记载了袁盎劝说汉景帝杀掉晁错的言论，以及群臣弹劾晁错的上疏内容。关于《史记》和《汉书》在列传当中对同一史事不同的处理方式，刘辰翁评价说："《汉书》备载（晁）错言边事已多，故于其死不

1　司马迁：《史记》卷五六《陈丞相世家》，北京：中华书局，1959 年，第 2062 页。

2　司马迁：《史记》卷五六《陈丞相世家》，北京：中华书局，1959 年，第 2062 页。

3　倪思：《班马异同》卷六《陈平》，明刻本，哈佛大学燕京图书馆藏，第 12 页 a。

4　永瑢等：《四库全书总目》卷四六《正史类二》，北京：中华书局，1965 年，第 417 页。

5　倪思：《班马异同》卷一七《晁错》，明刻本，哈佛大学燕京图书馆藏，第 22—24 页。

得尽略。《史记》备载袁盎等在《吴王传》，故此传不得复详，各得体。"[1]他从《史记》《汉书》在叙事风格方面的差异着眼，肯定了二史在《晁错传》中历史叙事方面不同的处理方法。

对《史记》和《汉书》在叙事用字方面的差异，刘辰翁有很多评点。如《史记·淮阴侯列传》和《汉书·韩信传》中都记载韩信、张耳率兵攻打赵国时，赵广武君李左车为成安君陈馀献计一事，李左车力主攻击韩信、张耳部队的辎重粮草，认为这样能避免陈馀被擒。《班马异同》将这段文字的差异注明如下：

> 愿足下假臣奇兵三万人，从间道路绝其辎重；足下深沟高垒，坚营勿与战。
> 彼前不得斗，退不得还，吾奇兵绝其后，使野无所掠卤，不至十日，而两将
> 之头可致于戏下。愿君留意臣之计，否，必不为二子所禽矣。[2]

这段文字，《汉书》对《史记》稍有删改，最大的改动在于《汉书》记载"必不为二子所禽"，《史记》则为"否，必为二子所禽"。《汉书》的这些改动在文意上基本没有变化，刘辰翁评价说："《汉书》剪截皆是。但为'必不'字与'否必'为字大远，以游说言之，'必不'婉而'否必'峻。"[3]他肯定了《汉书》对《史记》的删节，并结合李左车游说陈馀的历史情况进行分析，指出《汉书》"必不为二子所禽"的写法更为婉转，符合当时人的心理。刘辰翁对《史记》和《汉书》叙事用字方面的差别发论很多，这些评点基于他个人对《史记》和《汉书》叙事优劣的判断，随性而至。其中许多议论仅简单指出某字好，或标明"《汉书》佳""《史记》是"等结论，而未进行进一步的分析。这也是眉批一类点评著

1　倪思：《班马异同》卷一七《晁错》，明刻本，哈佛大学燕京图书馆藏，第24页a。

2　倪思：《班马异同》卷一〇《淮阴侯》，明刻本，哈佛大学燕京图书馆藏，第6页a。

3　倪思：《班马异同》卷一〇《淮阴侯》，明刻本，哈佛大学燕京图书馆藏，第6页a。

作的一个特点。要理解个中深意须读者仔细体会，这是刘辰翁作为一个文学家，基于史学对比基础上对历史叙事技巧分析的特点。

刘辰翁所撰评语均应是他个人阅读《班马异同》时有感而发。这些评语涉及许多研究方向，既有引用史注解释原文，又有对西汉史事、人物的议论，还有从历史叙事及文学层面所做的优劣判断，这使刘辰翁的评语颇具可读性，为不少士人所喜爱，但其评语内容的驳杂使其观点缺乏深度，《四库全书总目提要》评价《班马异同评》说："既非论文，又非论古，未免两无所取。"[1]是有一定道理的。刘辰翁作为一位文学家，其点评有文学批评的特点，这使《班马异同评》成为一部典型的文人评史的专书。

总体来看，倪思撰《班马异同》，和刘辰翁所撰评语在明代合刊，出现多种刊本，得以流传下来，并最终为多数学人所肯定。明代，《史汉方驾》这样直接承袭《班马异同》研究方法的史学对比著作出现；清代赵翼在《廿二史札记》中以《史记》《汉书》记载差异进行比对，"摘其不同者列于后"[2]，都显现出《班马异同》对《史记》《汉书》比较研究产生的影响。清代《水经注释》《水经注笺刊误》对《班马异同》《史汉方驾》注法的吸收推动了史注学的进一步发展。《班马异同》在史学比较研究方法上的创新，以及刘辰翁评语中关于史学、文学评论的有益内容，都值得进一步研究参考。

小 结

以上所论的几部专著，可以说代表了现存宋元《汉书》研究的最高水平。吴仁杰虽以为《两汉刊误》"补遗"的撰述旨趣撰成《两汉刊误补遗》，但他

---

1 永瑢等：《四库全书总目》卷四六《正史类二》，北京：中华书局，1965年，第417页。

2 赵翼：《廿二史札记》卷一《史记汉书》"史汉不同处"条，王树民校证，北京：中华书局，1984年，第14—18页。

运用传统的文献研究方法，对《汉书》记载的各个具体方面展开了比较精当的考证，解决了一些前人忽视的问题，为宋元时期的《汉书》研究、汉代历史研究提供了可以参考的宝贵资料。早在魏晋时期，就有张揖、郭璞专注《汉书·司马相如传》，形成以《汉书》单篇记载为研究对象的通释研究成果。王应麟撰写《汉艺文志考证》，则专注于《汉书·艺文志》，显现出他传承优秀传统文化的意识。王应麟运用比较可信的历史资料考证《汉书·艺文志》中著录的各种典籍及其历史情况，并运用目录学、文献学的研究方法，扩展了文献考证的研究范围。这使得对《汉书·艺文志》的考证上升为专题研究，对后世的《汉书》研究产生了直接且长远的影响。倪思在把握《史记》《汉书》文本异同的基础上，以对比研究的方法为指导，用创新的史学对比研究形式将两部巨著的文本差异呈现出来，为《史记》《汉书》对比研究提供了广阔的空间。刘辰翁在此基础上的评点，则反映出元代学者在《汉书》研究方面的种种认识，从中不难发现宋元《汉书》研究一脉相承的学术特征。以上这几部专书，突显出宋元《汉书》研究的水准，它们在《汉书》研究史上及这一时期的"汉书学"成就中具有不可忽视的地位。

第五章
对《汉书》文本的深入挖掘

宋元"汉书学"成就的一个重要方面在于学者对《汉书》文本的深入挖掘。这一时期官府主导的《汉书》校勘及其刊刻，为时人习读《汉书》提供了良好的基础条件。在校勘《汉书》的过程中，宋人产生许多成果，并以注文的形式附入颜师古注本。综观宋人《汉书》所做注文，我们依旧能够发现其在研究方法和内容上的价值。同时，在宋元时期的各种历史资料中，关于《汉书》文字、所记史事也有不少考辨。此外，这一时期关于《汉书》所记制度和历史地理的具体情况广为学人所重视，他们的研究方法、观点于制度史研究及历史地理研究方面具有积极意义。

第一节 宋元时期《汉书》版本的校正与刊刻

一、官府主导的《汉书》校勘活动

本书第二章论及宋元时期官府对典籍恢复工作的重视，将前代存留下来的典籍进行校正，并将重要的典籍重新刊刻颁行。宋代的典籍考校活动总体上与《汉书》有密切的关系[1]，熙宁四年（1071）十月，集贤院学士、史馆修撰宋敏求曾向皇帝上疏，指出前代重视广收典籍以供君王观览，从而"化成天下"，他认为虽然国家藏有不少典籍，然而其中的错讹很多，"虽累加校正，而尚无善本"。宋敏求的建议是"以《汉书·艺文志》内所有书，广求兼本"，而后"令在馆供职官重复校正"[2]。宋元时期，官府主导的《汉书》校证与刊刻活动是文献恢复过程中的重点，这为"汉书学"的传播和发展提供了良好的条件。

唐代以前，典籍的流传手段主要是传抄；至宋代，经济社会的繁荣促进印刷行业的发展。苏轼在《李氏山房藏书记》中提到他听闻一些前辈学人的口述：

---

1 关于两宋时期史书校勘的总体情况，可参看汝企和：《论两宋馆阁之校勘史书》，《史学史研究》，2001年第1期。

2 徐松：《宋会要辑稿》职官六《翰林院》，刘琳等点校，上海：上海古籍出版社，2014年，第3472页。

"自言其少时，欲求《史记》《汉书》而不可得，幸而得之，皆手自书，日夜诵读，惟恐不及。近岁市人转相摹刻诸子百家之书，日传万纸，学者之于书，多且易致如此。"[1]随着印刷技术的发展，史书的获取途径由单一、困难，变得更加广泛和容易。南宋学者叶梦得（1077—1148），字少蕴，吴县（今江苏苏州）人，撰有《石林燕语》《石林词》《石林诗话》等专著，他也曾提道："唐以前，凡书籍皆写本，未有模印之法，人以藏书为贵。不多有，而藏者精于雠对，故往往皆有善本。学者以传录之艰，故其诵读亦精详。"虽然唐代以前典籍流传起来相对困难，但人们珍惜藏书，进行仔细校雠，还是有许多善本存留，而随着雕版印刷技术的成熟，促进人们关注史学的同时也带来一些弊病。《汉书》易得，一定程度上反而使其中的讹误增多了："国朝淳化中，复以《史记》《前后汉》付有司摹印，自是书籍刊镂者益多，士大夫不复以藏书为意。学者易于得书，其诵读亦因灭裂，然板本初不是正，不无讹误。世既一以板本为正，而藏本日亡，其讹谬者遂不可正，其可惜也。"[2]叶梦得认为宋太宗年间《史记》《汉书》刊刻、颁行的版本很差，而士大夫们对藏书变得不以为意，不再认真研读，导致善本逐渐散佚，讹误也就无法订正了。基于这样的状况，宋代对《汉书》校勘提出了更高的需求。

北宋初年，由于科举中"三史科"的需要，曾对《汉书》进行过一次考校。《玉海》中记载北宋初年承袭唐代科举制度，以《史记》《汉书》《后汉书》作为"三史"，"列于科举，而患传写多误"。因此在雍熙年间，下诏对"三史"进行校勘，然而"自是刊改非一，然犹未精"[3]。上文叶梦得所提到淳化年间（990—994）所颁行的《汉书》，是北宋立国以来第一次官府组织的大规模《汉书》考校的结果。

1　苏轼：《苏轼集》卷一一《李氏山房藏书记》，北京：中华书局，1986年，第359页。

2　叶梦得：《石林燕语》卷八，《文渊阁四库全书》第863册，台北：台湾商务印书馆，1986年，第605页。

3　王应麟：《玉海》卷四九《绍兴十七史蒙求》，南京：江苏古籍出版社、上海：上海书店，1987年，第936页。

淳化五年（994），宋太宗下诏"选官分校《史记》、前后《汉书》"，参加《汉书》与《后汉书》校勘的至少有陈充、阮思道、尹少连、赵况、赵安仁、孙何，规模较大。这些官员选拔自昭文馆、史馆、集贤院，至于其中具体由谁负责《汉书》校勘则不得而知。此次校定后雕刻了新的《汉书》雕版，此次校勘后颁行的《汉书》即是淳化本。这之后不久，真宗又表达了再校《汉书》的意愿。咸平年间（998—1003），真宗感于太宗崇尚文史，对宰臣说"三史""当时校勘未精，当再刊正"。景德二年（1005）七月，史官们向真宗禀报再次校勘《汉书》的成果："《汉书》历代名贤竞为注释，其得失相参……除无可考据外，博访群书，遍观诸本校定。"[1]这距离太宗朝考校《汉书》完成尚不足十年。景祐元年（1034），秘书丞余靖上疏说："《前汉书》官本谬误，请行刊正。"[2]随后皇帝下诏令余靖与国子监王洙共同进行此次校勘，这次对《汉书》的考校颇具成绩，余靖撰成《汉书刊误》三十卷，"至是改旧摹板"[3]，刊行的新版本即景祐本《汉书》。叶梦得在《石林燕语》中高度肯定了这一次的《汉书》考校成果，此外他还提到宋祁在景祐本《汉书》基础上所撰写的手校稿："余在许昌得宋（祁）景文用监本手校《西汉》一部，末题用十三本校，中间有脱两行者。惜乎，今亡之矣。"[4]表达了他对宋祁手校景祐本《汉书》的喜爱之情，可见宋祁手校本《汉书》具有较高质量。宋祁这部手校本《汉书》对宋元《汉书》版本产生了直接影响，关于这一问题将在本章第二节进行讨论。此后，熙宁二年（1069）八月，参知政事赵抃将新校勘完成的《汉书》五十册印本进呈给神宗。

北宋时期，经过官府组织的多次《汉书》校勘，使《汉书》版本达到了较好的水平。至南宋时期，还有像罗棐恭这样的官吏提出以南朝刘之遴刊定的所

1　徐松：《宋会要辑稿》崇儒四《勘书》，刘琳等点校，上海：上海古籍出版社，2014年，第2815页。

2　李焘：《续资治通鉴长编》卷一一七"景祐二年九月"条，北京：中华书局，1995年，第2756页。

3　王应麟：《玉海》卷四三《淳化校三史　嘉祐校七史》，南京：江苏古籍出版社、上海：上海书店，1987年，第813页。

4　叶梦得：《石林燕语》卷八，《文渊阁四库全书》第863册，台北：台湾商务印书馆，1986年，第605页。

谓古本《汉书》调整《汉书》体例的顺序，否则便是"文治一疵"。当时的名臣王之望看详罗棐恭的札子，总结说："淳化中，太宗命杜镐等分校《汉书》。咸平中，真宗命陈尧佐等复校。及嘉祐六年，仁宗又以命陈绎，而诏欧阳修看详。至熙宁二年奏御，已经累朝刊正舛误，洪益后学，其利甚多。而云'文治一疵'尤为厚诬。契勘见今《汉史》行用已久，散在天下，家有其书。若复乱其次序，无益学者，徒成纷扰。所有罗棐恭所乞恐难议施行。"[1]王之望首先认为所谓的古本《汉书》不足以取信，他分析指出罗棐恭的观点难以立论，其次他肯定了北宋以来校勘《汉书》的成就，即便《汉书》次序真的如古本所言，经过长期刊行后调整《汉书》的体例编排也只能是给学者带来不便，故罗棐恭断定调整《汉书》的建议难以实施。可见，在北宋校勘成果的基础上，南宋已经不需要再组织大规模的《汉书》校勘活动了。

北宋时期，是历史上官府组织《汉书》校勘活动的高峰，总体上来看，这些活动具备以下特点：第一，《汉书》的校勘受到北宋君臣的重视。神宗于熙宁二年（1069）三月特意将一部新校《汉书》赐给欧阳修，这使欧阳修十分感动。欧阳修说："臣伏蒙圣恩，赐臣新校定《前汉书》。"他认为刊定《汉书》"俾后学之无疑"，并表示将会将这部《汉书》世袭珍藏，"但誓传家而永宝"[2]。第二，这几次《汉书》校勘活动受到朝廷的大力支持。如参加熙宁二年（1069）《汉书》校勘的陈绎，"居母丧，诏即家雠校"[3]，给予他很大便利。在完成考校以后，陈绎被赐予钱财，并擢升他为史馆检讨。刁衎等人完成《汉书》考校后，皇帝"即赐器币有差"。第三，经过北宋几次校勘《汉书》的活动，催生出一些《汉书》研究的成果。如余靖所撰《汉书刊误》三十卷、宋祁校《汉书》手稿、刁衎等人"校

1　王之望：《汉滨集》卷五《看详罗棐恭改正汉书次序文字状》，《文渊阁四库全书》第1139册，台北：台湾商务印书馆，1986年，第719页—721页。

2　欧阳修：《表奏书启四六集》卷五《谢赐汉书表》，《欧阳修全集》，李逸安点校，北京：中华书局，2001年，第1403页。

3　脱脱等：《宋史》卷三二九《陈绎传》，北京：中华书局，1977年，第10614页。

定凡三百四十九，签正三千余字，录为六卷以进"[1]等。

辽金元时期，朝廷在广泛收集中原典籍的基础上，命学者将汉字典籍翻译为本民族语言，因而对《汉书》的版本没有过高要求，金朝时徒单镒将《贞观政要》《汉书》等典籍翻译为女真文字以供人们阅读。前文论及辽金元统治者南下中原后将宋朝典籍、雕版掠去，这意味着辽金元所用《汉书》版本的直接来源就是两宋，因而官府无须再次组织大规模的典籍考校活动。咸雍十年（1074）十月，辽道宗下诏有司颁行《史记》《汉书》。[2]金朝也颁行通用的《汉书》颜师古注本供太学生学习。元朝更是将南宋典籍的雕版尽数掠取，并设专人管理，仅元世祖时，就多次诏令相关官员掌管典籍雕版：至元十二年（1275）"伊实特穆尔为御史大夫，括江南诸郡书板及临安秘书省书籍"；十五（1278）年四月"以集贤大学士许衡言，遣使至杭州等处，取在官书籍板刻至京师"；二十七年（1290）"正月复立兴文署，掌经籍板"[3]。在此基础上，元时许多典籍得以在全国范围内进行刊印流传。

两宋时期，官府组织校勘史书的活动共有二十一次，所校勘的史籍除《汉书》外，还有《史记》《后汉书》《三国志》《资治通鉴》等[4]。但如校勘《汉书》这样，在一段时间内频繁校勘同一史书的情况，在古代校勘史上也是少见的。北宋时期前后五次校勘《汉书》的活动，订正了《汉书》在长期流传过程中出现的许多讹误，基于这项活动，使两宋官府中存有较好的底本和雕版。而辽金元统治集团在武力征服中原地区后尽收《汉书》雕版，客观上也保证其治下《汉书》的刊印、流传。宋元时期校订、刊行《汉书》的活动，是宋元"汉书学"范畴中的一个重要方面，也为这一时期学人的《汉书》研究奠定了基础。

1　徐松：《宋会要辑稿》崇儒四《勘书》，刘琳等点校，上海：上海古籍出版社，2014 年，第 2815 页。

2　脱脱等：《辽史》卷二三《道宗本纪三》，北京：中华书局，1974 年，第 276 页。

3　《钦定续文献通考》卷一四〇《经籍考》，《文渊阁四库全书》第 630 册，台北：台湾商务印书馆，1986 年，第 5 页。

4　汝企和：《论两宋馆阁之校勘史书》，《史学史研究》，2001 年第 1 期。

二、《汉书》的主要版本与刊行

宋元时期，有多种《汉书》版本在社会中流传，已有学者对此问题进行过细致梳理。[1]这里笔者就宋元时期《汉书》刊刻方面的一些具体历史情况，分析其在这一时期史籍刊刻活动中的显著影响。

南宋时期的藏书家尤袤在《遂初堂书目》中收录典籍共三千多种，分四十四类，其中仅《汉书》就收录有川本、吉州本、越州本、湖北本四种。[2]至今，现存最早的《汉书》刻本是北宋时期的，中华书局点校《汉书》时曾参考这一版本，《中华再造善本》收录这一版本时名称定为北宋刻递修本，日本学者尾崎康则认为这一版本《汉书》应刊于北宋末年或南宋初年。[3]从现存北宋刻递修本《汉书》书前校记来看，有翰林侍讲学士孙奭于乾兴元年（1022）请求校勘《后汉书》志的上疏，他说："窃以先王典训，在述作以惟明；历代宪章，微简册而何见。铺观载籍，博考前闻，制礼作乐之功，世存沿袭；天文地理之说，率有异同，马迁八书，于焉咸在；班固十志，得以备详。光武嗣西汉而兴，范晔继东观之作。成当世之茂典，列三史以并行。克由圣朝，刊布天下。虽纪传之类，与迁、固以皆同；书志之间，在简编而或阙。……其《后汉志》三十卷，欲望圣慈，许令校勘雕印。如允臣所奏，乞差臣与各官同共校勘。"[4]孙奭认为《史记》的八书、《汉书》的十志都比较完善，故请求将刘昭撰《补注后汉志》校勘刊印。天圣二年（1024），这次校勘完成，"送本监镂版"。从这一历史情况来看，《汉书》刻本书前收录这篇奏疏，应是在校勘《后汉书》完成之后，将《汉书》与《后汉书》合刊的结果。

1 周晨：《宋刻〈汉书〉版本考》，《襄樊学院学报》，2002年第1期。

2 尤袤：《遂初堂书目·正史类》，许逸民、常振国：《中国历代书目丛刊》，北京：现代出版社，1987年，第479页。

3 ［日］尾崎康：《以正史为中心的宋元版本研究》，北京：北京大学出版社，1993年，第15—16页。

4 班固：《汉书》，北宋刻递修本，北京：北京图书馆出版社，2003年。

　　《玉海》明确记载景祐年间（1034—1037）校勘《汉书》的结果是"改旧摹板"[1]。现存的多种南宋《汉书》刻本书前均有《景祐刊误本校记》，故景祐年间（1034—1037）校勘完成后刊行的《汉书》应是北宋时期比较流行的版本。南宋时，以景祐刊误本和宋祁校本为基础刊刻的《汉书》流传最为广泛，高似孙在《史略》中列举了宋祁校勘《汉书》所用的汉书版本，主要有：古本《汉书》，即颜师古未做注以前的写本；唐本《汉书》；江南本《汉书》，宋太祖平江南后所得；舍人院本《汉书》，与江南本同；淳化本《汉书》，即淳化五年（994）校本；景德监本《汉书》，即景德二年（1005）刁衎等人所校本；景祐刊误本《汉书》，即景祐元年（1034）余靖等人所校。除上述七种作为主要参考外，另还有曹大家本、阳夏公本、我公本、燕国本、晏本、郭本、姚本、浙本、闽本，高似孙列举宋祁校勘《汉书》时所参照的其他本子共十六种。此外，宣和本（国子监本）、熙宁本、张集贤本[2]在南宋时也都有流传。这一情况可在至今流传的庆元本《汉书》一系善本中得到印证，如在刘元起刻本、蔡琪家塾刻本、白鹭洲书院刻本书前均列有宋祁所参考的十六种《汉书》版本。南宋时期的《汉书》刻本在宋祁校本的基础上，除参考高似孙提及的熙宁本、国子监本、张集贤本外，另又参考了十二种校本[3]，并吸收萧该的《汉书音义》、司马贞的《史记索隐》、宋庠的《纪年通谱》、孙巨源的《经纬集》《学官考异》、章衡的《编年通载》、杨侃的《两汉博文》、朱子文的《汉书辨正》、孔武仲的《笔记》以及《三刘汉书刊误》《汉书刊误》《楚汉春秋》《西京杂记》中的观点。在流传至今的宋元《汉书》善本中，庆元本一系《汉书》书前有《景祐刊误本》校勘记，这能够表明南宋庆元本《汉书》一系与北宋景祐本《汉书》间的密切关系。

1　王应麟：《玉海》卷四三《淳化校三史 嘉祐校七史》条，南京：江苏古籍出版社、上海：上海书店，1987年，第813页。

2　高似孙：《史略》卷二"汉书诸家本"条，南宋刻本，日本国立公文书馆藏，内阁文库第9269号，第13页b—14页b。

3　这十二种《汉书》校本分别是：卷子古本、史官本、陈和叔本、邵文伯本、谢克念本、杨伯时本、李彦中本、王性之本、赵德庄本、沈公雅本、刘共甫本、王宣子本。

刊刻《汉书》是宋元官府中相关机构的重要事务。治平四年（1067）六月，国子监官员上疏说："本监每月支旧书库卖书钱充众官食钱，库子粮课、剩员酱菜钱，并编修院、医书所、谏院、雕造《前汉》所等钱，共一百四十二贯七百五十文省。乞将本监官食钱、库子粮课、剩员酱菜钱并印书匠工钱，系本监事，即于卖书钱内支；其余公用钱，并乞于左藏库支拨。所有书库支遣余钱，即依条每半年纳左藏库。"[1] 从这封上疏来看，雕刻《汉书》新雕版应是国子监事务中的一项主要活动，并且这项活动的开销应该不少，故国子监官希望能够将卖书的收益用于支付书匠的工钱。其后神宗下诏同意了国子监的上疏，允许将国子监卖出的收益"尽纳左藏库"[2]。至宋南渡，政治浩劫与社会动荡使《汉书》雕版有所流失，《建炎以来朝野杂记》记载：

> 监本书籍者，绍兴末年所刊也。国家艰难以来，固未及。（绍兴）九年九月，张彦实待制为尚书郎，请下诏诸道州学，取旧监本书籍镂板颁行。从之。然所取诸多残缺，故旧监刊六经无《礼记》，三史无《汉》《唐》。二十一年五月，辅臣复以为言。上谓秦益公曰："监中其它阙书，亦令次第镂板，虽重有所费，盖不惜也。"繇是籍经复全。[3]

由上述材料可知，至南宋，刊行监本书籍的工作已经下派给各州学负责，然而监本书籍的雕版却多残缺不全，其中《汉书》雕版的缺失是比较突出的问题。这令宋高宗非常重视，虽然再次雕造雕版需要不少开销，但在朝廷的支持下，还是将多数典籍复刊了。

1　徐松：《宋会要辑稿》职官二八《国子监》，刘琳等点校，上海：上海古籍出版社，2014年，第3753—3754页。

2　徐松：《宋会要辑稿》职官二八《国子监》，刘琳等点校，上海：上海古籍出版社，2014年，第3754页。

3　李心传：《建炎以来朝野杂记》卷四"监本书籍"条，徐规点校，北京：中华书局，2000年，第114—115页。

元代关于《汉书》刊刻的记载很少，今仅可从大德九年（1305）太平路儒学刻本《汉书》的刊刻跋语中了解大致的情况，太平路儒学教授孔文声在跋语中写道：

> 江东建康道肃政廉访司以《十七史》书艰得善本，从太平路学官之请，
> 遍牒九路，令本路以《西汉书》率先，俾诸路咸取而式之，置局于尊经阁，
> 致工于武林。三复对读者，耆儒姚和中辈十有五人；重校修补者，学正蔡泰亨。
> 板用二千七百七十五面，工费具载学计，兹不重出。[1]

从上述跋语可看出《汉书》在元代史籍刊刻中的重要地位。在元代大德（1297—1308）年间刊刻的史书中，《汉书》最先完成，并且被置于尊经阁，作为其他史书刊刻时参考的范本。参加这次《汉书》刊刻的人员为数不少，共制作二千七百七十五面雕版，工作量也很大，并且有这次刊刻费用的详细记录。元太平路儒学刻本自身特点明显：其一，在内容上与南宋庆元本的最大区别在于不录宋人校语，与所谓的"景祐本"有很多相似之处。有研究者认为元大德刻本《汉书》参考庆元本，加以一些改动，使之成为景祐本《汉书》与庆元本《汉书》的混合体。[2] 元代《汉书》的刊刻对后来的《汉书》版本产生很大影响，明代初期的南监本《汉书》就本于元太平路儒学刻本。其二，元大德太平路儒学刻本与南宋《汉书》刻本在版式及字体方面区别明显。清人叶德辉于《书林清话》中指出："今世刻书字体，有一种横轻直重者，谓之为宋字；一种楷书圆美者，谓之为元字。世皆不得其缘起。吾谓北宋蜀刻经史及官刻监本诸书，其字皆颜、柳体，其人皆能书之人。其时家塾书坊，虽不能一致，大都笔法整齐，气味古

1　孔文声：《汉书·刊刻跋语》，班固：《汉书》，元大德九年（1305）太平路儒学刻本，北京：北京图书馆出版社，2005年。

2　马清源：《〈汉书〉版本之再认识》，《版本目录学研究（第五辑）》，北京：北京大学出版社，2014年。

朴。……杭世骏《欣托斋藏书记》云'宋刻《两汉书》，板缩而行密，字画活脱，注有遗落，可以补入。此真所谓宋字也，汪文盛犹得其遗意。元大德板，幅广而行疏。钟人杰、陈明卿稍缩小，今人错呼为宋字，拘板不灵，而纸墨之神气薄矣'。"[1]叶德辉认为宋代书籍刻本和元代书籍刻本在版式、字体方面有明显区别，他引用藏书家杭世骏的说法，指出宋刻本《汉书》"板缩而行密"，而元刻本"幅广而行疏"。清人对宋元汉书刻本的评价掺杂了其自身对不同版本史籍的好恶，但这至少说明，宋刻本《汉书》与元刻本《汉书》分别对其后的书籍刊刻产生了直接影响。

第二节 宋人《汉书》注

一、宋元《汉书》刻本中的宋人注文

宋代校勘《汉书》受颜师古注法影响，这一时期的刻本中增补有许多注文，以宋祁和"三刘"注文最多。从《景祐刊误本校语》来看，景祐本校勘完成时，应尚未大量收录宋人注文。景祐元年（1034），秘书丞余靖上疏说："国子监所印《两汉书》文字舛讹，恐误后学，臣谨括众本，旁据它书，列而辨之，望行刊正。"这里明确提到此次校勘的是将目前《汉书》存在的讹误"列而辨之"，此后余靖意识到《汉书》注文源流的问题，景祐二年（1035）他又上疏说："总先儒注解，名姓可见者二十有五人，而爵里、年代，史阙载者殆半。考其附著及旧说所承注释源流、名爵、年次，谨条件以闻望德，刻于本书之末，庶令学者启卷具知。"[2]他希望能够考证前代《汉书》注家的事迹，供后学参考。这两次上疏余靖都不曾提及本朝学者对《汉书》做注，从这次校勘的成果来看，改

---

1 叶德辉：《书林清话》卷二"刻书分宋元体字之始"条，耿素丽点校，北京：国家图书馆出版社，2009 年，第 24 页。

2 《景祐刊误本校语》，班固：《汉书》，南宋庆元元年（1195）刘元起刻本，北京：北京图书馆出版社，2006 年。

动共计两千二百九十二字，最终单独成书，《宋史·艺文志》中著录的余靖撰《汉书刊误》三十卷应是此次校勘的结果。前文提及叶梦得称景祐校勘完成后有一部宋祁手校稿《汉书》流传，自此以后，南宋《汉书》刻本中大量收录宋人注文。在现存的庆元本《汉书》一系善本中，如刘元起刻本、蔡琪家塾刻本、白鹭洲书院刻本，均有宋人所作注文。由庆元本刘元起所作刊刻跋语来看，我们能够得知这一时期将宋人所作《汉书》校语以注文的形式附入正文。刘元起说："今得宋景文公所校善本……今一依是本誊写于注释之下，凡景文所附者悉从附入以圈间之，使不与旧注相乱。"[1]这里明确提到是这次刊刻时，将宋祁所作校语及其参考材料刻入《汉书》，并强调在新的注文前画圈以区别颜注本中的注文。

《汉书》刻本中收录张佖、宋庠、宋祁、刘敞、刘攽、刘奉世、孔武仲、朱子文、章衡等北宋学人的注文，学界已有就宋人《汉书》注文进行辑校的成果。[2]根据庆元本《汉书》刊刻跋语来看，除"宋祁曰"的内容源自其《汉书》手校本外，其余收录的宋人所作注文有可能是从其各自所撰专书中而来，并于原注末尾"入诸儒辩论"："三刘"注文来本于《三刘汉书刊误》，"孔武仲曰"的来源是其《笔记》，"朱子文曰"的来源是《汉书辨正》，"章衡曰"的来源是《编年通载》。以目前的宋代《汉书》刻本来看，除景祐刊误《汉书》时收录"臣佖曰"六条注文，其余北宋学人的注文均是南宋刊刻庆元本时收录进《汉书》的。需要说明的是，宋人《汉书》注文以宋祁和"三刘"注文数量为最多，也广为后代学人所质疑。清代藏书家卢文弨认为："今本《汉书》载朱子文及宋祁、刘攽之说甚多，大半皆属谬妄。"[3]王先谦则在《汉书补注序例》中引全祖望观点，指出："全祖望以为南渡末年，麻沙坊中不学之徒依托为之，非出景文。"[4]学界亦有学者就此问题

---

1 刘元起：《汉书·刊刻跋语》，班固：《汉书》，南宋庆元元年（1195）刘元起刻本，北京：北京图书馆出版社，2006 年。

2 李丛竹：《〈汉书〉宋祁校语辑校》，南京师范大学硕士论文，2011 年。

3 卢文弨：《读史札记》"高帝纪"条，北京：中华书局，2010 年，第 171 页。

4 王先谦：《汉书补注序例》，《汉书补注》，上海：上海古籍出版社，2008 年，第 3 页。

进行了详细的考察，认为宋人《汉书》注文存在"层累形成"的现象，宋代《汉书》注文的原貌在刊刻时均已有所变化[1]。但从总体上来看，这并不影响我们从这一时期注文的内容侧重方面着手，对宋人所作的《汉书》注文进行整体上的认识。

辽代通行的《汉书》注本尚无可考，金代通行的《汉书》为颜师古注本，大德九年（1305）刻本《汉书》则不录宋人校语，从这一角度来看，宋人《汉书》注文在这一时期少数民族贵族为主体建立的皇朝中似乎流传不广。需要说明的是，白鹭洲书院刻本《汉书》保留有比较完整的宋人校语。关于白鹭洲本《汉书》的刊刻时间学界尚有争议，此本被收入《中华再造善本》时注明为"宋嘉定十七年白鹭洲书院刻本"，这一时间是根据书前牌记"甲申岁刊于白鹭洲书院"推断的，嘉定十七年为1224年，而白鹭洲书院于淳祐元年（1241）建立，至元二十一年（1284）亦为甲申年，故此本有元代刊刻的可能。《中国版刻图录》中指出白鹭洲本《汉书》应不是嘉定十七（1224）年刊刻[2]，王勇在其博士学位论文《宋刻〈汉书〉庆元本研究》中认为白鹭洲本《汉书》为元代刻本。[3]如果此说可从版本学角度得到进一步印证，则可从一个方面说明宋人《汉书》校语在元代的流传情况。

宋元时期《汉书》刊刻于中国古代史学史上的意义在于，以注文的形式保存了大量的"汉书学"研究成果，这为我们今天全面认识宋元"汉书学"的面貌提供了宝贵的资料。

二、宋人《汉书》注的特点

郑樵对颜师古《汉书注》有极高的评价，他说："颜师古解《汉书》，所

1　马清源：《〈汉书〉宋人校语之原貌与转变——以宋祁、三刘校语为主》，《文史》，2014年第1辑。

2　赵万里等：《中国版刻图录》，北京：文物出版社，1960年，第33页。

3　王勇：《宋刻〈汉书〉庆元本研究》，北京大学博士论文，2010年。

以得忠臣之名者，以其尽之矣。……《汉书》未经颜氏之前，凡几家，一经颜氏之后，后人不能易其说，纵有措辞易说之者，如朝月晓星，不能有其明也。"[1]"不能易其说"这一结论显然太过于绝对了，故郑樵还不忘补上一句，即便后来有"易说之者"，也不能有所发明，那么实际情况又是否确实如此呢？综观宋代《汉书》刻本中宋人所作注文，在继承颜师古注法的基础上仍有一定发展，这表现在以下几个方面：首先，更加注重学术源流。颜师古注《汉书》时，已经注意到对前代学人成果的继承，他在《汉书叙例》的末尾罗列诸注家的基本信息，但有一些注家的事迹在当时已难以考察，故他说："诸家注释，虽见名氏，至于爵里，颇或难知。传无所存，具列如左。"[2]至宋代，《汉书叙例》也成为宋人做注的对象，同时将《汉书叙例》中提及，但不知其事迹的注家加以考证。余靖于景祐二年（1035）的上疏中，已经提到要注意考察诸注家的生平："考其附著及旧说所承注释源流、名爵、年次，谨条件以闻望德，刻于本书之末，庶令学者启卷具知。"[3]南宋刊刻《汉书》，收录宋祁所作校语。宋祁再次对《汉书叙例》提及的注家逐一进行考证。

宋祁对《汉书叙例》提及的荀悦、郑氏、苏林、蔡谟、臣瓒、崔浩均有注文，其中关于臣瓒的注文尤其详细。颜师古称："臣瓒，不详姓氏及郡县。"[4]宋祁在此条下做注，指出景祐本中也提到不知臣瓒的姓氏。宋祁参考裴骃《史记集解序》、韦棱《汉书续训》、刘孝标《类苑》、郦道元《水经注》、姚察《汉书训纂》中的相关记载，对于韦棱认为臣瓒即于瓒的说法展开考证："于瓒乃是翼将，不载有注解《汉书》。然瓒所采众家音义，自服虔、孟康以外，并因晋乱湮灭，不传江左，而高纪中瓒案《茂陵书》，文纪中案

1　郑樵：《通志》卷六三《艺文略一》，北京：中华书局，1987 年，第 758 页下。

2　颜师古：《汉书叙例》，班固：《汉书》，北京：中华书局，1962 年，第 4 页。

3　《景祐刊误本》，班固：《汉书》，南宋庆元元年（1195）刘元起刻本，北京：北京图书馆出版社，2006 年。

4　颜师古：《汉书叙例》，班固：《汉书》，北京：中华书局，1962 年，第 5 页。

《汉禄秩令》，此二书亦复亡失不得过江，明此瓒是晋中朝人，未丧乱之前，故得具其先辈音义及《茂陵书》《汉令》等耳。蔡谟之江左，以瓒二十四卷散入《汉书》，今之注也。若谓为于瓒，乃是东晋人，年代前后了不相会，此瓒非于，足可知矣。"[1]从臣瓒注所参考的文献推断他应是西晋中期人。继而宋祁引用《穆天子传》目录推断："秘书校书郎中傅瓒校古文《穆天子传》曰，记《穆天子传》者，汲县人不准盗发古冢所得书。今《汉书音义》臣瓒所案，多引汲书以驳众家训义。此瓒疑为是傅瓒。瓒时职点校书，故称臣也。"[2]宋祁总诸家之说，对臣瓒的姓氏展开考证，对还原臣瓒的姓氏，明确其注文源流颇有益处。此外，《景祐刊误本》校记在《汉书叙例》的基础上简要考察了颜师古和张佖的事迹，宋祁在"臣佖"下注曰："《汉书》中有臣佖者乃张佖，江南人，归本朝。太祖收诸国图籍实馆阁，或召京朝官校对，皆题名卷末。"[3]他注意到"臣瓒"不著姓氏为后人阅读《汉书》带来的困难，于此处特别说明"臣佖"为何人。

从学术史的角度来看，宋祁关于《汉书叙例》和《景祐刊误本》校记的注文，在继承前代学人观点的基础上考镜源流，使读者对宋代以前的《汉书》注文有更清晰的认识，显现出宋代学人更加重视前代注家和注文的学术源流。这一定程度上也表现出宋代学人对《汉书》文本的态度，他们对《汉书》文本的深入挖掘不只限于撰史者的记载，而是推而广之至《汉书》颜注本所涉及的所有历史情况。

其次，在颜注本基础上的再认识。颜师古注中对前人的一些说法偶有是非判断，但他较少有深入的考辨。宋代《汉书》注文注重在颜师古注本观点的基

1　颜师古：《汉书叙例》，班固：《汉书》，南宋庆元元年（1195）刘元起刻本，北京：北京图书馆出版社，2006年，第7页a。

2　颜师古：《汉书叙例》，班固：《汉书》，南宋庆元元年（1195）刘元起刻本，北京：北京图书馆出版社，2006年，第7页a。

3　《景祐刊误本》，班固：《汉书》，南宋庆元元年（1195）刘元起刻本，北京：北京图书馆出版社，2006年，第8页b。

础上进行阐发，总体来看有以下特点：宋人《汉书》注文有时并不否认前代学人的观点，仅表明自己的见解以供读者参考。如《汉书·文帝本纪》记载文帝"后元年冬十月，新垣平诈觉，谋反，夷三族"。在"后元年"下有张晏注曰："新垣平候日再中，以为吉祥，故改元年，以求延年之祚也。"[1]张晏认为是方士新垣平说"日再中"而导致文帝改元的。宋祁在张晏注文下说："按《纪年通谱》云'《史记》文纪十七年书，得玉杯曰"人主延寿"。于是天子更始为元年而不著后字。至班固则于此题后元年，然则当时玉杯册中之异，但称元耳。史家追书后字以别初元'。"[2]宋祁在这里引用其兄宋庠《纪年通谱》中的观点，指出《史记·文帝本纪》中记载文帝十七年（前163）得到写有"人主延寿"字样的玉杯后改元，《史记》中并没有"后元年"的说法，这里班固为了区别之前的"元年"而作"后元年"。张晏的说法本于《史记·封禅书》中的记载，宋祁则从得玉杯后改元的说法，并分析班固在这里作"后元年"的动机。

宋人《汉书》注文常常在前代注文的基础上进行分析，考察其可能存在的讹误。《汉书·景帝纪》记载了景帝二年（前155）规定王侯去世时的制度："令诸侯王薨、列侯初封及之国，大鸿胪奏谥、诔、策。列侯薨及诸侯太傅初除之官，大行奏谥、诔、策。"颜师古对这里提到的大鸿胪和大行令两官职展开详细解说，他在注文中引用臣瓒的观点，指出大鸿胪这一官名是由典客而来；大行令则是由行人官而来，本是典客的属官。颜师古认为根据《景帝纪》的记载，景帝二年（前155）应已经将官名改为大鸿胪和大行令，这样的话："《百官公表》乃云景帝中六年更名典客为大行令，武帝太初元年更名大行令为大鸿胪，更名行人为大行令。当是《表》误。"[3]颜师古做出这一结论经过对《汉书》纪

1　班固：《汉书》卷四《文帝纪》，北京：中华书局，1962年，第128页。

2　班固：《汉书·文帝纪》，南宋庆元元年（1195）刘元起刻本，北京：北京图书馆出版社，2006年，第18页b。

3　班固：《汉书》卷五《景帝纪》，北京：中华书局，1962年，第128页。

与表的相互对照，应是有一定说服力的，但刘攽、刘敞皆对颜说持怀疑态度。颜注文下先有"刘攽曰"，刘攽认为："《史记》文、景事最略，《汉书》则颇有所录。盖班氏博采他书成之，故于景帝世谓典客为大鸿胪，行人为大行。由它书即武帝时官纪景帝世事，班氏失于改革耳。然则改诸官名在武帝世无疑，非《表》误也。"刘攽认为《汉书》中《文帝纪》《景帝纪》的记载较之于《史记》内容丰富，是班固参考武帝时期的其他史书所作的。之所以《汉书·景帝纪》中出现大鸿胪和大行令两官职，是班固在补作这些史事时没有注意将这些名称改动而造成的。"刘敞曰"紧接刘攽注文之后，刘敞认为："按《景十三王传》河间献王薨，犹云大行令奏谥，则非《表》误也，但官名改易未定故史于此，追举最后官名耳。武帝初大行王恢、李息即大行令也。"[1]刘敞在这里同颜师古一样，也以《汉书》的前后文记载相对照，他指出《汉书·景十三王传》中记载景帝之子，河间献王刘德去世时，仍称"大行令奏谥"。考刘德去世于元光五年（前130），故《百官公卿表》的记载应当无误。刘敞、刘攽兄弟二人从不同角度分析大鸿胪和大行令更名的时间，从而订正颜师古注的观点。

　　宋人《汉书》注文注意从历史事件的实际情况进行推断，指出不同于前代注文观点的可能性。如《汉书·货殖列传》记载了国家开拓边塞的情形："塞之斥也，唯桥桃以致马千匹，牛倍之，羊万，粟以万钟计。"此句记载下有孟康和颜师古的注文，孟康曰："边塞主斥候卒也。唯此一人能致富若此。"颜师古不同意孟康的说法，他说："塞斥者，言国家斥开边塞，更令宽广，故桥桃得恣其畜牧也。"[2]指出桥桃能够致富的原因在于它能肆意发展畜牧。刘攽在颜师古注的基础上说："颜说未尽。塞之斥也，公私皆有费用，故桥桃得以致富。

1　班固：《汉书·景帝纪》，南宋庆元元年（1195）刘元起刻本，北京：北京图书馆出版社，2006年，第6页b。

2　班固：《汉书》卷九一《货殖列传》，北京：中华书局，1962年，第3693页。

岂谓待广地恣其畜牧哉？"[1]他指出斥塞与国家经济上的支持分不开，桥桃绝不仅仅是依靠自己发展畜牧而致富的。又如《汉书》记载白登之围，匈奴围攻平城，陈平献策说："胡者全兵，请令强弩傅两矢外乡，徐行出围。"[2]"全兵"二字下有李奇注，他认为"全兵"代表着匈奴手中仅有弓弩，而无"杂仗"。章衡并不同意李奇的说法，他认为："李注非是。使胡有杂仗，则传矢外乡之说不得行软？且奇何以知匈奴无杂仗？匈奴特无弩耳。全兵者，言匈奴自战其地也。"[3]章衡分析，无论匈奴军队是否装备了杂仗，都不影响陈平突围的计策，他认为"全兵"是指匈奴据守阵地。章衡的疑问也应是许多《汉书》读者读至此处的疑问，他的观点缺乏足够的证据支持，但还是为合理解释当时的历史情境提供了一种看法。关于这一问题，直到清代仍有争论，沈钦韩以《通典·兵篇》引《孙子》语"远则用弩，近则用兵，兵弩相解也"，指出"全兵谓短兵自卫者，故可以弩破围"[4]。

以上所举例子，均是宋代学人在前代注文基础上的再认识，有些观点较之于前人有所进步，有些则值得商榷。这些注文为后人研究《汉书》提供了比较丰富的资料。

再次，历史评论与史学评论在注文中有明显反映。宋代以前的《汉书》注文最重文字和史事的训释，而少有历史评论与史学批评方面的言论。宋人所作注文注重分析《汉书》记载的史事及其所用字词，并展开评价。

《汉书·龚胜传》记载了龚胜、邴汉请求告老辞官后王莽下的策书，其中提道："大夫其修身守道，以终高年。赐帛及行道舍宿，岁时羊酒衣衾，皆如

1　班固：《汉书·货殖传》，南宋庆元元年（1195）刘元起刻本，北京：北京图书馆出版社，2006年，第11页b。

2　班固：《汉书》卷三三《韩王信传》，北京：中华书局，1962年，第1855页。

3　班固：《汉书·韩王信传》，南宋庆元元年（1195）刘元起刻本，北京：北京图书馆出版社，2006年，第9页a。

4　王先谦：《汉书补注》列传第三卷《韩王信》，上海：上海古籍出版社，2008年，第3166页。

韩福故事。"[1]对于为龚胜、邴汉归乡时提供行道舍宿的优待，孔仲武有注文曰："龚胜、邴汉乞骸骨，诏谓之耆艾二人而不名。时（龚）胜为光禄大夫，（邴）汉为大中大夫，特诏行道舍传舍。传舍，如今驿舍也。"如同龚胜、邴汉这样身居光禄大夫、大中大夫的高官在告老时使用驿站都要进行批示，这不禁令孔仲武感叹道："汉得入驿如此之严也。"[2]这条注文中仅有"传舍，如今驿舍也"几字是解释《汉书》原文的，其余都是孔仲武在了解这一史事基础上发出的议论。这样的注文与颜师古注本中的注文有极大不同，虽然这类注文在宋代《汉书》刻本中也很少见，但在《汉书》注中加入学人就史事展开的评论，成为这一时期《汉书》注文的一个显著特点。

宋人《汉书》注中的史学批评倾向则表现得更加明显。在宋人所作《汉书》注文中，朱子文的注文最重史学批评。朱子文的注文在宋刻本《汉书》第一次出现是在《汉书·高帝纪》。《汉书·高帝纪》记载吕公将吕雉许配给刘邦一事时提道："（吕）公始常欲奇此女与贵人。"[3]这里朱子文有注文曰："'欲'字宜在'女'字之下，当曰'公始常奇此女欲与贵人'，于文为顺。"[4]朱子文的注文对于理解《汉书》记载的内容没有任何帮助，清人卢文弨在其《读史札记》中特别提道："朱子文者则曰'欲'字宜在'女'字之下，若如朱说，索然有何意味？……朱子文，吾不知属何许人，若子京（宋祁）、贡父（刘攽）负文学名，窃疑其陋不至此，岂后人所假托邪？"[5]的确，将"公始常欲奇此女与贵人"改为"公始常奇此女欲与贵人"，在文字水平上也并未使读者感到十分明显的提升。基于这段注文的情况，卢文弨认为，如果朱子文像宋祁、刘攽一样因治《汉

1 班固：《汉书》卷七二《两龚传》，北京：中华书局，1962年，第3083页。

2 班固：《汉书·两龚传》，南宋庆元元年（1195）刘元起刻本，北京：北京图书馆出版社，2006年，第22页b。

3 班固：《汉书》卷一上《高帝纪上》，北京：中华书局，1962年，第4页。

4 班固：《汉书·高帝纪上》，南宋庆元元年（1195）刘元起刻本，北京：北京图书馆出版社，2006年，第3页b。

5 卢文弨：《读史札记》"高帝纪"条，北京：中华书局，2010年，第171页。

书》而负有盛名，其水平不应如此低下。因此卢文弨判断朱子文的注文是后人假托朱子文之名而作的。朱子文注文的来源应是其所撰《汉书辨正》，这部专书于宋元目录书中均未著录，仅在庆元本《汉书》的校记中提及。既庆元本《汉书》已提及《汉书辨正》，并将朱子文的观点刻入雕版，且宋祁注文有"宋祁曰：朱子文云"的形式，这至少说明"朱子文曰"的内容不应晚于庆元元年（1195）所作。卢文弨仅以朱子文的第一条注文就推断其注文是后人伪作，显然是缺乏根据的。综观庆元本《汉书》中的朱子文注文，笔者整理共计十七条，其中有"宋祁曰：朱子文云……"两条，全部是就《汉书》叙事优劣而展开的史学批评，今《汉书辨正》不存，这一定程度上应能够反映出《汉书辨正》的面貌。现将朱子文所作注文列表如下[1]：

序号	《汉书》出处	原文	"朱子文曰"内容
1	《高帝纪上》	旗帜皆赤，由所杀蛇白帝子，所杀者赤帝子故也	于文为繁，自"由所杀蛇"以下，宜去十字，却添四字，当曰："旗帜皆赤符，姁所言赤帝子故也。"义自显，然何必更述斩蛇一事
2	《高帝纪上》	沛公攻丰，不能取。沛公还之沛	当去下"沛公"二字
3	《高帝纪上》	曰："诸将过此者多，吾视沛公大度。"乃求见沛公。沛公方踞床，使两女子洗	"吾视沛公大度，乃求见沛公。方踞床，使两女子洗。"乃"求见"下亦多"沛公"二字
4	《高帝纪上》	臣闻足下约先入咸阳者王，今足下留守宛	陈恢说沛公之辞不过百余字，凡称"足下"者八，其七皆不可去，惟"今足下留守宛"，可以削之。宜曰："臣闻足下约先入咸阳者王，今留守宛。"方简而势顺
5	《高帝纪上》	夜驰见张良，具告其实，欲与俱去，毋特俱死	"夜驰见张良"句中宜去一"张"字。考《项羽传》中语意同，亦无"张"字
6	《高帝纪上》	楚军大乱，而汉王得与数十骑遁去。过沛，使人求室家，室家亦已亡，不相得。汉王道逢孝惠、鲁元，载行。楚骑追汉王，汉王急，推堕二子。滕公下收载，遂得脱	于文多"室家"二字，当曰："过沛，使人求室家，亦已亡。"于"不相得"句下多"汉王"二字。况下文云："汉王急，推堕二子。"足可证前道逢孝惠、鲁元，载行，为汉王也
7	《高帝纪上》	谓谒者随何曰："公能说九江王布使举兵畔楚，项王必留击之。得留数月，吾取天下必矣。"随何往说布，果使畔楚	此数语中有两"使"字皆不必用，用之觉文理不顺，况既已曰"说九江王"，"说"则"使"在其中矣。前当曰："公能说九江王布举兵畔楚。"后当曰："随何往说布，果畔楚。"文义俱显耳

1　表中内容均引自班固：《汉书》，南宋庆元元年（1195）刘元起刻本，北京：北京图书馆出版社，2006年。

续表

序号	《汉书》出处	原文	"朱子文曰"内容
8	《高帝纪上》	并杀枞公,而虏韩王信,遂围成皋。汉王跳	传注之学,无事求奇,辞达而已。"汉王跳"当从如淳之音《史记》之说,其义甚明。唯"汉王逃"故下文云"独与滕公共车出成皋玉门",何乃迂解为独出差徒见费力耳
9	《高帝纪上》	汉王病创卧,张良强请汉王起行劳军,以安士卒	此句中多"汉王"二字,当曰:"汉王病创卧,张良强请起行劳军"
10	《高帝纪下》	七年冬十月,上自将击韩王信于铜鞮,斩其将。信亡走匈奴,与其将曼丘臣、王黄共立故赵后赵利为王,收信散兵,与匈奴共距汉	考其文理意义,于"信亡走匈奴"句下多一"与"字,既云"信与其将共立赵利为王",如何却云"收信散兵"?"信"字不当下矣。又信本传拘于纪文,亦多一"与"字便无义理。传云"信亡走"云云。又曰"复收信散兵,而与信及冒顿谋攻汉"。既云"信与其将立赵利为王",如何又云收信散兵而与信?以此观之信既亡走匈奴,兵乱未知,所在其将乃共立赵利为王,收信散兵与匈奴共距汉,若去一"与"字纪传皆分明
11	《高帝纪下》	医入见,上问医。曰:"疾可治。"于是上嫚骂之	于文"医曰可治"句下正不须"于是"二字,宜去之
12	《高后纪》	惠帝即位,尊吕后为太后	"吕后"二字可去,当曰:"惠帝即位,尊为太后"
13	《刑法志》	上书曰:"……妾愿没入为官婢,以赎父刑罪,使得自新。"书奏天子,天子怜悲其意	于文"书奏"下多"天子"二字。前曰"上书",非上于天子而何?后曰"书奏",非奏于天子而何?若曰:"书奏天子,怜悲其意。"文字直而美
14	《刑法志》	非憎人欲杀之,利在于人死也。今治狱吏欲陷害人,亦犹此矣。凡此五疾,狱刑所以尤多者也。自建武、永平,民亦新免兵革之祸,人有乐生之虑	既云"新免兵革之祸",当曰"人有乐生之意","意""虑"字相去不远,此传写之误也
15	《五行志》	先是者,严公夫人与公子庆父淫。而杀二君	宋祁曰:朱子文云"'者'字宜去"
16	《天文志》	扶者,邪臣进而正臣疏,君子不足,奸人有余。月有九行者:黑道二,出黄道北;赤道二,出黄道南;白道二,出黄道西;青道二,出黄道东。立春、春分,月东从青道;立秋、秋分,西从白道;立冬、冬至,北从黑道;立夏、夏至,南从赤道。然用之,一决房中道	宋祁曰:朱子文云"'房'字当作'于'字,盖言月之行其道虽多,然皆决于日之中道也。故其后云'至月行,则以晦朔决之',又曰'日之所行为中道,月、五星皆随之也',如此则'一决中道'为允"
17	《魏相丙吉传》	吉前使居郡邸时见其幼少,至今十八九矣,通经术,有美材,行安而节和。愿将军详大议,参以蓍龟,岂宜褒显,先使入侍	"岂宜褒显","岂"字于文为悖,恐是"直"字,当为"直宜褒显"

如上表所示，在朱子文所作注文中，有一些在指明改动之处后，进行了详细分析，他极其强调《汉书》于"文理"是否得当。如《汉书》记载高帝二年（前205），刘邦西过梁地后，对谒者随何说："公能说九江王布使举兵畔楚，项王必留击之。得留数月，吾取天下必矣。"此后随何前往游说英布，"果使畔楚"[1]。朱子文认为这段记载中的两个"使"字都不必用，他说："用之觉文理不顺，况既已曰'说九江王'，'说'则'使'在其中矣。"朱子文认为"说九江王"，其中就包含有"使"字的含义，故前一句应作"公能说九江王布举兵畔楚"，后一句应作"随何往说布，果畔楚"，这样便可达到"文义俱显"[2]的目的。实际上，这里是否去掉两个"使"字对文意无任何影响，但朱子文的改法读后的确令人感到更加通顺。朱子文将他认为"文理不顺"的语句加以改动从而使之"文义俱显"，这是从历史叙事的技术层面对《汉书》文本展开的具体分析。另有一些不合"文理"的情况，在朱子文看来已经改变了史事的面貌。如《汉书》记载韩王信兵败逃亡的史事："七年冬十月，上自将击韩王信于铜鞮，斩其将。信亡走匈奴，与其将曼丘臣、王黄共立故赵后赵利为王，收信散兵，与匈奴共距汉。"[3]对于这里记载韩王信"与其将共立故赵后赵利为王"的说法，朱子文说：

> 考其文理意义，于"信亡走匈奴"句下多一"与"字，既云"信与其将
> 共立赵利为王"，如何却云"收信散兵"？"信"字不当下矣。又信本传拘
> 于纪文，亦多一"与"字便无义理。传云"信亡走"云云。又曰"复收信散
> 兵，而与信及冒顿谋攻汉"。既云"信与其将立赵利为王"，如何又云收信
> 散兵而与信？以此观之信既亡走匈奴，兵乱未知，所在其将乃共立赵利为王，

1　班固：《汉书》卷一上《高帝纪上》，北京：中华书局，1962年，第37页。

2　班固：《汉书·高帝纪上》，南宋庆元元年（1195）刘元起刻本，北京：北京图书馆出版社，2006年，第26页b。

3　班固：《汉书》卷一下《高帝纪下》，北京：中华书局，1962年，第63页。

收信散兵与匈奴共距汉，若去一"与"字纪传皆分明。[1]

朱子文认为，韩王信既已逃往匈奴，那么就不可能与其将领一道立赵利为王，否则《汉书》后文也无须强调曼丘臣、王黄收编余下的兵卒，与韩王信及冒顿单于共同攻击汉军。故《汉书·高帝纪》中"与其将共立故赵后赵利为王"一句当多"与"字无疑。《汉书·韩王信传》受《高帝纪》记载的影响，也存在同样的问题。朱子文关于此句的分析并无史料支持，但他根据上下文义进行推断，也可谓是富有说服力的。清人王先谦作《汉书补注》时在考察《史记》记载后引朱子文说，称"此及《信传》'与'字并系误衍，朱说是也"[2]。今中华书局本《汉书》也吸收了这种观点。这显现出朱子文《汉书》注的价值所在。由以上两例可见，朱子文所说的"文理"，至少有两个方面的含义，既包含史家在历史撰述过程中语法使用的具体规范，又包含历史叙事过程中关于某一史事记载的合理性与逻辑性。

宋代《汉书》刻本中收录的孔仲武、朱子文等学人所作注文，于传统《汉书》注文在内容侧重上有很大不同，这是宋元史学多途发展的必然结果。这类注文为其后历代学人所接受，成为明清学者《汉书》研究的重要参考。史学批评内容在宋代《汉书》注文中的反映，仅是宋元时期"汉书学"中史学批评倾向的一种表现，关于宋元"汉书学"中的史学评论内容在这一时期各类史著中的具体情况，将在本书第五章进行详细论述。

最后，关注不同版本间的差异。颜师古注《汉书》时，已经注意到不同写本之间存在的文字差异。如《汉书·武帝纪》记载元狩六年（前115）冬十月，汉武帝"赐丞相以下至吏二千石金，千石以下至乘从者帛，蛮夷锦各有差"。

1　班固：《汉书·高帝纪下》，南宋庆元元年（1195）刘元起刻本，北京：北京图书馆出版社，2006年，第11页b。

2　王先谦：《汉书补注》帝纪卷一《高祖下》，上海：上海古籍出版社，2008年，第97页。

此处颜师古注曰："流俗书本'乘'上或有'公'字，非也。复人妄加之。"[1]
指出了某些"流俗书本"中的传写错误，但未做具体说明。又如《汉书》记载
高祖想复立吴王的诏书，后书："长沙王臣等言：'沛侯濞重厚，请立为吴王。'"
颜师古于此处做注曰："臣者，长沙王之名，吴芮之子也。今书本或'臣'下有'芮'
字者，流俗妄加也。"[2]这里颜师古结合自己对史事的考察，指出此处应是指第
二代长沙王吴臣，有些写本在"臣"字下加了"芮"字，改变了史书原意。由
以上两例可知，颜师古做注时参考了多种《汉书》写本，并对写本之间的记载
差异进行过详细的比对，其中一些情况经过他细致考证进行判断，至于这些写
本的具体信息，他未曾多言。颜师古对于不同版本中的记载差异均有论断，这
些记载的差异对于理解《汉书》原意易产生偏差，但他的结论无外乎是"后人
妄加"或"流俗妄加"。

宋代《汉书》注文显现出宋代学者对版本差异的重视，尤以宋祁所作注文
最具代表性。依据南宋庆元刘元起刻本《汉书》校记可知，宋祁在校勘《汉书》
时所参考的版本多达十六种，综观宋祁关于《汉书》版本差异的注文，有以下
三种类型，现分别予以举例说明：其一，他本少某字。《汉书·高帝纪上》记载：
"闻沛公已定关中，羽大怒，使黥布等攻破函谷关，遂至戏下。"[3]关于"戏下"
一词，宋祁说："南本无'下'字。"[4]

其二，他本多某字。《汉书·高后纪》"列侯幸得赐餐钱奉邑"一句下有注
文："应劭曰'餐与湌同。诸侯四时皆得赐餐钱'。文颖曰'湌，邑中更名算钱，
如今长吏食奉，自复賸钱，即租奉也'。韦昭曰'熟食曰湌，酒肴曰钱，粟米曰奉。

1　班固：《汉书》卷六《武帝纪》，北京：中华书局，1962 年，第 179 页。

2　班固：《汉书》卷一下《高帝纪下》，北京：中华书局，1962 年，第 76 页。

3　班固：《汉书》卷一上《高帝纪上》，北京：中华书局，1962 年，第 24 页。

4　班固：《汉书·高帝纪上》，南宋庆元元年（1195）刘元起刻本，北京：北京图书馆出版社，2006 年，第 24 页 b。

税租奉禄，正所食也'。"[1]宋祁指出："江南本文颖注文'邑中'字上有'所食'字。算钱，'算'故作'筭'，景祐刊误谓筭非租税，当改为算钱。又韦昭注文'税租'字上有'或曰'字。"[2]宋祁对不同版本中的注文差异也进行了详细比对。

其三，他本作某字。如《汉书·高帝纪》记载："吕后与人俱求，常得之。高祖怪问之。吕后曰……"[3]宋祁指出："今越本作'高祖怪问吕后，后曰'。"[4]又如《汉书·西域传上》："丞相将军率百官送至横门外。"[5]宋祁曰："淳化本作'丞相将军百官'；景德监本及浙本作'丞相率百官'，无'将军'字；今越本作'丞相将军率百官'。"[6]今中华书局本《汉书》作"丞相（将军）率百官"，一定程度上保留宋祁所言的情况。

从以上所举几例来看，其中一些细微的版本差别往往对于理解《汉书》原文无太大影响，也正因此，宋祁难以从考证分析的角度判断这些版本差异孰是孰非，但他毕竟注意到了这些差异，秉着对版本差别的严谨态度，他将这些相异指出悉数列于正文下。较之于唐代，宋代学人难以得到传写的《汉书》善本，这成为宋代学人注重《汉书》版本差异的客观原因。依此情况来看，宋代《汉书》注文中所反映出的对版本的重视是有其必然性的。

宋人所作《汉书》注文，在吸收颜师古注法的基础上，显现出新的特点。需要说明的是，无论是宋祁手校《汉书》的校语，还是从"三刘"撰《汉书刊误》、朱子文撰《汉书辨正》等研究专书中辑出的注文，都是在南宋时期刊刻《汉书》过程中被刻书者收录的，这意味着北宋学者主观上并无改动颜师古注本而作新注

1　班固：《汉书》卷三《高后纪》，北京：中华书局，1962年，第97页。

2　班固：《汉书·高后纪》，南宋庆元元年（1195）刘元起刻本，北京：北京图书馆出版社，2006年，第3页a。

3　班固：《汉书·高帝纪上》，南宋庆元元年（1195）刘元起刻本，北京：北京图书馆出版社，2006年，第5页b。

4　班固：《汉书·高帝纪上》，南宋庆元元年（1195）刘元起刻本，北京：北京图书馆出版社，2006年，第8页a。

5　班固：《汉书》卷九六上《西域传上》，北京：中华书局，1962年，第3878页。

6　班固：《汉书·西域传上》，南宋庆元元年（1195）刘元起刻本，北京：北京图书馆出版社，2006年，第6页b。

本的意图，这也是宋人所作注文在内容和体例上较之于颜注本都更为活泼的一个原因。尽管如此，宋人所作《汉书》注文对其后的《汉书》研究产生了深远的影响，清代殿本《汉书》中，收录有大量的宋人校语；清人王先谦撰《汉书补注》时，对殿本《汉书》多有参考，对其中宋人所作《汉书》注文进行了吸收、驳正；一些宋代学人于注文中提及的问题，在今中华书局本《汉书》中也有所反映。宋人所作《汉书》注文得以流传，是其后历代"汉书学"研究需要参考的宝贵资料。

第三节　见于他书的《汉书》文本考辨

一、宋元笔记中的《汉书》文本考订

宋元时期，就《汉书》文本展开的考辨不仅限于这一时期《汉书》刻本的注文当中。"宋代是在魏晋南北朝史学多途发展和唐代史学出现许多新的转折之后，在史学的各个方面都取得突出成就的时期。"[1]这一趋势在元代亦有体现。宋元时期各种类型的史著都表现出浓厚的考史意识，其中关于《汉书》文本的考辨很多。

在宋元时期为数繁多的笔记中，许多都对《汉书》文本展开考辨，这首先体现在对《汉书》用字的考订。北宋学者黄朝英撰有史料笔记《靖康缃素杂记》，此书以考据见长。黄朝英作有"阴康"条，指出《汉书》中辑有司马相如所作《游猎赋》，其中有"奏陶唐氏之舞"一句，高诱在此句下做注："陶唐当为阴康，传写之误耳。"颜师古注《汉书》时，此处虽未提及高诱之名，但从其说。黄朝英引用《吕氏春秋》的说法，表达了自己的观点，认为"盖（高）诱不观《古今人表》，妄改易《吕氏》本文耳，余案书传之误，非特此也，如'却非'讹而为'御北'，'皮传'讹而为'颇传'，'华表'讹而为'和东'者，

1　瞿林东：《中国史学史纲》，北京：北京师范大学出版社，2010 年，第 306 页。

其类甚多"[1]。黄朝英于《靖康缃素杂记》中的相关考证，显现出他对于《汉书》
文本记载的关注。南宋时，王观国作笔记《学林》，这一书名正源自《汉书·叙
传》："正文字，惟学林。"[2]《学林》共十卷，含三百余条考证条目，其中对
《汉书》所用文字有不少具体的考辨。王观国考辨《汉书》用字，注意从方言
差异的角度解释《史记》和《汉书》在用字方面的差别，例如《史记·陈涉世家》
记载陈胜称王后的一段对话："陈胜已为王，其故人尝与耕者欲见王，乃召入宫。
见殿屋帐帷，客曰：'夥颐！涉之为王沈沈者。'"[3]此句在《汉书·陈胜传》
中改写为："夥！涉之为王沈沈者。"[4]"夥颐"与"夥"的差别使王观国产生
考辨的兴趣，他解释说"夥颐"本是楚地方言，是人们常用的表达感叹的说法，
《汉书》中删去一字，就难以还原这句话出自楚人之口的意味了。[5]《邵氏闻见
后录》是邵博继其父邵伯温作《闻见录》后续作的史料笔记，其内容非常丰富，
广泛涉及经史、诗话等范畴。邵博在这部笔记中考订《汉书》用字，如他认为：
"《前汉·叙传》：'外博四荒。'按《书》'外薄四海'，'博'字为误。……
史官失于是正，类此者不一。"[6]对于"外博四荒"，颜师古注解释说："博，
大也。"[7]读起来已比较通顺，邵博则更进一步，引用《尚书》中"外薄四海"[8]
的说法，指出这里有可能是班固引用或传写时的错误。邵博对《汉书》注本中
看似确凿的说法提出质疑，并从以经证史的角度进行尝试，其观点可备一说。

1　黄朝英：《靖康缃素杂记》，上海：上海古籍出版社，1986年，第11页。

2　班固：《汉书》卷一〇〇《叙传下》，北京：中华书局，1962年，第4271页。

3　司马迁：《史记》卷四八《陈涉世家》，北京：中华书局，1959年，第1960页。

4　班固：《汉书》卷三一《陈胜传》，北京：中华书局，1962年，第1795页。

5　王观国：《学林》卷四，北京：中华书局，1988年，第130页。《史记索隐》引服虔云："楚人谓多为夥。"司马迁：《史记》
卷四八《陈涉世家》，北京：中华书局，1959年，第1961页。

6　邵博：《邵氏闻见后录》卷七，北京：中华书局，1983年，第54页。

7　班固：《汉书》卷一〇〇《叙传下》，北京：中华书局，1962年，第4238页。

8　孔颖达：《尚书正义》卷五《益稷》，北京：北京大学出版社，2000年，第147页。

　　元代学人所撰笔记，也显现出对《汉书》文本的重视。李冶（1192—
1279），字仁卿，自号敬斋，真定（今河北栾城）人，金正大年间（1224—
1231）进士，于元代任翰林学士。《敬斋古今黈》是李冶撰写的史料笔记，书
名中的"黈"字，便取自《汉书·东方朔传》"黈纩充耳，所以塞聪"[1]，其意
为不妄听是非。李冶注意从音韵学角度考证《汉书》文本，《汉书·刑法志》
中提及古代刑罚，有"中刑用刀锯，其次用钻凿"[2]的表述，韦昭认为钻与凿分
别代表膑刑、黥刑，颜师古在此基础上指出"钻音子端反"[3]。李冶对二人的说
法均不赞同，认为："予谓钻、凿二物皆施之于膑也，韦以凿为黥刑，误矣。
黥复何事于凿？又颜读'钻'为平声亦误，《志》所陈刀锯钻凿等，莫非指器
物而言，'钻'作平声读，则非器也。乃用器耳，'钻'去声读之为是。"[4]李
冶分析并推断"钻凿"代表的刑罚，并考察《汉书·刑法志》此处"刀锯""钻凿"
在文中的意义，指出颜师古注文在反切方面的讹误。此外，黄溍也十分关注《汉
书》文本。黄溍（1277—1357），字晋卿，一字文潜，婺州义乌（今浙江义乌）
人，元代"儒林四杰"之一。黄溍《日损斋笔记》中有"辩史十六则"，涉及《汉
书》文本的内容比较丰富。如《汉书》记载刘邦带兵至薛地，秦泗川守兵败逃跑，
"走至戚，沛公左司马得杀之"。颜师古于此处做注，认为左司马的名字叫作得。
黄溍说："今按《史记》本文云：'沛公左司马得泗川守壮，杀之。'师古盖
因班孟坚删去'泗川守壮'四字，而误以'得'字属于上文。"[5]指出了颜师古
于此处的句读错误。又如黄溍指出汉文帝纪年有"后元"，景帝有"中元""后
元"，他提到葛胜仲的设问："谓之后，则疑若有极，乃不讳避，何耶？"关

1　班固：《汉书》卷六五《东方朔传》，北京：中华书局，1962年，第2866页。

2　班固：《汉书》卷二三《刑法志》，北京：中华书局，1962年，第1079页。

3　班固：《汉书》卷二三《刑法志》，北京：中华书局，1962年，第1080页。

4　李冶：《敬斋古今黈·逸文一》，刘德权点校，北京：中华书局，1995年，第160页。

5　黄溍：《日损斋笔记·辩经》，上海：商务印书馆，1937年，第9页。

于"后元"的记载方式，庆元本《汉书·文帝纪》中宋祁曾有相关注文，认为"天子更始为元年而不著后字……史家追书后字以别初元"[1]。黄潜关于这一问题则引用《两汉刊误》中的说法："元鼎四年方得宝鼎，无缘先三年而称之。……自元鼎以前之元，皆有司所追命也。"在此认识基础上，黄潜推断："所谓中元、后元者，岂亦后来之追命乎？宜其无所讳避也。"[2]也许是出于当时客观条件所限，黄潜无缘看到庆元本《汉书》中的宋祁校语，但他根据《两汉刊误》中的相关言论进行分析，所得结论与宋祁大致相同。

宋元笔记当中就《汉书》用字展开的考订还有很多。如程大昌（1123—1195），字泰之，在他撰写的史料笔记《程氏考古编》《程氏续考古编》中均对《汉书》文本有所考辨，其中专设有"《史记》语为《汉书》所更"条做具体校勘；吴曾撰写《能改斋漫录》，在《辨误》篇作"羽林名军"条，引《晋书·天文志》"羽林四十五星，在营室南，一曰天军，主军骑"的记载，指出《汉书》颜师古注提到的"如羽之疾，如林之多"或"羽所以为主之羽翼"[3]均不准确；魏了翁的《古今考》，前半部分主要摘录《汉书》记载，同时加入作者对相关文本的考订言论。

其次，是对《汉书》所载史事加以考证。王观国于《学林》中指出："《前汉·高祖功臣侯年表》实百三十有七人，而《表》作百四十有七人，班固误也。周吕、建成二人在外戚，羹颉、合阳、沛、德四人在王子侯，实百四十有三人，班固作百五十有三人，误也。"[4]就《汉书》表中人数统计与实际记载人数的出入，王观国进行了订正，显现出他对《汉书》文本的严谨态度。邵博于《邵氏闻见后录》中考证《汉书》记载史事，也有从合理推断的基础上做出判断，如他说："《汉书·郊祀志》：武帝自三月出行封禅，又并海至碣石，又巡辽西，又历北边，

1 班固：《汉书·文帝纪》，南宋庆元元年（1195）刘元起刻本，北京：北京图书馆出版社，2006年，第18页b。

2 黄潜：《日损斋笔记·辩经》，上海：商务印书馆，1937年，第9页。

3 吴曾：《能改斋漫录》卷五《辨误》"羽林名军"条，郑州：大象出版社，2013年，第102页。

4 王观国：《学林》卷三，北京：中华书局，1988年，第99页。

又至九原，五月还甘泉，仅以百日行八千余里，尤荒唐矣。"[1]在邵博看来，以西汉当时的条件，"百日行八千余里"的记载是十分荒唐的。

洪迈所撰《容斋随笔》，是南宋时期极富代表性的史料笔记。洪迈对《汉书》记载的史事进行具体考订，如他对《汉书·苏武传》的记载发表了以下看法：

> 案武本传云："（苏武）奉使初还，拜为典属国，秩中二千石。昭帝时，免武官。后以故二千石与计谋立宣帝，赐爵。张安世荐之，即时召待诏，数进见，复为典属国。"然则豫定策时，但以故二千石耳。而《霍光传》连名奏昌邑王时，直称典属国，宣纪封侯亦然，恐误也。[2]

洪迈引用《汉书·苏武传》，指出苏武出使匈奴，之后回朝，皇帝任命他为典属国，秩禄为二千石，后至汉昭帝时被免官。所以苏武拥立汉宣帝即位时是秩禄二千石，被赐予侯爵。在这之后，张安世举荐苏武，经过多次觐见宣帝，苏武才又恢复其典属国的官职。基于这样的历史事实，《汉书·霍光传》记载霍光和苏武二人上奏，希望不要立昌邑王为帝，这时仍将苏武称为典属国，《霍光传》中这样的说法与《宣帝本纪》记载苏武于此时封侯也是矛盾的。洪迈以《汉书》前后文相本校互证，指出其史事记载方面的抵牾，他对史事考证的态度极其严谨，认为《霍光传》的记载"恐误也"。

李冶在《敬斋古今黈》中考证《汉书》的记载，指出颜师古注的讹误。《汉书·李广传》详细记载了李广于元狩四年（前119）随大将军卫青与匈奴作战的过程。在知晓匈奴单于的位置后，卫青命李广从东路迂回，而李广想充当前锋而推辞。卫青令长史"封书与广之莫府"使李广从命。作战过程中，李广迷失了道路，

1　邵博：《邵氏闻见后录》卷一〇，北京：中华书局，1983年，第75页。

2　洪迈：《容斋随笔》之《容斋四笔》卷一六，北京：中华书局，2005年，第820页。

未能取得战果，随后长史"急责广之莫府上簿"[1]，让李广前去听审。在这段记载中，"之莫府"先后两次出现，颜师古注称"之，往也。莫府，卫青行军府"[2]。李冶指出颜说有误："此二事耳，俱非使广亲往大将军府也。莫府虽将军所居，其下诸校尉并参佐等皆得言之。"李冶分别对两个"之莫府"展开分析："此广之莫府，谓李广之莫府也。若以'之'为往，以'莫府'为卫青莫府，则何为曰急诣部如书也？其下文'长史急责广之莫府上簿'，其意与此不殊。"[3]李冶认为，正因为第二个"莫府"也是指李广的莫府，李广才会说："诸校尉亡罪，乃自我失道，吾今自上簿。"[4]李冶通过对《汉书》记载的仔细分析，订正了颜师古关于"之莫府"一事的解释。黄溍在《日损斋笔记》中也对《汉书》所记史事有所考证，并且注意到与近代史事相联系。《汉书·游侠传》中记载"茂陵守令尹公"，颜师古认为这一任命"未真为之"[5]，元代一些学人认为这与宋代的"权行试守"类似。黄溍则引用《游侠传》下文"一旦真令至，复单车归为府吏"[6]的记载，指出："若夫权行试守，皆正除之官，特以是别资序之崇卑而已。"[7]而尹公可能归为府吏，实际上更类似于宋代所说的"时暂权摄"。黄溍对"茂陵守令尹公"这一记载的考察，其考证富有时代感，便于时人结合当时的政治、社会情况理解《汉书》原文。

宋元史料笔记关于《汉书》文本的考辨内容十分丰富，这是宋元学人对笔记补史价值认识增强的结果，但限于笔记体的约束，这些言论分布零散，类型驳杂，不具有系统性，但这恰恰说明宋元学人在日常读书、治学过程中对《汉书》

1　班固：《汉书》卷五四《李广传》，北京：中华书局，1962年，第2448页。

2　班固：《汉书》卷五四《李广传》，北京：中华书局，1962年，第2449页。

3　李冶：《敬斋古今黈》卷六，刘德权点校，北京：中华书局，1995年，第76页。

4　班固：《汉书》卷五四《李广传》，北京：中华书局，1962年，第2448页。

5　班固：《汉书》卷九二《游侠传》，北京：中华书局，1962年，第3717页。

6　班固：《汉书》卷九二《游侠传》，北京：中华书局，1962年，第3718页。

7　黄溍：《日损斋笔记·辩经》，上海：商务印书馆，1937年，第10页。

文本的重视。

二、以金石材料与《汉书》文本互证

两宋时期，崇尚三代礼法的风气使这一时期成为中国历史上制造仿古青铜器的高峰，自官府至民间都对古代器物十分喜爱。宋真宗时，朝中关于出土器物的真伪产生争论[1]，客观上促使金石学逐渐兴盛。"汉书学"家刘敞首开金石考证，撰成《先秦古器记》，他提道"以他书参之，乃十得五六"[2]，已经注意到以金石材料与经史记载相互参考的研究方法。至宋徽宗时，皇帝对金石器物的喜爱促使金石学在社会中流行，叶梦得于《避暑录话》中称："宣和间，内府尚古器。士大夫家所藏三代秦汉遗物无敢隐者，悉献于上。而好事者复争寻求，不较重价，一器有值千缗者。礼之所趋，人竞搜剔山泽，发掘冢墓，无所不至。"[3]南宋时期，金石学已为社会民众所广泛接受，南宋时期的仿古青铜器大都出自民间仿制。这种风气影响到金元社会中的士人阶层，如金代"曹恒君章，应州人……好收古人书画、器物"[4]。元好问（1190—1257）的家族也有收藏金石的喜好，他于《故物谱》回忆说："铜碌两小山，以酒沃之，青翠可摘，府君部役时物也，风字大砚，先东岩君教授乡里时物也。铜雀研，背有大钱一，天禄一，坚重致密，与石无异，先陇城府君官冀州时物也。"[5]元代金石学家朱德润（1294—1365）撰有《古玉图》，为中国历史上第一部考察玉器的金石学专书。此外，元代还有潘昂霄撰《金石例》，这是历史上第一次就碑版问题展开的专门研究；迺贤（1309—？）撰有《河朔访古记》，考察河朔一代的遗迹、碑刻，他亲自

1　赵明诚：《金石录校证》卷一一《瓿铭》，金文明校证，桂林：广西师范大学出版社，2005 年，第 199 页。

2　刘敞：《先秦古器记》，《公是集》卷三六，《文渊阁四库全书》1095 册，台北：台湾商务印书馆，1986 年，第 715 页

3　叶梦得：《避暑录话》卷三，上海：上海古籍出版社，2012 年，第 144 页。

4　刘祁：《归潜志》卷三，北京：中华书局，1983 年，第 29 页。

5　元好问：《故物谱》，《金文最》卷一一八，北京：中华书局，1990 年，第 1692 页。

大量走访，注重实地考察，推动了金石学研究方法发展。这些例子都可反映出金石学在宋元社会中的流行情况，这种风气成为宋元学术史上的一个特色。

在宋元时期的金石学研究专书中，显现出浓厚的以金石材料与史书记载互证的意识。欧阳修曾说"《集古录》又因得与史传相参验，证见史家阙失甚多"[1]。赵明诚也提到在研究过程中应该"考其异同，参以他书"[2]，史书便是重要的参考资料："余每得前代名臣碑版以校史传，其官阀岁月少有同者，以此知石刻为可宝也。"[3]赵明诚认为："史牒出于后人之手，不能无失，而刻词当时所立，可信不疑。"[4]虽然此处"可信不疑"的结论略显片面，但这无疑反映出赵明诚对金石材料证史的重视。从"汉书学"角度来看，金石学研究与《汉书》记载关系密切，如元代学者逎贤《河朔访古记》中考察冯乐陵的情况，就参考了《汉书·外戚传》中冯昭仪的事迹，解释"冯乐"这一名字的由来。总体来看，宋元金石学研究与《汉书》文本的关系具体还有以下几种：以金石材料补《汉书》之阙。欧阳修在《集古录》中录有五凤二年（前56）制造的两件器物铭文，分别是《林华宫行灯铭》《莲勺宫铜博山炉下盘铭》，欧阳修说："林华宫，《汉书》不载。《宣帝本纪》云'困于莲勺卤中'，注云县也，亦不云有宫。盖秦、汉离宫别馆不可胜数，非因事见之，则史家不能备载也。"[5]他认为西汉有众多离宫别馆，林华宫、莲勺宫未在《汉书》中出现是非常正常的，如历史事件与某宫殿无涉，则史家不会特意记载。关于林华、莲勺二宫，《汉书》中不予记载，如不是依据金石材料，则后人无法知晓相关情况。

以金石材料佐证《汉书》记载。赵明诚在《金石录》中录有《平周金铜钲铭》，

1 欧阳修：《书简》卷五《与刘侍读书六》，《欧阳修全集》，李逸安点校，北京：中华书局，2001年，第2420页。

2 赵明诚：《金石录校证》，金文明校证，桂林：广西师范大学出版社，2005年，序第1—2页。

3 赵明诚：《金石录校证》卷一五《荆州刺史度尚碑》，金文明校证，桂林：广西师范大学出版社，2005年，第261页。

4 赵明诚：《金石录校证》，金文明校证，桂林：广西师范大学出版社，2005年，序第1—2页。

5 欧阳修：《集古录》卷一《前汉二器铭》，《欧阳修全集》，李逸安点校，北京：中华书局，2001年，第2086页。

此铜钲背文云："平定五年受圜阴。"[1]当时有士大夫质疑说考察"平定五年"这一年号在历史上并不存在。赵明诚则引用《汉书·地理志》的记载，指出"平周""平定""圜阴"皆为地名，而"五年"应是景帝以前还未有年号时的记载。赵明诚还进一步考证了颜师古关于"圜阴"的注文，颜氏认为："圜字本作圜，县在圜水之阴因以为名。王莽改为方阴，则是当时已误为圜。"但根据西汉时期制造的这一铜钲的铭文，应为"圜阴"无误，赵明诚不知颜师古说法的依据，判断颜氏"恐亦臆说也"[2]。由此可见，通过金石材料不仅能够佐证《汉书》记载的真实性，还可辨正前人观点的讹误。

以《汉书》记载质疑金石材料。《集古录》和《金石录》中均收录有《汉金乡守长侯君碑》，碑文记载其家族前人的基本情况："汉兴，侯公纳策，济太上皇于鸿沟之阨，谥曰安国君。曾孙酺，封明统侯。光武中兴，玄孙霸为临淮太守，拥兵从光武平定天下，转拜执法剌奸、五威司命、大司徒公，封于陵侯。"[3]欧阳修指出，执法左右剌奸、五威司命为王莽时期的官名，而碑文说是光武帝时的官名，而《后汉书·侯霸列传》并未记载侯霸担任过五威司命，且侯霸死后被追封则乡侯，与碑文中封陵侯的说法不符。碑文中的种种讹误使欧阳修断定"盖碑之谬"。赵明诚在此基础上结合《汉书》记载进行论证："按《高祖纪》，侯公说项羽归太公、吕后，乃封侯公为平国君。今此碑言'安国'既不同，而平国君乃生时称号，如娄敬为奉春君之类，碑以为谥，恐亦非是。"[4]依照《汉书·高帝纪》记载，侯公被封既非"安国君"，且这一爵位也非其谥号。此外，侯公曾孙的"明统侯"爵位亦不载于《汉书·功臣表》中。这些问题都让赵明诚对此碑文记载产生怀疑。

1　赵明诚：《金石录校证》卷一二《平周金铜钲铭》，金文明校证，桂林：广西师范大学出版社，2005年，第214页。

2　赵明诚：《金石录校证》卷一二《平周金铜钲铭》，金文明校证，桂林：广西师范大学出版社，2005年，第215页。

3　赵明诚：《金石录校证》卷一六《平周金铜钲铭》，金文明校证，桂林：广西师范大学出版社，2005年，第271页。

4　赵明诚：《金石录校证》卷一六《平周金铜钲铭》，金文明校证，桂林：广西师范大学出版社，2005年，第271页。

从以上几例可以发现，《汉书》文本是金石学研究倚重的材料，得益于金石材料作于当世、流传久远等特点，在一定程度上有补充《汉书》文本，佐证《汉书》所记史事的功能。宋元时期的"汉书学"风气促进了这一时期金石学研究方法的发展，而金石学研究中的有关《汉书》的内容也成为这一时期不能忽视的"汉书学"成就。

三、其他研究领域中的《汉书》文本考察

《汉书》中关于制度史和历史地理的记载，一方面大量出现于《汉书》志中，陈其泰指出，《汉书》的十篇志，在传统史学中历来被视为精华之作⋯⋯内容涉及诸多专门的学术领域。[1] 宋元学人对《汉书》十志的学术价值已有广泛的认识。在宋元时期的各类学术研究中，学人引《汉书》十志原文、注文作为其依据的情况十分常见，在经学研究、制度史研究、地理学研究、天文历法研究、文献研究方面所引均很频繁。这表明《汉书》十志作为制度史研究等领域的宝贵资料，已经广泛受到宋元学人的关注。另一方面《汉书》除志以外的部分对制度史也有不少涉及，宋末元初有学者李耆卿撰有《文章精义》[2]，其中提道："西汉制度散见诸传中，此是孟坚笔力。"[3] 说明欲考西汉制度，至少还应参考《汉书》纪传。宋元时期的一些学人在其著作中并不囿于单纯引用《汉书》文本，而是对其中一些问题展开了具体考察，并且有所发明。这在以引用《汉书》文本为主的制度史和历史地理研究中显现出新的特点：

（一） 考辨制度史的倾向

对《汉书》所记官制的驳正。官制是宋元学人制度史考证的一个重点。章

1　陈其泰：《对〈汉书〉十志的总体考察》，《汉中师院学报》，1993 年第 4 期。

2　李耆卿其事无可考，清代四库馆臣指出李耆卿可能为李涂，可备一说。当前有学者考察《文章精义》作者为李淦，袁茹：《〈文章精义〉作者、编者补考》，《安徽师范大学学报（人社版）》，2014 年第 3 期。

3　李耆卿：《文章精义》，刘明晖校点，北京：人民文学出版社，1960 年，第 69 页。

如愚，字俊卿，号山堂，南宋婺州（今浙江金华）人，庆元二年（1196）进士。在他撰写的《群书考索续集》中，就汉代"三公"的发展进行考察，指出班固在撰写《汉书》时的疏忽。《群书考索续集》引《周朱博议》说：

> 《汉书》多言丞相、太尉、御史大夫为三公而实非也。萧何创定官制初，不以此为三公，然其因秦置相国，犹有古者冢宰之余意。但当时不置三公，而此为朝廷极重官，其上无以加之者，故人多指丞相为三公而过呼耳。丞相一员而称为三公或御史过呼，盖知假借而呼耳，何武以一相不可兼三公之事？……自高后以王陵为太傅，当时朝臣建此议时，必知古者以三公为闲官，无职之义，故特置此以处陵耳。若不知此为古三公官，其将谓之何官以封陵乎？自成帝时，何武以今一相不可独兼三公之事请置三公官，则官职官名始乱，而丞相、御史始爵秩一同，而皆谓之为公耳。[1]

丞相、太尉、御史大夫为"三公"的说法在《汉书·百官公卿表》等处多次出现。以上材料大致梳理了西汉时期"三公"的发展过程，指出"三公"在西汉建国之初仅是对丞相的尊称。通过参照《汉书·王陵传》记载明升王陵为太傅，实则夺其相权，也可知晓太傅应是闲职。自成帝时何武上疏请置"三公"，"三公"的含义便不明确了。关于西汉"三公"的沿革情况，宋元学人都非常重视，宋代时范祖禹、吕祖谦，元代学者朱礼等人皆对这一问题曾有过议论。范祖禹于《唐鉴》中指出西汉后期将大司马、司徒、司空视为"三公"不妥，因为这三个官职皆是古时"六卿"中的官员，故"三公"的设置"自汉以来失之矣"[2]。吕祖谦曾为《唐鉴》做注，他于注文中肯定了范祖禹的观点。元代学者朱礼在

---

1 章如愚：《群书考索续集》卷三〇《官制门·三公》，扬州：广陵书社，2008 年，第 1050 页上。

2 范祖禹：《唐鉴》卷二《高祖下》，上海：商务印书馆，1937 年，第 9 页。

前辈学人研究的基础上进一步总结："武帝罢太尉而置大司马，成帝改御史大夫而置大司空，未几，复罢大司空而置御史大夫。哀帝又改丞相为大司徒，改御史大夫为大司空，而大司马之职终汉世不改。"他认为，汉武帝、成帝、哀帝频繁改动"三公"官职名称，"前汉三公之名不正，汉官因于秦旧视古舛驳，而三公之名尤为甚焉"[1]。宋代学人对三代制度的追求使他们对汉代官制产生了强烈的兴趣，对于《汉书》称丞相、太尉、御史大夫为"三公"的说法予以详细的考证说明。

以《汉书》记载考西汉兵制的研究方法。《汉书》无兵志，至宋代所修撰的正史，也未有以兵志专作为志书一门。那么西汉兵制从何知晓呢？章如愚在其所撰类书《群书考索续集》中提道："或曰班固不志兵，止于《刑法志》略言其端者，讥汉不能复古也。然用兵之法则见于《艺文志》，掌兵之职则见于《百官表》，养兵之具则见于《食货志》，盖汉史事多互见，非若后世悉为之目。"[2]章如愚否定了时人认为《汉书》缺兵制记载的观点，并提出了颇具指导意义的研究方法，即基于《汉书》史事互见的特点，从志、表部分进行考察。章如愚运用此法，于下文进行了西汉兵制研究的尝试。首先，"用兵之法"。章如愚说："《艺文志》有张良韩信删次要，用三十五家后为诸吕所盗。至武帝时，杨仆捃摭遗逸，纪奏兵录成帝时，任宏撰次兵书分为四种。与夫将之用兵其变态百出，则见于信越程李卫霍等，此皆汉世用兵之法也。"[3]章如愚大体引用《汉书·艺文志》兵家类小序的内容，指出从这些兵书中可以窥得汉代将领的用兵之法，至于在实际战斗中的种种情形，要从纪传中关于韩信、彭越、程不识、李广、卫青、霍去病等名将用兵的记载具体考察。其次，是"掌兵之职"。章氏参考《汉书·百

1　朱礼：《汉唐事笺》卷一"三公"条，南京：江苏古籍出版社，1988年，第2页b。

2　章如愚：《群书考索续集》卷四一《兵制门·汉兵》，扬州：广陵书社，2008年，第1112页下。

3　章如愚：《群书考索续集》卷四一《兵制门·汉兵》，扬州：广陵书社，2008年，第1112页下—1113页上。

官表》和本纪中记载韩信为大将、曹参为步将、灌婴为骑将、周勃为太尉等具体信息，此外，"郡国有材官骑士，有楼船；边郡有守将都尉，有校尉都护"[1]。这些都是西汉掌管兵权之官的资料。再次，是"养兵之制"。章如愚列举《汉书·食货志》及相关纪传中的史事，指出汉高祖、景帝时期十五税一，司农诸仓分布于郡国，算赋、卒更、平价等制度于郡国施行；至武帝四处征伐"免亡秦之祸者，惟算商车，惟算缗钱，惟榷酒酤，惟榷盐铁，作币造金以赡用，卖爵赎罪以入粟，朔方六郡广开田官，以屯田六十万人，而民田租税实未尝加多也"[2]。这些相关的经济制度，都是与西汉养兵有密切关系的。章如愚总结历代之用兵、掌兵、养兵制度必须参考"韩信之诈、汉武之侈、汉法之刻"所带来的经验教训。

南宋偏安江南，其军事形势较之于北宋时期显得更加严峻，故南宋时期的学者注重从历代兵制发展的历史中汲取经验，以期强兵强国。本书第三章提及南宋时钱文子撰《补汉兵志》一卷，成为流传至今的研究汉代兵制的第一部专书，其序言中就明确提道"稍取汉制，斟酌剂量，参而行于今日，以救其极敝"[3]，《补汉兵志》的研究方法，实际上与章如愚的阐发如出一辙。此外，南宋时陈傅良还撰有《汉兵制》一卷（已佚），建安人王珌撰《两汉兵制》一卷（已佚），这充分说明南宋学人已注意到《汉书》无兵志而给汉代历史研究带来的种种不便，进而进行补作。自此以后，兵志于正史中的重要作用更加为元代学人所重视，元修《宋史》中有《兵志》共十二卷，《辽史》设《兵卫志》，《金史》亦设《兵志》。章如愚参考《汉书》记载考察西汉兵制，他从方法论角度展开的阐述是为这一领域首创。这种研究方法在元代为马端临所承袭，《文献通考》专设《兵考》十三卷，其中关于汉代兵制的考察就广泛援引《汉书·百官表》《刑法志》

1　章如愚：《群书考索续集》卷四一《兵制门·汉兵》，扬州：广陵书社，2008年，第1112页下。

2　章如愚：《群书考索续集》卷四一《兵制门·汉兵》，扬州：广陵书社，2008年，第1113页上。

3　陈元粹：《补汉兵志序》，钱文子：《补汉兵志》，《文渊阁四库全书》第663册，台北：台湾商务印书馆，1986年，第484页。

《武帝纪》《东方朔传》等记载，同时马端临以"章氏曰"的形式将章如愚关于汉代兵制的观点加以吸收。以上所举，都显现出宋元学人对西汉兵制的关注，以及对西汉兵制研究方法的损益。

关于《汉书》所记律制的争论。宋元学人认为研究《汉书·律历志》存在很大难度，元代学者王恽曾引许衡的说法："'古人看《汉书》皆有传授，不然有难晓者。'岂律历天文之谓？"[1]宋代有过多次关于律制的争论。北宋时期，司马光与范镇交好，司马光死后，范镇还为之作墓志铭。司马光（1019—1086），字君实，号迂叟，夏县（今山西夏县）人。范镇（1007—1088），字景仁，华阳（今四川成都双流）人。但二人曾在考察《汉书》所记律制时针锋相对，往来书信辩论达数万言。马端临于《文献通考》中大致整理辑录了二人书信的言论。司马光与范镇在律制方面争论的焦点在于《汉书·律历志》是否有脱误，这一差别直接影响到黄钟律的制定。《汉书》中记载长度单位的制定方法："度者……本起黄钟之长。以子谷秬黍中者，一黍之广，度之九十分，黄钟之长。一为一分。"[2]即横排九十粒黍为黄钟律管长度。而范镇主张以所谓古本《汉书》的记载为准："蒙示房生尺法，云生尝得古本《汉书》云，度起于黄钟之长，以子谷秬黍中者，一黍之起，积一千二百黍之广，度之九十分。黄钟之长，一为一分。今文误脱'之起，积一千二百黍'八字，故自前世以来，累黍为尺，纵置之则太长，横置之则太短。"范镇认为《汉书》脱误"之起，积一千二百黍"八字，否定了前代制定度的方法，认为应以一千二百粒黍填于竹管中作黄钟长度，再经等分为度，这就上升到应是"以律制度"还是"以度制律"的问题。司马光批驳范镇的观点，一是质疑所谓古本《汉书》的真伪，

1　王恽：《玉堂嘉话》卷二，北京：中华书局，2006年，第54页。

2　班固：《汉书》卷二一上《律历志上》，北京：中华书局，1962年，第966页。

从文法的角度分析说："班孟坚之书不宜如此冗长。"[1]二是从逻辑上分析"以度制律"的可行性："今古律已亡矣，非黍无以见度，非度无以见律。律不生于度与黍，将何从生邪？"[2]他认为只有通过度反向推断，才有可能尽量还原古代之律。范镇则认为《汉书》存在脱误的可能，且《汉书》"先言本起黄钟之长，而后论用黍之法"[3]，自然应当是"以律制度"。司马光与范镇关于这一问题的反复争论各成一说，最终也无是非定论。南宋及元代学人都注意到他们的言论，并对此有所阐发。朱熹曾经提及《汉书》中的律制制定："《汉书》文不甚顺，又粟有大小，遂取中者为之。然下粟时顿紧，则粟又下了，又不知如何为正排，又似非是。"[4]朱熹认为《汉书》的相关内容虽然记载详细，但不得其要，使后人理解起来确有不少难处，无论是填黍于竹管，还是以黍粒排列，都有各自存在的问题。宋代时，人们已不通晓三代音律，故陷入"只凭器论造器"[5]的窠臼，朱熹评价司马光与范镇的争论毫无意义，说他们是"徒自如此争辨也"[6]。元代时，马端临于《文献通考》就二人的争论发表看法，他充分肯定古人"以律制度"的合理性，认为自古以来"律为万事本，度量衡皆由焉"。马端临指出即便是庸俗愚笨之人也能明白这一道理，但经过长期的发展，音律所发出的声音"或雅或淫，或和或乖，则虽贤哲之士不能遽晓"，故律制的制定变得尤其艰难。马端临认为随着历史的发展，难从古人"以律制度"之法，他说："四海九州观之，未有千里而同一度量衡者也；以古往今来观之，未有千年而同一度量衡者也……未有分寸不先定，而可以制律者。"[7]故他提出一种可行的办法，

1　马端临：《文献通考》卷一三一《乐考四》，北京：中华书局，1986 年，第 1171 页上。

2　马端临：《文献通考》卷一三一《乐考四》，北京：中华书局，1986 年，第 1171 页中。

3　马端临：《文献通考》卷一三一《乐考四》，北京：中华书局，1986 年，第 1171 页下。

4　黎靖德：《朱子语类》卷九二《乐古今》，王星贤点校，北京：中华书局，1986 年，第 2344 页。

5　黎靖德：《朱子语类》卷九二《乐古今》，王星贤点校，北京：中华书局，1986 年，第 2344 页。

6　黎靖德：《朱子语类》卷九二《乐古今》，王星贤点校，北京：中华书局，1986 年，第 2347 页。

7　马端临：《文献通考》卷一三一《乐考四》，北京：中华书局，1986 年，第 1172 页中。

即先以黍粒制定分度单位，进而测定出三分的长度，依此选取直径为三分的竹管，再将一千二百粒黍填入其中，黍粒高度的十分之九便是黄钟律管的长度了。依照这种方法，马端临从根本上否定了司马光与范镇二人争论的必要性："何烦于《汉书》中增益八字以求合千二百黍之数乎？"[1]这是他重视从历史规律的角度审视制度发展，而不谨拘于《汉书》文本来考察西汉制度的表现。

司马光与范镇展开的关于律制的争论，从根本上看，是二人基于对三代古法相同追求下的不同观点之争，《汉书·律历志》在这场争论中扮演了重要的角色。从司马光和范镇的言论，以及之后朱熹、马端临有关此事的评价和观点中，都反映出这一时期"汉书学"研究关注制度史的倾向。

（二） 历史地理研究的发展

《汉书·地理志》《沟洫志》包含有丰富的历史地理资料。史念海先生指出，《汉书·地理志》在研究方法上迈进了一大步，不仅记载汉代地理，且兼及历代地理的沿革情况，这是班固的首创。[2]在宋元时期撰写的许多历史地理研究专书及地方志书中，都对《汉书·地理志》等记载有所参考，如宋代乐史撰《太平寰宇记》、欧阳忞撰《舆地广记》，元代王喜撰《治河图略》、赡思重订《河防通议》、于钦撰《齐乘》，都有大量记载直接引《汉书》原文。在宋元时期的"汉书学"研究中，时人对《汉书》记载所涉及的历史地理信息给予很多关注，洪迈就曾考察颜师古《汉书·地理志》注的讹误，"真定之肥垒，甾川之剧，泰山之肥城，皆以为肥子国，而辽西之肥如，又云'肥子奔燕，燕封于此'"[3]。洪迈指出颜师古将多个不同地点视为一地做注，对人们理解地理沿革产生很多

---

1 马端临：《文献通考》卷一三一《乐考四》，北京：中华书局，1986年，第1173页上。

2 史念海：《班固对于历史地理学的创建性贡献》，《中国历史地理论丛》，1989年第3期。

3 洪迈：《容斋随笔》之《容斋三笔》卷一，北京：中华书局，2005年，第433页。

困难。宋元时期的一些学者就《汉书》于沿革地理等方面存在的一些问题进行质疑并具体考察。

北宋历史地理学家欧阳忞撰写《舆地广记》，他的研究重视实地见闻，对于《汉书》记载黄河源头的说法加以驳斥。欧阳忞，生卒年不详，庐陵（今江西吉安）人，是欧阳修的族孙。《汉书·张骞传》提道："而汉使穷河源，其山多玉石，采来，天子案古图书，名河所出山曰昆仑云。"[1]《西域传》也提道："其河有两原，一出葱岭山、一出于阗。于阗在南山下，其河北流，与葱岭河合，东注蒲昌海。"[2]自此，大多数学人皆从此说，郦道元《水经注》中就援引《汉书》的观点。至唐代杜佑于贞元十七年（801）撰成《通典》，对班固之说有所怀疑，但并不为人广泛接受。欧阳忞同样对《汉书》所记持否定态度，他说："河水出昆仑，自古言者皆失其实。……班固所载张骞穷河源事，亦为臆说。"[3]欧阳忞分析西汉使者出使大夏时，见葱岭、于阗二河合流，注入蒲昌海（今罗布泊）后，水就不流动了，故以为水潜行于地下，最终南出积石山。欧阳忞批驳这种观点仅为个人的猜想，其实并没看到蒲昌海与积石山之间有河流通。欧阳忞在《通典》观点的基础上，进一步参考长庆二年（822）刘元鼎与吐蕃会盟时的实地见闻，说："河源东北直莫贺延碛尾隐。测其地，盖剑南之西。"[4]限于客观条件，欧阳忞自然也无法精确测定黄河源头，但他重视实地考察的记载，对《汉书》中所记的古已有之的广泛认识进行驳斥，显现出他对待《汉书》文本的严谨态度。马端临肯定欧阳忞的观点，指出《汉书》关于河源地点的观点"荒诞"，而欧阳忞辨析详细明了。

《淳熙三山志》是南宋时期梁克家编修的福州地方志，其中以《史记》记

1 班固：《汉书》卷六一《张骞传》，北京：中华书局，1962 年，第 2696 页。

2 班固：《汉书》卷九六上《西域传上》，北京：中华书局，1962 年，第 3871 页。

3 欧阳忞：《舆地广记》卷一六《陕西秦凤路下·同下州积石军》，成都：四川大学出版社，2003 年，第 461 页。

4 欧阳忞：《舆地广记》卷一六《陕西秦凤路下·同下州积石军》，成都：四川大学出版社，2003 年，第 462 页。

载比对《汉书》文本，从而订正《汉书》在地理记载方面讹误。梁克家（1127—1187），字叔子，晋江（今福建泉州）人。《淳熙三山志》参考《史记·东越列传》的记载，指出闽越、东瓯是为地名，"东越王"统辖这两地。建元三年（前138），闽越与东瓯之间爆发战争，东瓯自此内迁至江淮之间。《汉书·武帝纪》中记载令东瓯内迁的诏书作"东越险阻反复，为后世患，迁其民于江、淮间"[1]。梁克家指出，实际上东越应当是闽越和东瓯的合称，故自"班固《汉书》用迁之文，乃以'东瓯请举国徙中国'，改为'东越请举国徙中国'。其名始不辨矣"[2]。

元代学者迺贤则注重亲自进行实地考察，与《汉书》之说比对分析，推断当时的历史情况。迺贤于《河朔访古记》记载他行至临漳县南十五里，邺镇以西名为蔡村的村落，村旁有河流被乡里称为漳河。在考察漳河流域情况后，迺贤指出，《汉书·沟洫志》记载战国时魏襄王倡议臣下学习西门豹，而史起指摘西门豹对漳河不予利用。故襄王派遣史起为邺县令，修筑河渠以造福当地。《史记》则记载西门豹引漳河灌溉颇有功绩。迺贤在考察当地的实际情况后，认为"豹尝凿渠，而后湮废，至起绍修"[3]，肯定了二人于此的功绩。

从宋元时期"汉书学"的研究视野来看，这一时期学人对《汉书》所涉及的制度史与历史地理情况十分重视。同时，在引用《汉书》文本佐证自己观点的基础上，许多学者对《汉书》文本及其观点显现出很强的质疑精神。

小 结

《汉书》文本为历代学人所重视，宋代以前所涌现出的诸多以音义和集注

---

1 班固：《汉书》卷六《武帝纪》，北京：中华书局，1962 年，第 190 页。

2 梁克家：《淳熙三山志》卷一《地理一》，《宋元方志丛刊》第 8 册，北京：中华书局，1990 年，第 7793 页上。

3 迺贤：《河朔访古记》卷中，《文渊阁四库全书》第 593 册，台北：台湾商务印书馆，1986 年，第 37 页。

为主的研究成果，表明学者们的学术视野多集中在对《汉书》文本的解释层面。至宋元时期，学人对《汉书》文本的考订与《汉书》记载之间，在校勘《汉书》版本这一实践的基础上形成主观与客观的统一。北宋早期《汉书》版本不佳，以及其后各种《汉书》版本中的讹误，成为宋元时期学人展开《汉书》文本考订的契机，这些考订研究不独解决《汉书》刻本中的错讹，而且也解决了许多前代《汉书》文本研究的问题。诸多关于《汉书》文本的研究，使《汉书》这部非人教授而不能习读，颇具理解难度的史书，成为许多士人的最爱。此外，社会经济的恢复以及雕版印刷技术的发展，与宋元文化中的"汉书学"风气相互促进，类似《汉书》这样易得且畅销的历史著作，使宋元时期书贾的资本原始积累，以及进一步扩大规模成为可能。在此基础上，为进一步增强《汉书》的可读性，出现附有宋人《汉书》注文的版本，一定程度上刺激了社会上士人阶层的购买欲望，客观上也为当时及其后的学人进一步理解《汉书》原文内容、校正文本及历代注文提供了宝贵的材料。宋元时期学人对《汉书》文本深入挖掘，尽其所能还原《汉书》记载的本来面貌，订正《汉书》文本解释方面的种种问题，一定程度上还保证了这一时期制度史、历史地理等其他学术领域研究中援引《汉书》内容的准确性。综上所述，这方面研究的相关成果在宋元时期的"汉书学"中是不容忽视的。

第六章
关于《汉书》编纂的讨论

　　两宋时期史学批评繁荣,这一时期,"学人对史学批评有浓厚的兴趣,史学家、思想家、目录学家纷纷提出了一些有价值的史学批评的理论和方法,对推动史学和史学批评的发展产生了积极的影响"[1]。金元学人在这种风气的影响下也显现出明显的史学批评意识。宋元时期学人在订正《汉书》文本的基础上品评《汉书》,各类历史资料中有很多就《汉书》编纂展开的史学批评言论,其侧重角度不尽相同,这一时期的"汉书学"中,明显反映出学人史学批评意识增强的趋势。

第一节　由《汉书》"体要"展开的批评

一、"会通"思想与断代为史的矛盾

　　"《汉书》创造了反映一代皇朝史事的历史撰述形式……成为历代纪传体皇朝史的楷模。"[2]早在东汉,荀悦撰《汉纪》时就曾提到在《汉书》的基础上"乃作考旧,通连体要,以述《汉纪》"[3]。宋元学人对史书的"体要"亦非常关注,金元之际,李冶明确指出:"为言不难,而文为难;为文不难,而作史为最难。史有体有要,体要具而后史成焉,体要不具而徒文之骋。"[4]他简明扼要地指出"体要"于统领历史撰述方面的重要意义。马端临也曾评价《资治通鉴》"著述自有体要"[5]。宋元学人由史书"体要"而展开的讨论,显现出这一时期史学批评发展的活力[6],这种活力在"汉书学"中有明显的反映。依笔者拙见,在宋元"汉

1　瞿林东:《中国史学史纲》,北京:北京师范大学出版社,2010年,第257页。

2　瞿林东:《中国史学史纲》,北京:北京师范大学出版社,2010年,第124页。

3　荀悦:《汉纪·后序》,《两汉纪》上册,张烈点校,北京:中华书局,2002年,第547页。

4　李冶:《敬斋古今黈·逸文一》,刘德权点校,北京:中华书局,1995年,第162页。

5　马端临:《文献通考自序》,《文献通考》,北京:中华书局,1986年,第3页上。

6　瞿林东:《中国古代史学批评纵横(增订版)》,重庆:重庆出版社,2016年,第114页。

书学"的研究范围中，学人所言的史书"体要"至少包含两方面的内涵：其一，是指史书的体裁、体例，这是建立在对史书外部结构基础上的认识，即关于纪传体、编年体史书的不同见解。其二，是对史书内容及其撰写思想方面的认识，如从历史编纂思想方面审视《汉书》"包举一代"的特点等。这里，我们先就宋元学人的"会通"思想与《汉书》断代为史的互动展开讨论。

中国古代史学史上，"会通"思想广为历代史家所重视，西汉时，司马迁明确提出"究天人之际，通古今之变，成一家之言"[1]。中唐杜佑撰成《通典》二百卷后，再到元初，这段时期成为中国古代史家在历史编纂中践行"会通"思想的高峰期。众多史家从不同的社会历史侧面，把"会通"思想这一着眼于宏观考察社会历史变化的历史观念发展到新的境界[2]。以宋元时期来看，北宋时司马光撰成《资治通鉴》，南宋时郑樵撰《通志》、袁枢撰《通鉴纪事本末》，元初马端临撰成《文献通考》，都是"会通"思想于宋元史学思潮中的具体反映。而《汉书》这部首开纪传体断代史，为后代皇朝正史修撰提供范例的巨著，在宋元时期经受了"会通"思想影响下史学批评的考验。这种趋势反映在宋元"汉书学"当中，成为这一时期"汉书学"的一个显著特点。

《资治通鉴》的撰写伴随着强烈的政治鉴戒目的。欲使为君者从整个历史发展的大势中"有资于治道"，客观上就要求《资治通鉴》成为一部通史。这时宋代以前的正史皆已完备，有不少历史资料可供撰史者参考。司马光从历代史书中选取"关国家兴衰，系生民休戚，善可为法，恶可为戒"[3]的内容进行编撰，并未从"会通"的角度对《汉书》进行指摘。至南宋郑樵撰成《通志》，情况则截然不同了。郑樵（1104—1162），字渔仲，莆田（今福建莆田）人，世称

---

1 班固：《汉书》卷六二《司马迁传》，北京：中华书局，1962年，第2735页。

2 瞿林东：《会通思想与历史编纂——论中国古代史学的一个特点和优点》，《史学月刊》，2010年第11期。

3 司马光：《进〈资治通鉴〉表》，《资治通鉴》，北京：中华书局，1956年，第9607页。

夹漈先生，他于《通志总序》中对班固断代为史的做法进行了十分严苛的批评。郑樵认为自《春秋》之后，只有《史记》称得上继承了上古史法，"不幸班固非其人，遂失会通之旨。司马氏之门户，自此衰矣"。他指出《史记》史法衰落的最重要原因就是班固失掉了"会通之旨"。同时，班固从通史角度贬抑司马迁的言论也令郑樵十分不满，郑樵认为："（班固）谓汉绍尧运，自当继尧，非迁作《史记》厕于秦项，此则无稽之谈也。由其断汉为书，是致周秦不相因，古今成间隔。"他指出"汉绍尧运"的说法是无稽之谈，以"会通"的角度看，阙书秦代历史造成了历史记载的断裂。郑樵在此基础上还进一步阐述班固之父班彪著史的意图，认为："善学司马迁者莫如班彪，彪续迁书自孝武至于后汉，欲令后人之续已如已之续迁，既无衍文，又无绝绪，世世相承，如出一手，善乎其继志也。"[1]这里郑樵阐述班彪的"会通"意识，指出班彪撰写汉代历史，其目的就是能在内容上接续《史记》，以期后人能够不断在前人著史的基础上进行补作，从而使历代史书上接前世而代代相传，班固不明白这一道理，使这种通史发展的趋势戛然而止。当然，郑樵这种通史编撰的设想仅是基于他"会通"思想认识基础上的愿望，从历史进程的发展来看，中国古代历史上皇朝更迭不断，同时往往出现有多个政权并立的复杂局面，历代正史以郑樵这种设想进行编撰也必然是难以实现的。郑樵的观点一出，不久便受到了其同乡好友陈宓的关注。在《郑樵通略序》中，陈宓说："及取历代史始自三皇迄于隋季，总而名之曰《通志》，首陈班固断代作史之失，其间又有二十略贯通，人间所未见。"[2]陈宓虽未对郑樵批评班固的说法发论，但他在称扬《通志》价值时，特别将郑樵"首陈"班固断代为史之失与首创二十略相提并论，至少说明郑樵批评班固的种种言论受到了当时一些士人的注意。

1　郑樵：《通志总序》，《通志》，北京：中华书局，1987年，第1页中。

2　陈宓：《郑樵通略序》，《古今考》附，《文渊阁四库全书》第853册，台北：台湾商务印书馆，1986年，第120页下。

马端临对"会通"思想也有直接的表述,他在《文献通考自序》中明确提及"典章经制,实相因者也"[1]。《文献通考》中田赋、户口、国用、宗庙等十八个门类"俱效《通典》之成规"[2],自《通典》的记载下限起,即唐天宝年间(742—755)之后,至南宋嘉定末年的情况,则"续而成之",这是"会通"思想在马端临历史撰写过程中的反映。《文献通考自序》中对《汉书》断代为史稍有批评,马端临认为:"自班孟坚而后,断代为史,无会通因仍之道,读者病之。"[3]马端临对《汉书》的评价似与郑樵相同,但他将郑樵所言的"会通之旨"进一步表述为"会通之道"。对比这两种说法,仅一字之差,但从其内涵来看,"会通之旨"侧重的是通史撰述的意旨、思想,而"会通之道",可以说将"会通"视为史书编撰的一种规律、准则。马端临对班固断代为史的批评较之于郑樵缓和许多,且对《汉书》体例还有所褒扬,但仅从"会通"思想的实践来看,马端临则是从根本上否定了断代为史的方法。

宋元时期,是中国古代史学史上"会通"思想集中突显的一段时期。以郑樵、马端临为代表的宋元史家对班固"究西都之首末,穷刘氏之废兴,包举一代,撰成一书"[4]的撰史方法进行批评。然而,无论是郑樵还是马端临,都无法撼动正史断代修撰的原则,故他们从典志体史书的实践落实"会通"思想的要求。综观宋元学人由"会通"思想对《汉书》展开的批评,是有一定道理的,这种风气推动了这一时期的通史撰写,显现出宋元史学的发展活力,使得更多学人注意到《汉书》断代为史存在的问题。实际上,我们由《汉书》记载也可窥得班固在"会通"思想方面的某些内在表现。刘家和指出,《汉书》的表、志充满通史精神,许多记载的断限已经超出西汉一朝的断代范围,故班固撰史

1　马端临:《文献通考自序》,《文献通考》,北京:中华书局,1986年,第3页上。

2　马端临:《文献通考自序》,《文献通考》,北京:中华书局,1986年,第3页中。

3　马端临:《文献通考自序》,《文献通考》,北京:中华书局,1986年,第3页上。

4　刘知几:《史通》卷一《六家》,浦起龙通释,上海:上海古籍出版社,2009年,第20页。

的自我期许是"横罗多重学术，纵贯古往今来"的，他所要呈现的西汉时期"文明的有机构成"，必然使《汉书》体现出通史精神。[1]

二、有关《汉书》体裁的认识

本书第三章论及南宋时期王益之感于编年体史书体裁的优点，从而将《汉书》改写为编年体，撰成《西汉年纪》。这种在肯定《汉书》史学价值的前提下，更加倾向于编年体史书的思想在宋元时期并不少见。南宋末期的学者真德秀（1178—1235），字实夫，后更字为景元、希元，号西山先生，浦城（今福建浦城）人，他从史家眼光看待这一问题，他对有志于撰写史书的人说："自当深求《春秋》大义，而参之迁、固诸书，非此所能该也。"[2]他指出撰史首先要重视学习春秋笔法，同时再参考《史记》《汉书》的撰写方法。至元代，虽未像宋代有多部编年体史书出现，但受理学思想的影响，学人对编年体与纪传体史书关系的认识呈现出新的特点。元代学者袁桷（1266—1327），字伯长，号清容居士，鄞县（今浙江宁波）人，师从戴表元、王应麟。袁桷曾对班固承袭司马迁纪传为史进行批评："凡操史笔者，如班孟坚、范蔚宗诸儒，争相蹈袭是祖是式，而未有取法于《春秋》者焉，匪圣言宏远，匪常人所可拟其仿佛邪？自荀悦仿《左氏传》为《汉纪》，体制稍为近古，于是袁宏、孙盛之徒并为编年之书，而学者或忽而不习。"这里所说的"是祖是式"即指纪传体史书。袁桷虽然承认班固等史家以纪传体撰写历史的成就，但他认为荀悦曾撰《汉纪》，其体例与古史类似，其后又有袁宏、孙盛等史家撰写编年体史书，故圣人之言并不是难以模仿的，只是历代学者不重视编年体史书罢了。在袁桷看来："（《春秋》）褒善贬恶，特书屡书，至获麟而绝笔……沂平王而上，沿获麟而下，岂

---

1 刘家和：《论断代史〈汉书〉中的通史精神》，《北京师范大学学报（社科版）》，2012 年第 3 期。

2 真德秀：《文章正宗纲目·叙事》，《文渊阁四库全书》第 1355 册，台北：台湾商务印书馆，1986 年，第 6 页。

无可纪之事而绝不为书，是皆有深意存焉。……司马公编《资治通鉴》造端于周威烈王二十三年，系年叙事，历汉唐以终五代，勒成一家之言，渊乎博哉，此近代所未有也，其亦得圣人之意否乎？"袁桷认为孔子不记录周平王四十九年（鲁隐公元年，前722）之前的历史与获麟之后的历史是有其深意的，并以《资治通鉴》为例，说明近世以来学习春秋笔法的可行性，这就把关于史书体裁发展的问题完全归结为对孔子春秋笔法的承袭上。袁桷最终将以编年体撰写史书的目的上升到在纲常伦理的要求下"纂述万世之鸿规，敷阐无穷之丕绩"[1]，这说明在理学思想影响之下，一些元代学人已不太注重纪传体与编年体史书在史学范畴中的优劣，而仅以学习"圣人之意"的要求评判史书体裁。

宋元时期正史修撰的成就卓著，且在修撰过程中依然将《汉书》撰法奉为准的，但自北宋开始的仿效古史撰法的思想还是对"汉书学"产生了显著的影响。宋元学人关于纪传体和编年体史书的讨论，一定程度上影响了宋元"汉书学"发展的趋势，这一方面体现在宋元学人对《史记》《汉书》等纪传体史书的撰写方法提出质疑并进行批评；另一方面则体现在这一时期学人对编年体史书喜爱，催生出如北宋胡旦的《汉春秋》（已佚）、南宋王益之的《西汉年纪》、元代吕思诚的《两汉通纪》（已佚）等，以《汉书》记载为基础的西汉编年史著作。

三、关于《汉书》体例设置的探讨

《汉书》体例设置方式为历代史家所重视。表这一体例虽不是班固首创，但北宋时司马光编撰《国朝百官公卿表》，"叙宋兴以来百官除拜，效《汉书》作表，以便御览"[2]，明确提及《国朝百官公卿表》对《汉书》表体例的效法，可见《汉书》体例规范在史家撰史过程中的影响力。南宋时，洪迈也对《汉书》

1　袁桷：《会试策问》，《元文类》卷四六，上海：商务印书馆，1936年，第668页。

2　晁公武：《郡斋读书志》卷七《职官类》，孙猛校证，上海：上海古籍出版社，1990年，第320页。

体例设置比较重视，他将《史记》《汉书》的立传原则运用在本朝史的修撰上。淳熙十二年（1185）七月，时任通议大夫、兼同修国史的洪迈上疏说：

> 自到局之后，约略稽考，据院吏所具，除纪、志已进呈外，当立传者千三百人，其间妃嫔、亲王、公主、宗室几当其半，然家世本末、履历始终不可见者十而七八，必俟究得其实然后为书。诚恐日引月长，无由可毕，乞下本院许据只今所有事状依仿前代诸史体例，分类载述，不必人为一传。其内外臣僚或有官，虽显贵而无事迹可书，正如汉世刘舍、薛泽、许昌之徒，位至丞相，而司马迁、班固不为立传，于事亦无所阙。今来亦乞仿此，悉行删去。其未毕者，乞诏提举宰臣量立程限，责本院官并力修纂。[1]

洪迈作为史官，发现国史院撰修《四朝国史》[2]过程中存在的明显问题，即需立传数量过多，达一千三百人，其中宗室及外戚之传数量几乎达到总数一半，在这些人中，其十之七八的事迹都难以知晓，如此下去会大大拖慢修撰的速度。洪迈指出，西汉时期刘舍等人虽也曾担任丞相一类要职，但司马迁、班固都不为其立传，从史事记载的角度看并未使人感到有所断阙，故本朝史修撰应效法《史记》《汉书》的立传原则，将不必立传的篇目删去，还未编修的传则要慎重置立。此后皇帝同意了洪迈的建议，一年之后的八月，《四朝国史》几近完成，洪迈秉承谨慎立传的原则，将列传数量控制在八百八十篇。

《汉书》在继承《史记》体例设置的基础上有所损益，关于《汉书》在体例上的改动和设置，宋元学人表现出浓厚的兴趣。金代学者王若虚（1174—1243），字从之，号慵夫，金亡后自称滹南遗老，他对《汉书》类传设置的不

---

1 徐松：《宋会要辑稿》职官一八《国史院》，刘琳等点校，上海：上海古籍出版社，2014年，第3510页。

2 《四朝国史》即神宗、哲宗、徽宗、钦宗四朝之本朝史。

足进行批评。王若虚认为，历代正史中，如《循吏》《酷吏》《佞幸》等列传有惩恶劝善的作用，而像《游侠列传》则"几于无谓矣"，《货殖列传》则是"市井鄙人所为"，故不必浪费篇幅记载，他批评《汉书》说："班固徒讥迁之称述'崇势利而羞贱贫'，然亦不知其传之不必立也，是故袭而存之。"[1]王若虚认为班固仅从历史撰述对"势利"和"贱贫"的处理方式上批评《史记》，却不知道根本不必为商人这类人立传。王若虚的观点显然是带有偏见的，但反映出这一时期的学人对《汉书》体例设置原则的关注。

《汉书》在体例上对《史记》的一大改动在于改"世家"为"传"，同时对编目次序有所调整，宋元时期学人对这一问题比较关注。南宋学者魏了翁（1178—1237），字华父，号鹤山，蒲江（今四川蒲江）人，他记载友人的言论，对《汉书》体例设置进行批评："先友罗坚甫曾云：'班固去司马迁未久也，已不知《史记》书法。如《项羽本纪》在高帝前，《陈涉世家》在孔子后，皆有深意。……盖奋于钮挺，以亡秦者起于陈涉，项羽次之，高祖又次之……皆以灭秦而拯天下于涂炭故也。'今观坚甫所发明，则班固名陈胜而降为列传第一，名项籍而降为列传第二，是以成败论，而失史迁功过不相掩之笔多矣。"[2]魏了翁的友人罗坚甫从纪传设置次序的角度批评班固，他认为《史记》将《项羽本纪》置于《高祖本纪》前，《陈涉世家》置于《孔子世家》后，都蕴含了司马迁的史学思想。魏了翁在罗坚甫观点的基础上进行补充，指出班固在《汉书》中之所以分别降《陈涉世家》《项羽本纪》为列传第一、第二，借此批评班固是以个人成败评判其历史功绩。这些言论受到元代学者的重视。王恽（1227—1304），字仲谋，号秋涧先生，卫州（今河南卫辉）人。关于《汉书》对《史记》

1 王若虚：《滹南遗老集》卷一一《史记辨惑三》，北京：中华书局，1985年，第80页。

2 魏了翁：《鹤山集》卷一〇八《师友雅言上》，《文渊阁四库全书》第1173册，台北：台湾商务印书馆，1986年，第585页上—586页下。

纪、传体例的改造，他说：

> 余读宋儒论项羽纪、传不同说以谓迁之意。秦有天下五载而后楚，楚五载而后汉，方秦已亡，汉未立，天下莫有攸属，不可一日无君。况封建王侯政由羽出，舍羽孰主哉？作纪所以系天下五载之权也。立之传，班固意不过羽不可以抗汉，因断之曰皆非也，正以一史之体不得不然尔。在迁不得不纪，在固不得不传，设使固取迁而纪，是天有二日，民有二王也，其书将载之汉代之首乎？次于《高纪》之下乎？其为称号曰《楚史》乎？曰《汉史》乎？若以封建曰：项氏出五年，而后汉天下不可无君乃属之。羽曾不察，首入函谷者，高祖之义师也，授降轵道者，秦民之真主也，天命人心之属汉明已。……若又曰：固之意羽不可以抗汉，故传。而迁汉太史也，独可纪羽而肩汉乎？余故曰，子长之所以纪，笔削历代之史也，其意盖以历年相承不可中阙，犹存夫以月系时之法也。孟坚之所以传，先汉一代之史也。余故曰，二体有不得不然者矣，若宋儒之论恐求之太过耳。[1]

这里，王恽反驳罗坚甫、魏了翁的言论，他认为：第一，天下"不可一日无君"，而秦、楚、汉依次掌有天下之权，司马迁撰写《史记》时，尚受古史"以月系时"思想的影响，故从司马迁的角度来看，要在体例设置方面表现出历史发展的不间断性，就不得不设置《项羽本纪》；第二，班固撰写的是西汉一代历史，若是他为项羽撰纪，那么就是"天有二日，民有二王"了，这样在体例方面也会变得难以处置，所以班固也是不得不将《项羽本纪》改为《项羽传》。这样看来，王恽对宋儒观点的以上回应，实际上也批评了班固所言"（司马迁）私作《本纪》，

1　王恽：《秋涧集》卷四十五"迁固纪传不同说"条，《文渊阁四库全书》第1200册，台北：台湾商务印书馆，1986年，第588页下—589页上。

编于百王之末，厕于秦、项之列"的观点。王恽关于《汉书》纪、传体例设置的分析有比较丰富的理论依据，他以正统论的角度分析，肯定秦汉之际"政由羽出，舍羽孰主"的实际情况，肯定项羽在汉兴之前的历史地位。在这种前提下，王恽分别论述《史记》作为一部通史，以及《汉书》作为一部断代史在体例设置方面的必然性，一定程度上道出了《史记》《汉书》在纪、传方面处理方式不同的根本原因。

第二节　对《汉书》史料选择的商榷

一、"于节义事率多疏略"

范晔曾批评班固"其论议常排死节，否正直，而不叙杀身成仁之为美"[1]，宋元学人对史书褒贬功能的重视，使他们对《汉书》关于节义之事记载的疏略问题更为关注。南宋学者王楙（1151—1213），福清（今福建福州）人，字勉夫，号分定居士，撰有史料笔记《野客丛书》三十卷。王楙举例指出《汉书》在节义之事记载方面的不足："纪信诳楚而烧杀，不为立传；周苛骂羽而烹死，因《周昌传》略载。此固失矣。"[2]他列举纪信在荥阳之战中拒绝投降而被处以火刑，感叹纪信死节却在《汉书》中无传，而周苛留守荥阳城，最终被项羽烹杀，这样的事迹仅在《汉书·周昌传》中稍有提及，而至于出使匈奴的朱建之子，对单于的无礼进行指责，导致其身死他乡，就连名字都不曾记载了。这些历史人物和事件在王楙看来，都是"系风教之本，可以示劝激之义"的。基于这些认识，王楙批评《汉书》"于节义事率多疏略"[3]。

1　范晔：《后汉书》卷四〇下《班彪列传附传》，北京：中华书局，1965年，第1386页。

2　王楙：《野客丛书》卷一《班史略于节义》，上海：上海古籍出版社，1991年，第2页。

3　王楙：《野客丛书》卷一《班史略于节义》，上海：上海古籍出版社，1991年，第2页。

宋元时期，持上述观点的学者为数不少，有些人指摘班固不为逸民立传，王十朋则回应说："班固不立逸民、独行传者，盖以当时之士廉退者尚多，无贵乎逸民，行之全纯者犹众，无取乎独行，其不以是立传。"[1]他认为当时品行高洁的隐士太多，自然就难以立传了。王应麟则不同意这样的观点，他在《困学纪闻》中说：

> "成公者，成帝时自隐姓名，常诵经，不交世利，时人号曰成公。成帝时出游问之，成公不屈节。上曰：'朕能富贵人，能杀人，子何逆朕哉？'成公曰：'陛下能贵人，臣能不受陛下之官；陛下能富人，臣能不受陛下之禄；陛下能杀人，臣能不犯陛下之法。'上不能折，使郎二人就受《政事》十二篇。"班史逸其事。孟坚讥太史公之退处士，而不为逸民立传，是以有目睫之论。[2]

王应麟引用《高士传》中的记载，转述西汉名士成公面对汉成帝而不屈节的事迹，指出班固在著史时没有记载成公这样有节义的隐士，故班固对司马迁"序游侠则退处士而进奸雄，述货殖则崇势力而羞贫贱"[3]的评价是非常肤浅的。《高士传》的作者皇甫谧活跃于三国、西晋初年，所处的时代晚于班固所处的时代百余年，从史料掌握的可信程度来说，班固大体上应优于皇甫谧，而成公的事迹鲜见于除《高士传》以外的其他史籍。唐代史家刘知几评价《高士传》指出："马迁持论，称尧世无许由……其言谠矣。至士安撰《高士传》，具说箕山之迹。"刘知几认为，司马迁称尧时期没有许由这一人物，是令人确信的，《高士传》里却详尽记载了许由的事迹，他批评皇甫谧的做法背离事实，"舍真从伪，知

1　王十朋：《梅溪前集》卷一二《上舍试策三道》，《文渊阁四库全书》第1151册，台北：台湾商务印书馆，1986年，第213页上。

2　王应麟：《困学纪闻》卷十二《考史》，上海：上海古籍出版社，2008年，第1446页。

3　班固：《汉书》卷六二《司马迁传》，北京：中华书局，1962年，第2738页。

而故为，罪之甚者"[1]。这里，我们暂且不论班固对司马迁的批评有何不妥，也不论成公与许由事迹的真实性，刘知几所言至少说明《高士传》记载的真实性存在争议。王应麟以《高士传》的记载指摘《汉书》在史事选择上的疏略，显然是缺乏说服力的。元代学者白珽（1248—1328），字廷玉，钱塘（今浙江杭州）人，他曾提及《汉书》忽略为贤能之人立传。白珽认为，举荐贾谊的河南守吴公在当地善于治民，又识得贾谊这样的贤才，可以称得上是汉代循吏之首了，其事迹必然不是无迹可寻，《汉书》却不为之立传。当时，有人说："班氏见文帝时不是无循吏，不立传者，为不胜立也。"这令白珽难以信服，感叹撰史立传"谈何容易"[2]。

二、班固"不察"而《汉书》"脱略"

除疏于记载节义之事，宋元学人还对《汉书》关于重要史实记载的缺失非常关注。北宋时，苏轼就《汉书》中有关哀帝时丞相王嘉之事的记载疏略进行批评："汉仍秦法，至重。高、惠固非虐主，然习所见以为常，不知其重也，至孝文始罢肉刑与参夷之诛。景帝复挐戮晁错，武帝罪戾有增无损，宣帝治尚严，因武之旧。至王嘉为相，始轻减法律，遂至东京，因而不改。班固不记其事，事见《梁统传》，固可谓疏略矣。嘉，贤相也，轻刑，又其盛德之事，可不记乎？"[3]苏轼认为，刑罚轻重对国家发展有显著的影响，大体来看，西汉从高祖至宣帝时期的刑罚都是比较严苛的，哀帝时丞相王嘉减轻刑罚，这种趋势延续到东汉。关于王嘉减轻刑罚的事迹确仅见于《后汉书·梁统传》，《后汉书》中记载了梁统请求严肃法纪的上疏，其中提道："至哀、平继体，而即位日浅，听断尚寡，

1　刘知几：《史通》卷十七《杂说中》，浦起龙通释，上海：上海古籍出版社，2009年，第450页。

2　白珽：《湛渊静语》卷二，《文渊阁四库全书》第866册，台北：台湾商务印书馆，1986年，第308页下。

3　苏轼：《东坡志林》卷四《人物》"王嘉轻减法律事见《梁统传》"条，北京：中华书局，1981年，第88—89页。

丞相王嘉轻为穿凿，亏除先帝旧约成律。"《后汉书》李贤注中也说"案《嘉传》及《刑法志》并无其事，统与嘉时代相接，所引故不妄矣，但班固略而不载也"[1]。苏轼指出王嘉本就是贤相，减轻刑罚也是具备恩德的大事，班固却对此不予记载，可以说是《汉书》的"疏略"了。苏轼的看法是有一定道理的，《汉书》中设有《王嘉传》，而关于王嘉减轻刑罚的主张在《王嘉传》和《刑法志》中均未提及，后人只得间接由《后汉书》记载的梁统奏疏中了解当时的情况，这不得不说是班固在史事记载方面的一个疏忽。

北宋时的学者沈括（1031—1095），字存中，钱塘（今浙江杭州）人，撰有笔记《梦溪笔谈》，被英国学者李约瑟看作中国科学史上的里程碑[2]。《梦溪笔谈》关于古代中国科学、技术的记载闻名世界，在这部笔记中的《乐律》《权智》等篇，均有引用《汉书》记载的情况。关于《汉书》在史料选取方面的疏忽，沈括说：

> 韩信袭赵，先使万人背水阵……汉五年，楚汉决胜于垓下，信将三十万，自当之……用破赵之迹，则歼矣。此皆信之奇策。观古人者，当求其意，不徒视其迹。班固为《汉书》，乃削此一事。盖固不察所以得籍者，正在此一战耳。从古言韩信善用兵，书中不见信所以善者。余以谓信说高帝，还用三秦，据天下根本，见其断；虏魏豹，斩龙且，见其智；拔赵、破楚，见其应变；西向师亡虏，见其有大志。此其过人者，惜乎《汉书》脱略，漫见于此。[3]

沈括通过《史记》中关于韩信征战的记载，分析"背水一战"和垓下之战两次

1　范晔：《后汉书》卷三十四《梁统列传》，北京：中华书局，1965年，第1167页。

2　李约瑟：《中国科学技术史》第一卷《导论》，北京：科学出版社、上海：上海古籍出版社，1990年，第136页。

3　沈括：《梦溪笔谈》之《补笔谈》卷二《权智》，上海：上海古籍出版社，1987年，第950页。

战斗不同策略的运用，指出"背水一战"是为激励陈馀，从而提高部队士气，而垓下之战佯装溃败，则是结合当时情况的战术布置，从两次战斗的差别可看出"古人之意"。沈括指出，历代人都说韩信善于用兵，却不见其带兵的具体策略，须知从史书记载的具体史事中看到韩信"其断""其智""其应变"，而班固在撰写《汉书》时，却无法察知其中的深意，关于垓下之战的记载很是简略，这就是"徒视其迹"了。沈括的观点在南宋时期被一些学人接受，在楼钥的《班马字类序》以及王应麟的《困学纪闻·考史》中都有类似的表述。王应麟总结说："前辈谓班之于马，时有遗失，如'彘肩'之不言'生'……垓下之战，《史》载甚详，而孟坚略不及。"[1]王应麟的这些看法本于南宋楼钥为《班马字类》所作序，从《汉书·樊哙传》中记"彘肩"而不言其"生"，以及《汉书》对垓下之战记载的简略，似乎都是史文烦省的问题，然参考沈括的观点，便知《汉书》略记垓下之战令楼钥感叹"此是可遗邪"[2]的原因。沈括、楼钥、王应麟均是从采撰的角度，批评《汉书》在史事记载方面的"脱略"。

第三节　关于《汉书》褒贬标准的考察

一、对班固"薰莸浑殽"的批评

历代学人非常重视《汉书》的褒贬，关于这方面的史学评论数量很多。唐代史家刘知几就曾总结说："史氏自迁、固作传，始以品汇相从。……用使兰艾相杂，朱紫不分，是谁之过欤？盖史官之责也。"[3]这说明史家褒贬的标准决定着史书是否能够发挥惩恶劝善的作用。在宋元"汉书学"发展的背景之下，《汉

1　王应麟：《困学纪闻》卷十二《考史》，上海：上海古籍出版社，2008 年，第 1417 页。

2　楼钥：《班马字类序》，《班马字类》，《文渊阁四库全书》第 225 册，台北：台湾商务印书馆，1986 年，第 751 页下。

3　刘知几：《史通》卷七《品藻》，浦起龙通释，上海：上海古籍出版社，2009 年，第 172 页。

书》的褒贬为这一时期士人所重视，宋初的宰相王旦曾对皇帝说："如云志在《春秋》者，诚欲以褒贬笔削为终古诛赏之法，使乱臣贼子观而知惧。兹立教之深旨，为国家之大要。自司马迁为一家之书……惩劝之微旨在焉。班固而下不得其意，但词采而已。"[1]王旦非常看重史书当中的微言大义，认为这是树立教化、国家长治的重要保证，在他看来，《汉书》并未贯彻春秋笔法，仅仅是有工巧的文采罢了。欧阳修也认为，史家褒贬的恰当与否是衡量一部史书能否贯彻春秋笔法的重要标准，他曾批评《汉书》在褒贬方面的失当："班固不讥文帝之远贤，痛贾生之不用，但谓其天年早终。且谊以失志忧伤而横夭，岂曰天年乎！则固之善志，逮与《春秋》褒贬万一矣。"[2]在他看来，班固不曾讥讽文帝疏远贤能，反而仅说贾谊殒命太早，且将贾谊的抑郁而终称为"天年"，都是不合适的做法，认为班固所表现出的褒贬意识尚不及《春秋》褒贬之万一。宋元时期学人对《春秋》褒贬之义愈发重视，在这一时期的"汉书学"中，围绕《汉书》褒贬标准的史学批评言论随之大量增加。

所谓"薰莸"，即有芳香与恶臭的植物，借以指代人之善恶。王应麟非常注重《汉书》中的人物褒贬，他对班固"薰莸浑殽"的做法进行了严厉的批评。《汉书·公孙弘卜式兒宽传》结尾有一段精彩的赞语：

> 公孙弘、卜式、兒宽皆以鸿渐之翼困于燕爵，远迹羊豕之间，非遇其时，焉能致此位乎？是时，汉兴六十余载，海内艾安，府库充实，而四夷未宾，制度多阙。上方欲用文武，求之如弗及，始以蒲轮迎枚生，见主父而叹息。群士慕向，异人并出。卜式拔于刍牧，弘羊擢于栗竖，卫青奋于奴仆，日磾出于降虏，斯亦曩时版筑饭牛之朋已。汉之得人，于兹为盛，儒雅则公孙弘、

1　李攸：《宋朝事实》卷三《圣学》，北京：中华书局，1935年，第39页。

2　欧阳修：《居士外集》卷十《论辩》，《欧阳修全集》，李逸安点校，北京：中华书局，2001年，第867页。

> 董仲舒、兒宽，笃行则石建、石庆，质直则汲黯、卜式……协律则李延年，运筹则桑弘羊，奉使则张骞、苏武，将率则卫青、霍去病，受遗则霍光、金日磾，其余不可胜纪。是以兴造功业，制度遗文，后世莫及。……参其名臣，亦其次也。[1]

班固的这段赞语主要分析了汉兴六十余载的具体原因，列举出西汉时期政治、经济、文化、外交、军事等各领域的代表人物，将国家兴盛归功于"群士慕向，异人并出"，肯定汉武帝"畴咨海内，举其俊茂，与之立功"的做法。除此之外，《汉书·循吏传》也特别提道："时少能以化治称者，惟江都相董仲舒，内史公孙弘、兒宽，居官可纪。三人皆儒者，通于世务，明习文法，以经术润饰吏事，天子器之。"[2]班固对公孙弘、兒宽等人物评价很高，对此王应麟有不同的看法，他在《困学纪闻》中评价这篇赞语："班固叙武帝名臣，李延年、桑弘羊亦与焉。若儒雅，则列董仲舒于公孙弘、兒宽之间。汲黯之直，岂卜式之俦哉？史笔之褒贬，万世之荣辱，而薰莸浑殽如此，谓之比良迁、董可乎？"[3]王应麟毫不客气地提出李延年、桑弘羊之辈难称名臣，又特别指出公孙弘、兒宽或是卜式也绝难与董仲舒、汲黯相提并论。这里王应麟提到的"儒雅"，非广义上的学问渊博，当特指儒术。董仲舒在中国古代儒学发展中的地位不必多言，汲黯因其直谏廷诤的事迹长期以来也备受历代文人推崇。王应麟认为班固将这些人物相提并论，是"薰莸浑殽"的做法，即将善与恶混淆了。至于这些人物为王应麟所不取的具体原因，他于《困学纪闻》中并未言明，但由他所撰《通鉴答问》的相关论述，我们可以看到一些端倪。王应麟在《通鉴答问》的《武帝》篇，以问答的形式发论，对于"班固云：'质直则汲黯、卜式。'式之于黯，若是班乎"这一问题，王应麟回答："（汲）

1　班固：《汉书》卷五八《公孙弘卜式兒宽传》，北京：中华书局，1962 年，第 2633—2634 页。

2　班固：《汉书》卷八九《循吏传》，北京：中华书局，1962 年，第 3623—3624 页。

3　王应麟：《困学纪闻》卷十二《考史》，上海：上海古籍出版社，2008 年，第 1408 页。

黯也格帝之非，（卜）式也中帝之欲，犹美玉之与燕石也。"他认为卜式愿将自家资财的一半捐出处边是投机行为，"此至巧佞者，非质直也"。由于卜式投机的影响，导致东郭咸阳、孔仅这样的"兴利之臣"得到重用，故卜式可以说是"利国者少，利身者多，既钓享上之名，又猎取高位"，绝难称其"质直"，相反，汲黯这类忠臣却难得重用。班固将汲黯、卜式相提并论，是"混忠佞于一区"[1]的做法。王应麟对以上西汉人物的评价包含推断的成分，在批评《汉书》人物褒贬的同时，显现出他在人物褒贬方面的异趣。然考班固作此篇赞语的目的，其第一句就明确指出："公孙弘、卜式、兒宽皆以鸿渐之翼困于燕爵，远迹羊豕之间，非遇其时，焉能致此位乎？上方欲用文武，求之如弗及，始以蒲轮迎枚生，见主父而叹息。"所表达出的是由于汉武帝求贤若渴与英明决策，才造就了汉初"群士慕向，异人并出"的盛况，与其说班固在这篇赞语中臧否人物，不如说他是在宣扬汉武帝的政治功绩，同时说明人才对国家发展的重要作用。以这样的眼光来看，公孙弘、兒宽、卜式、李延年、桑弘羊等人，都在不同领域中为汉初的发展贡献了力量。王应麟推断这些历史人物在道德水平方面的差别，进而褒贬人物，批评班固史笔"薰莸浑殽"，无法与董狐、司马迁等良史相提并论，未免太过严苛了。王应麟的这类批评已上升到对班固史家品格的抨击。又如王应麟认为《汉书·佞幸传》辑录汉哀帝时宠臣董贤的册文中"允执其中"[2]的说法，这里班固尚能指出这种言辞"乃尧禅舜之文，非三公故事……此岂家人子所能堪邪"，可说是"笔之于史"[3]。然而王应麟指出，班固在永元元年（89）随窦宪率领的汉军大败北匈奴后，记载窦宪之功："纳于大麓，惟清缉熙。"[4]这种言辞的诌媚奉承"甚于董贤之册"。王应麟分析这一做法的原因在于班固

1　王应麟：《通鉴答问》卷四《武帝》"卜式为御史大夫"条，王京州、魏晓艳点校，北京：中华书局，2012年，第384页。

2　班固：《汉书》卷九三《佞幸传》，北京：中华书局，1962年，第3736页。

3　王应麟：《困学纪闻》卷二《书》，上海：上海古籍出版社，2008年，第180页。

4　范晔：《后汉书》卷二三《窦融列传》，北京：中华书局，1965年，第815页。

倚仗窦宪的权势，"文奸言而无忌惮也"[1]。可见，王应麟对班固人物褒贬方面的种种指摘，不仅仅是从历史撰述的技术层面展开的议论，更多的是从史家修养方面对班固给予批评，他对《汉书》的人物褒贬，乃至于班固的史家品格方面都不甚推崇。

宋元时期学者对于《汉书》在人物褒贬方面的批评很多，这在南宋时期表现得尤其明显，如王应麟指出史书在人物褒贬方面是否恰当是关乎"万世之荣辱"[2]；岳珂有感于其祖父岳飞之事曾被史官诬，以《汉书·陈胜传》对陈涉祀堂的记载不详为例，指出"以此而示荣辱于万世，不亦甚可哀欤？"[3]故这一时期学者从《汉书》记载的各个方面，分析班固对人物褒贬是否达到了惩恶劝善的目的。这种学术关注点广为学人接受，甚至是在流行于宋末元初的科举文章中，都有举子诟病《汉书》说："固之作史，排死节而不叙杀身成仁之美，其见之陋如此。"[4]种种论断显现出宋元学人在褒贬标准方面的时代印记。

《汉书·古今人表》将古今之人分为九等，明显反映出班固对历史人物的褒贬意识。有关《古今人表》对人物品第等级的划分，是宋元时期学者普遍重视的。叶适肯定了班固这样的做法，指出品第人物以示劝诫，这是"史氏之常职也"，"上智"和"下愚"为后人提供了学习或警示的榜样。至于中庸之人，叶适则认为班固"枚数铢称，失本意矣"[5]。宋元学者对《古今人表》中等级的划分多有指摘：一方面是认为班固对某些历史人物贬低太甚，如王观国认为："平王非不道之君，鳏非逆恶之臣，班氏列在愚人之等，则误矣。……如此之类升降不伦者，不可

1　王应麟：《困学纪闻》卷二《书》，上海：上海古籍出版社，2008 年，第 180 页。

2　王应麟：《困学纪闻》卷十二《考史》，上海：上海古籍出版社，2008 年，第 1408 页。

3　岳珂：《鄂国金佗稡编》卷二七《天定录卷中·上宰执第二书》，王曾瑜校注，北京：中华书局，1989 年，第 1105—1106 页。

4　魏天应：《论学绳尺》卷五，《文渊阁四库全书》第 1358 册，台北：台湾商务印书馆，1986 年，第 320 页上。

5　叶适：《习学记言序目》卷二一《汉书一》，北京：中华书局，1977 年，第 304 页。

胜计，奚足以尽公议耶？"[1]在他看来，周平王东迁并非由于失道，鲧虽治水无功，但也绝不是大逆不道，这样就将他们定为"愚人"实在不妥，如此类情况在《古今人表》中不胜枚举。另一方面是批评班固对某些历史人物评价过高，如王若虚指出："屈原《离骚》有《渔父篇》，宾主问答，其辞华丽而杂以韵语。……而班固《古今人表》遂列渔父之名。使诚有斯人者，观其所言不过委顺从俗，以求自全者耳，何遽至九等中第二哉？"[2]《渔父篇》[3]中，"举世皆浊我独清，众人皆醉我独醒"[4]的名言广为人知，而王若虚则认为，《渔父篇》是以问答形式而作的，故渔父这个人物不一定真实存在，即便真的存在，班固却将这种委曲求全的人物置于"上中"一类，即"仁人"，这是极为不妥的。《古今人表》在人物褒贬方面的问题的确很多，章如愚曾总结并列举《古今人表》中"九品森列，皂白缤纷，玉磻混揉，雌黄出其唇吻，朱紫由其月旦"[5]的种种褒贬不当的情况，基本上否定了《古今人表》的价值。通观宋元学人对《古今人表》品第划分方面的批评，我们可以发现这些指摘往往是建立在学者对历史的不同见识上，这导致人物品第划分的标准也并不统一，品第的当否自然也就无确论可言。

二、重在名教的价值标准

宋元时期学人审视《汉书》，认为史笔褒贬当为重中之重。王若虚曾提道："班固论江充、王莽事，皆以为有天时而非人力，夫人固不胜于天矣，然班氏身为史官，以褒贬劝惩为务，则亦不当立此论也。"[6]这里王若虚虽然认为"天"

1　王观国：《学林》卷三，北京：中华书局，1988 年，第 80—81 页。

2　王若虚：《滹南遗老集》卷三二《杂辨》，北京：中华书局，1985 年，第 199 页。

3　关于《渔父篇》的作者至今尚有争议，有屈原、宋玉、战国时楚人所作等说法。

4　《楚辞》卷七《渔父》，洪兴祖补注，北京：中华书局，1983 年，第 179 页。

5　章如愚：《群书考索别集》卷一二《班史》，扬州：广陵书社，2008 年，第 1295 页下—1296 页上。

6　王若虚：《滹南遗老集》卷二〇《诸史辨惑上》，北京：中华书局，1985 年，第 122 页。

是推动历史发展的主要动力，但他指出《汉书》应当以"褒贬劝善"为先，故在论及江充、王莽之事时，还是要突出"人"在历史事件中的作用。宋元学人重视《汉书》褒贬，又对其褒贬颇有非议，那么他们在批评《汉书》这方面缺点时又遵循怎样的价值标准呢？从宋元学人的相关史学批评言论中，我们可以得到一些这方面的认识。

北宋时，学人们注重从"忠义"的角度审视《汉书》褒贬。宋祁曾经向皇帝上疏以"诋虚名"，他说：

> 臣闻天下之誉，有不虞而至。天下之毁，有无方而来。古今之常患也，惟圣人为能察之。……夫知其所事之谓忠，得其所死之谓义……五常无体，惟正为体，所贵乎信者，内与道接，外与诚应也……汉王嘉身备上宰，忠正王室，疾佞幸之盘互，争大谊而摩切，破坏奸党，动寤上心，遭主不明，仆死牢械，何武都上公之重，跱广朝之表，当哀帝即世，王莽复用。炎昆之焰虽始，稽天之浸尚微，武与公孙禄、创外戚之厉阶，惧帝刘之孤弱，图任端士，柄持大政，谋虽不臧，谊亦无愧，而班固以为一蒉郭江河，用没其身，是以为贬也。若嘉武以丧生为贬，则孔光、褚渊腼面全生，皆可以为贤矣。……此谓无方之毁也。昔君子于春秋，求名而亡，欲盖而彰，非斯文之监乎。[1]

宋祁在这篇上疏当中抛出许多命题，如"誉"与"毁"、"忠"与"义"的概念，"信"与"道""诚"的关系等，他以班固在人物褒贬方面存在的问题进行分析。宋祁以西汉末年王嘉和何武的事迹展开评论，认为他们最终虽然都未能阻止奸佞之人，但是王何二人毕竟曾与奸臣、外戚进行对抗，失败身死，《汉书》对他们的评价却仅是"一蒉郭江河，用没其身"，即以一筐之土来阻塞江河，

---

[1] 宋祁：《景文集》卷二五《诋虚名篇》，上海：商务印书馆，1936年，第324—325页。

只能是被江河湮没。宋祁认为这种评价对于王嘉、何武二人都是错误的贬低，即他们自身的行事本可称得上忠义，贬低之辞却无端而来了。宋祁借《汉书》的人物褒贬，辩证分析"誉"与"毁"的关系，指出历史上盛名与恶名的流传往往都不受本人的主观掌控，"求名而亡，欲盖而彰"的道理自古就已明了，他以此对当时社会上慕求虚名的行为进行抨击，同时也提醒皇帝识人善辨，重用那些真正忠义的人才。由宋祁的观点来看，他评价和衡量一个历史人物的标准就是其是否忠义，那么忠义的具体内涵是什么呢？宋祁指出应是"五常"的要求，在他看来，其中最重要的就是为人正直守信，只要能以这样的标准要求自己，赞誉也就不期而至。与宋祁观点类似的还有苏轼，他就《汉书》关于郦寄的评价进行批评。西汉初年，郦商之子郦寄与吕后之侄吕禄交好，吕后死后，为铲除攥有兵权的吕禄，周勃派人挟持郦商，命郦寄欺骗吕禄一起出游，从而控制北军，最终诛杀吕氏家族。班固认为卖友之人应是见利忘义的，如郦寄一般，为安定社稷而出卖了朋友，则可以接受。[1]苏轼对此并不赞同，他指出郦寄当时不得不出卖吕禄，故郦寄的罪责不在于卖友，而在于与吕禄这样的贼人交好。苏轼批评"（班）固又为洗卖友之秽，固之于义陋矣"[2]，这里他也强调了义的重要性，在他看来，为人忠义正直是最重要的品质，班固对义的理解则有待提高。苏轼在褒贬方面并不苛求前人，他指出班固曾批评司马迁，范晔也曾批评班固，这些批评的言论都存在一些偏颇，但"古之作者，苟非圣人，皆有所偏"，只要能够做到"以其身之正，知人之不正，以人之不正，知其身之有所未正也"[3]，便可称得上君子了。

　　南宋时期学者更加注重纲常名教的要求，他们褒贬《汉书》所记人物的标

1　班固：《汉书》卷四一《郦商传》赞载："当孝文时，天下以郦寄为卖友。夫卖友者，谓见利而忘义也。若寄父为功臣而又执劫，推吕禄，以安社稷，谊存君亲可也。"北京：中华书局，1962 年，第 2089 页。

2　苏轼：《苏轼文集》卷六五《史评》"郦寄幸免"条，张志烈等校注，石家庄：河北人民出版社，2010 年，第 7210 页。

3　苏轼：《苏轼文集》卷七《策问》"诸子更相讥议"条，张志烈等校注，石家庄：河北人民出版社，2010 年，第 690 页。

准与班固的差异更加明显。叶适对《汉书》记载刘向、刘歆父子的笔法颇不推崇，他认为："班固录刘氏，向、歆无殊。向孤忠，志在抑绝王氏以存刘氏，而歆乃与王莽共纂刘氏，何同学而异操也？孟子曰：'天下无道，以身殉道，未闻以道殉乎人也。'人之患在为徇人之学，向幸无此，然亦其父子讲学所不到，而歆遂狼狈不可救，悲哉。"[1]叶适指出，刘向忠贞自持，志在削弱外戚势力，刘歆却帮助王莽篡权，他指出应以"道"作为处世原则，即以名常要求约束自己。王应麟甚至将《汉书·艺文志》典籍归类不当的情况，归结为班固对刘歆操行认知的不足。王应麟指出，于长所撰的《天下忠臣》九篇，是天下忠臣的传记，当与《史记》归为一类，《汉书·艺文志》却将其归于阴阳家，原因在于《艺文志》本于刘歆的《七略》，而"歆汉之贼臣，其抑忠臣也则宜"，由于班固无法认识到刘歆的奸佞，故将其说法照录下来。在王应麟看来，如果班固能够对刘歆操行有正确的认识，那么此类问题是可以避免的。总体来看，这一时期学人在褒贬标准方面显现出重视纲常要求的趋势，能否践行忠义，是他们评判《汉书》所记人物的重要准绳。

综上所述，宋元时期学人对《汉书》褒贬方面的诟病很多，且在褒贬标准方面展现出明显的时代特点，但我们也不能单凭此就断定《汉书》褒贬为这一时期学人所不取。元末学者梁寅（1303—1389），字孟敬，新喻（今江西新余）人，他曾全面肯定《汉书》褒贬的优点："《古今人表》自三皇以来之人物悉列，之分之以三科，定之以九等，其于圣贤、愚智之等差又安能一一皆当乎？虽不作可也，若其褒贬之得则先儒尝论之矣，如公孙弘矫饰之伪行，则实其钓名之言；东方朔诙谐之诡谈，则鄙为滑稽之雄，此不激诡之体也。盖宽饶抗言而为狂者也，则以为邦之司直；梅福去官而从所好者也，则以为尚有典刑，此不抑抗之体也。相如之风雅而及于临邛奔亡之事，则以为淫靡之戒；张禹之传授而及于后堂声

1　叶适：《习学记言序目》卷二二《汉书二》，北京：中华书局，1977年，第318—319页。

色之乐，则以为乖僻之箴，此其赡而不秽也。贾谊《政事》之书载其万言，皆切于世事；董生《贤良》之策载其三篇皆明于经术，此其详而有体也。"[1]梁寅认为，《古今人表》品第人物数量繁多，不可能达到一一恰当，他特别指出班固于人物褒贬方面的优点，列举《汉书》有关公孙弘、东方朔、盖宽饶、梅福、司马相如、张禹、贾谊、董仲舒的评价，评价《汉书》在褒贬方面不负"不激诡，不抑抗，赡而不秽，详而有体"之名。结合梁寅的观点，我们大致可以得到如下结论，即《汉书》褒贬从总体上看具有很高水平，这一优点毋庸置疑，"其褒贬之得则先儒尝论之矣"，这在宋元仍被不少学人所接受。宋元时期，学人们重视春秋笔法，同时在史学批评快速发展的影响下，越来越多的学人注意到《汉书》于褒贬方面存在的某些问题，故这一时期学人的言论往往涉及对《汉书》褒贬的批评。这一趋势非宋元"汉书学"所独有，但在宋元时期达到一个高峰。由此，我们也可窥得宋元时期学人在史学批评范畴中对史书褒贬的认识。

第四节 《史记》《汉书》比较研究中的《汉书》评论

一、关于《史记》《汉书》之叙事烦省

在中国古代史学史上，《史记》与《汉书》是两部传世不朽的巨著。马班齐列，《史记》《汉书》并举已为常例。瞿林东指出，学者对于《史记》《汉书》研究和评论形成了专门的学问："史记学"和"汉书学"。一千多年来，在对《史记》和《汉书》的研究中，人们对它们进行比较，考其同异，论其高低，议论迭出，经久不衰，几乎成了一个"永恒的课题"[2]。历代学者对《史记》《汉书》加以比较研究，或"扬马抑班"，或"扬班抑马"，宋元时期的学者由《史记》《汉

---

1 梁寅：《策要》卷二《西汉书》，南京：江苏古籍出版社，1988年，第48—49页。

2 瞿林东：《〈史记〉〈汉书〉比较》，《文史知识》，1987年第12期。

书》比较研究产生许多史学批评方面的论断，这些论断也成为"汉书学"研究的一个方面。

西晋时，张辅就明确有《班马优劣论》的阐发："迁叙三千年事，五十万言；固叙二百四十年事，八十万言，是班不如马也。"[1]这是总体上由叙事烦省所做的判断。唐代史家刘知几于《史通》转引张辅之言，实际上就已经对张说进行了批判，他总结说："夫论史之烦省者，但当要其事有妄载，苦于榛芜，言有阙书，伤于简略，斯则可矣。必量世事之厚薄，限篇第以多少，理则不然。"[2]史书的烦省自然是值得重视的问题，那么应该从何角度看待不同史书的烦省？刘知几认为应当看一部史书是否存在妄载的情况，或是否因记载的缺失使史书变得简略，在此基础上，他进一步举例说："按《太史公书》上起黄帝，下尽周末，年代虽存，事迹殊略，至战国以下始有可观。然迁虽叙二千年事其间详备者，唯汉兴七十余载而已，其省也，则如彼；其烦也，则如此。求诸折中，未见其宜，班氏《汉书》全取《史记》，仍去其《日者》《仓公》等传，以为其事烦芜，不足编次故也。若使迁固异地而处，撰成《汉书》将恐多言费辞有逾班氏。安得以此而定其优劣耶？"[3]刘知几认为《史记》作为一部通史，时间跨度很长，司马迁虽叙二千多年之事，但时间越古远，史家能够掌握的资料也就越少，所以《史记》在涉及上古人物是就会简略，记载到秦汉之时才能够详细，班固撰写《汉书》，汲取《史记》很多内容，但仍然删去了《日者列传》《仓公列传》等篇，这是由于班固认为这些内容繁杂且没有记载的必要，假使让司马迁和班固互换，那么《汉书》史文可能比当前还要更加繁多了，所以以史书烦省来评价优劣自然是不可取的。宋元时期学人普遍注意到《史记》《汉书》

1　刘知几：《史通》卷九《烦省》，浦起龙通释，上海：上海古籍出版社，2009年，第244页。

2　刘知几：《史通》卷九《烦省》，浦起龙通释，上海：上海古籍出版社，2009年，第246页。

3　刘知几：《史通》卷一六《杂说上》，浦起龙通释，上海：上海古籍出版社，2009年，第443页。

在叙事烦省方面的差异，他们从不同角度对二者的优劣做出判断，其依据各不相同，总体来看，至少存在三重评价标准：其一，宋元学人对张辅《班马优劣论》的看法莫衷一是，进而展开对史书评价标准的讨论。这一时期，仍有一些学人持与张辅类似的观点。李廌（1059—1109），字方叔，华州（今陕西华县）人，他也由《史记》《汉书》篇幅烦省方面对二者的优劣做出论断："《左氏传春秋》二百四十二年，其书止十九万言。太史公《史记》上自黄帝下至汉武，三千余年，止七十万言。而班固《汉书》十二帝间二百三十年，乃一百七万言。虽称良史善叙事，至于案牍之文，卑陋之事，悉皆载之，其失《春秋》之旨远矣！《春秋》盖二万言而已。"[1]李廌的观点似乎并不是在张辅观点的影响下做出的，他所统计的《史记》《汉书》字数与张辅有明显出入，但他的结论与张辅类似，即《汉书》因字数太多而较差，他认为《汉书》将烦琐的案牍文章以及鄙陋之事都照录下来，是其卷帙浩繁的主要原因，这与"《春秋》之旨"相去甚远。李廌的结论显然是片面的，《汉书》中记载的案牍文章及所谓鄙陋之事，无疑是历史研究、后世鉴戒的重要资料，他评判《汉书》无"《春秋》之旨"，看似有高屋建瓴的认识，实则显现出李廌作为一位文学家对春秋笔法的片面追求。

宋元时期多数学人还是对张辅的观点持否定态度。金代学人王若虚与刘知几的观点大致类似，他认为张辅的观点"此儿童之见也。迁之所叙虽号三千年，其所列者几人？所载者几事？寂寥残缺，首尾不完，往往不能成传，或止有其名氏，至秦汉乃始稍详，此其获疏略之讥者而反以为优乎？且论文者求其当否而已，繁省岂所计哉？迁之胜固者，独其辞气近古，有战国之风耳"[2]。王若虚首先从史书撰写的客观情况进行分析，同样指出《史记》记载简略的必然性；

1　张耒：《苏门六君子文粹》卷四九《济南文粹五》"经史繁简不同"条，《文渊阁四库全书》第1361册，台北：台湾商务印书馆，1986年，第317页上。

2　王若虚：《滹南遗老集》卷三四《文辨一》，北京：中华书局，1985年，第214页。

其次，王若虚指出评判史书优劣的标准应"求其当否"，即关注史书记载是否恰当，他所说的"当否"实际上包含了史家能否秉笔直书、褒贬得当等多个层面，但无论怎样，通过史文烦省评判史书都是不可取的。王若虚的结论是，《史记》较之于《汉书》的优势在于，司马迁的叙事有战国之风，这是从历史文学这一技术层面做出的判断。此外，章如愚在《群书考索前集》中亦转引刘知几的观点[1]，显现出他对《史记》《汉书》叙事繁简问题的认识。

其二，宋元时期的不少学者，注重从历史叙事的技术层面举例以具体分析，对《史记》《汉书》烦省的优劣展开具体批评。北宋末年的谏臣刘安世就曾以《汉书》的历史叙事为榜样，批评《新唐书》记载过于简略。刘安世说："文章岂有繁简，必欲多，则文冗而不足读，必欲简，则僻涩令人不喜。……而班固载此（卓文君）事乃近五百字，读之不觉其繁也，且文君之事亦何补于天下后世哉？然作史之法不得不如是。"[2]在他看来，古代史事要流传于后世，史书就必须记载详细，如《汉书》记载卓文君即很详细，读之也令人未感烦琐，这是撰写历史无法避免的问题。南宋时，洪迈于《容斋随笔》中对《汉书》记载的烦省多有评价，如他指出《汉书·沟洫志》辑录有贾让的《治河策》，其中记载了黄河筑堤的位置，在几句话之内连续提到"石堤"一词，洪迈却说："五用'石堤'字而不为冗复，非后人笔墨畦径所能到。"[3]相反还认为这样的记载颇有技巧。王若虚对此论断十分不解，他评价洪迈说："予谓此实冗复，安得不觉？然既欲详见其事，不如此当如何道？盖班氏之美不必言，是特迈过爱而妄为高论耳。"王若虚无论怎样也无法领会班固这样记载有何妙处可言，但他也认为只有这样的做法才能把当时筑堤的情况记载清楚，最终他的结论是洪迈出于个人的喜好而"妄为高

---

1 章如愚：《群书考索前集》卷一三《正史门·西汉类》，扬州：广陵书社，2008年，第100页上。

2 马永卿：《元城语录解》卷下，上海：商务印书馆，1939年，第33页。

3 洪迈：《容斋随笔》卷七《汉书用字》，北京：中华书局，2005年，第93页。

论"。实际上，王若虚本人对《汉书》也非常喜爱，他曾说："以予观之，他文则未敢知，若史笔，讵可轻孟坚也？"[1]从"史笔"的角度给予班固很高的赞誉，但他对洪迈关于《汉书》烦省的评价多数都不甚认同。又如洪迈于《容斋随笔》中转引欧阳修的观点，指出：

> 欧阳公《进新唐书表》曰："其事则增于前，其文则省于旧。"夫文贵于达而已，繁与省各有当也。《史记·卫青传》："校尉李朔、校尉赵不虞、校尉公孙戎奴，各三从大将军获王，以千三百户封朔为涉轵侯，以千三百户封不虞为随成侯，以千三百户封戎奴为从平侯。"《前汉书》但云："校尉李朔、赵不虞、公孙戎奴，各三从大将军，封朔为涉轵侯、不虞为随成侯、戎奴为从平侯。"比于《史记》五十八字中省二十三字，然不若《史记》为朴赡可喜。[2]

洪迈列举欧阳修"事则增于前，文则省于旧"的说法，指摘《新唐书》修撰中为达到史文简略而刻意删改的做法。洪迈认为史书记载最重要的应在于达意，对于不同情况做烦省有当的处理，他对比《史记·卫将军骠骑列传》和《汉书·卫青传》的相似记载，虽然《汉书》的记载更加简略，且对文意并无太大的影响，总体上却不如《史记》"朴赡可喜"。"朴"当指《史记》叙事更加朴实，"赡"则应是说《汉书》缺少了"以千三百户封"的信息。关于洪迈的言论，王若虚再次质疑道："予谓此本不足论，若欲较之，则封户之实当从《史记》，而校尉之称《汉书》为胜也。"[3]他认为洪迈所举的例子并不恰当，司马迁关于封一千三百户的记载比《汉书》更详尽，而班固关于三个"校尉"的删减则显得

1　王若虚：《滹南遗老集》卷三四《文辨一》，北京：中华书局，1985年，第215页。

2　洪迈：《容斋随笔》卷一《文烦简有当》，北京：中华书局，2005年，第8页。

3　王若虚：《滹南遗老集》卷三四《文辨一》，北京：中华书局，1985年，第214页。

更加精当。实际上，王若虚的观点也并非确论，《汉书·卫青传》在后文总结卫青七次出击匈奴的战绩时已经提及"封三子为侯，侯千三百户"[1]这一信息，显现出班固在历史叙事方面的技巧。

其三，一些宋元学人注重从伦理纲常要求的角度审视《史记》《汉书》记载的烦省。北宋时，苏洵曾经上书，肯定班固作志记载的详尽，希望本朝修撰《礼书》时能按照《汉书》的撰写原则进行记载，而不是将先人的过失一概隐没不书。苏洵说："今无故乃取先世之事而没之，后世将不知而大疑之，此大不便者也。班固作《汉志》，凡汉之事，悉载而无所择。今欲如之，则先世之小有过差者，不足以害其大明，而可以使后世无疑之之意。"[2]他认为先人虽有过失，但与"《春秋》之所书者甚远"，过于避讳先人的过失反而会让后人有所怀疑，而在这方面《汉书》记载详尽的特点就为人所称道。此外，朱熹虽然也从史文烦省的角度评价《史记》《汉书》，"太史公书疏爽，班固书密塞"，但他更加重视从纲常伦理的要求审视这一问题，如朱熹曾说："七国之反，《史记》所载甚疏略，却都是汉道理；班固所载虽详，便却不见此意思。"[3]朱熹的这一说法比较简略，其中的深意难以言明，但我们不难发现，他对《史记》《汉书》在史文烦省方面优劣的评判标准在于其中是否蕴含了"汉道理"，即西汉一朝发展的法则与规律，而这种"道理"，显然不仅是从史学层面理解的概念，而更加偏重于理学的范畴。

二、关于班固"尽窃迁书"

《汉书》关于武帝以前的记载多采自《史记》，这一做法令郑樵极为不齿，他说《汉书》"自高祖至武帝，凡六世之前，尽窃迁书"[4]，故将班固视为"全

---

1 班固：《汉书》卷五五《卫青传》，北京：中华书局，1962年，第2490页。
2 苏洵：《嘉祐集》卷一五《杂文·议修礼书状》，曾枣庄、金成礼笺注，上海：上海古籍出版社，1993年，第434—435页。
3 黎靖德：《朱子语类》卷一三四《历代一》，王星贤点校，北京：中华书局，1986年，第3202页。
4 郑樵：《通志总序》，《通志》，北京：中华书局，1987年，第1页。

无学术，专事剽窃"之人。郑樵对班固的过度贬低，已经超越学术层面，甚至几近于人身攻击，他说班固这样的"浮华之士"，为人不能"保其身""传其业""教其子"，感叹怎能让这样的人修撰历史。自郑樵撰成《通志》至元末，这些关于班固的指摘并未产生明显的学术影响，其同乡陈宓作《郑樵通略序》，提及对班固的指摘，但未做分析；马端临注意到郑樵对班固的评价，指出《通志》二十略中的《礼》《职官》《选举》《刑罚》《食货》五篇："天宝以前则尽写《通典》全文，略无增损，天宝以后则竟不复陆续。"马端临认为郑樵讥讽班固"专事剽窃"，而"至其所自为书，则不堪检点如此"，遂感叹道："著述岂易言哉！"[1]宋元时期学人普遍对《汉书》借鉴《史记》记载的做法比较重视，由此展开的史学批评言论为数不少，且结论也不尽相同。

一些学者对班固的指摘虽不及郑樵那般严苛，但总体上也认为班固借鉴《史记》的记载，而使《汉书》的价值大打折扣。邵博于《邵氏闻见后录》列举了一些《汉书》明显照录《史记》记载的情况，其中的一些做法令他感到值得商榷，如《史记》记载某人"其子某，今为大官"，至《汉书》记载此人已经又过去近二百年，然而其中的记载仍然是"其子某，今为大官"，这就显得很不合适了。邵博认为后人研读《周易》《尚书》而不会感到其文风与《诗经》《春秋》相似，借此说明班固做法的不当，他分析班固照录《史记》的原因，是"失于畏司马迁，自武帝而上，于迁之词，不敢辄易"[2]。当然，这也仅是出于他的推测罢了。此外，元末学者梁寅曾说："迁纪吕后而固亦纪之，迁叙陈涉而固亦取之，损十表而为八，增八书而志十，因《天官》为《天文》，以《封禅》为《郊祀》，因《河渠》为《沟洫》，不能自立一字而依乎迁藩篱下，此固之失也。"[3]虽然

1　马端临：《文献通考》卷二〇一《经籍考二八》，北京：中华书局，1986 年，第 1685 页。

2　邵博：《邵氏闻见后录》卷八，北京：中华书局，1983 年，第 58 页。

3　梁寅：《策要》卷二《西汉书》，南京：江苏古籍出版社，1988 年，第 48 页。

这里"不能自立一字"的结论比较片面，但梁寅指出，班固对《史记》记载的借鉴不仅限于文字记载，而在史书体例方面也基本上完全承袭。故梁寅认为虽然司马迁、班固并称于世，但班固终归是"整齐其旧传而已"[1]。

另有一些学者，对班固"尽窃迁书"这一问题表现得比较宽容。王若虚最先提出了一种情况，即有些记载看似是《汉书》借鉴《史记》的内容，实则并非如此，他说：

> 《司马相如传赞》云："相如虽多虚辞滥说，然其归引之于节俭，此与《诗》之讽谏何异。扬雄以为靡丽之赋，劝百而讽一，犹驰骋郑卫之声，曲终而奏雅，不亦戏乎？"《前汉书》全引此语，予尝疑之。按：迁传虽不著其死之岁月，然云迁既死后其书稍出。宣帝时，迁外孙扬恽祖述其书，遂宣布焉。则其死不过在昭、宣之闲耳，而雄以成帝元延之初始自蜀游京师，年七十一卒，于王莽天凤五年，逆而推之，宣帝之二十年，雄乃始生，迁著书时，安得雄之言乎？是必孟坚所续，而后人误附于《史记》耳。[2]

王若虚分析说，扬雄是西汉末年的人物，于宣帝即位后二十年出生，而司马迁活跃于武帝时期，去世当在昭帝、宣帝时，那么《史记》必不可能在评价司马相如时引用扬雄的言论，这是后人将《汉书》记载附于《史记》之后，而未加说明造成的错误，这一事实通过分析显得非常清楚，至于此外是否还有类似的情况则不得而知。稍晚于王若虚，王应麟于《困学纪闻·考史》、周密于《齐东野语》中也都发现了这一问题，并做相关论述。周密在此基础上还评价说："班孟坚《汉书》，大抵沿袭《史记》，至于季布、萧何、袁盎、张骞、卫霍、李

---

1 梁寅：《策要》卷二《西汉书》，南京：江苏古籍出版社，1988年，第48页。

2 王若虚：《滹南遗老集》卷一七《史记辨惑九》，北京：中华书局，1985年，第104页。

广等赞，率因《史记》旧文稍增损之。或有全用其语者，前作后述，其体当然。"[1]
在周密看来，无论是"大抵沿袭"，还是"稍增损之"，班固撰写时"前作后述"，
都是正常的情况。章学诚在《文史通义》中也提到《汉书》对《史记》的借鉴
不足为病，他说："迁史久已通行，故无嫌也。"[2]这一解释有助于我们理解周
密的观点。总之，以周密的眼光来看，对班固"尽窃迁书"的指责是没有道理的。

此外，班固在借鉴《史记》记载的基础上，对其原文的删改是否得当，成
为宋元学人关注的问题。王若虚认为，《汉书》记载借鉴《史记》，而班固"删
润迁史，往往胜之"，但也有改动不当之处，如记载刘邦得知田儋之死后的言论，
《史记》为"嗟乎，有以也夫！"在《汉书》中则为"嗟乎，有以！"二者虽
然只有语气助词方面的差异，但这在王若虚看来，则是《汉书》删改不当，"其
语太简，读之殆不可晓也"[3]。又如朱熹说："《高祖纪》记迎太公处，称'高
祖'，此样处甚多。高祖未崩，安得'高祖'之号？《汉书》尽改之矣。"[4]对
于刘邦拜见其父时的记载，朱熹认为当时刘邦并未有"高祖"这一庙号，故司
马迁记载失当，《汉书》则将此处记载改为"皇帝"，便符合当时的情境。朱
熹同样也指出《汉书》删改失当之处，关于汉文帝与大臣商议立储一事，《史记》
记载文帝的话："吴王于朕，兄也，惠仁以好德。淮南王，弟也，秉德以陪朕。"
《汉书》则改动为"皆秉德以陪朕"。朱熹认为："盖'陪'字训'贰'，以
此言弟则可，言兄可乎！"[5]指出"陪"与"贰"有类似的含义，以此来形容叛
臣吴王刘濞是万万不可的。考察此处"陪"字的意义，应如文颖注所说："陪，

1　周密：《齐东野语》卷十，北京：中华书局，1983年，第173页。

2　章学诚：《文史通义》卷八《外篇三》，叶瑛校注，北京：中华书局，1985年，第826页。

3　王若虚：《滹南遗老集》卷二〇《诸史辨惑上》，北京：中华书局，1985年，第121页。

4　黎靖德：《朱子语类》卷一三四《历代一》，王星贤点校，北京：中华书局，1986年，第3202页。

5　黎靖德：《朱子语类》卷一三四《历代一》，王星贤点校，北京：中华书局，1986年，第3203页。

辅也。"[1]虽然班固的填字略微改变了文意，但朱熹对此处记载的解读无疑已经脱离了史学范畴中对史书记载的要求。

不可否认的是，班固撰写《汉书》，的确有不少对《史记》原文照录、调整顺序、另行编排的做法，但仅凭借这点就斥责班固"尽窃迁书"，显然是不符合实际情况的。白寿彝先生指出，《汉书》是否是对《史记》的抄袭并不是重要的问题，重要的是《汉书》利用了《史记》在体例、史料、写作艺术以及在某些观点上的成就。[2]我们应当在承认《汉书》对《史记》借鉴的基础上，深入发掘其在史学发展上的贡献。

综上所述，宋元学人由《史记》《汉书》比较研究展开的史学批评，所讨论的问题从表面上看，是关于《史记》《汉书》叙事繁简的优劣，或《汉书》借鉴《史记》记载的技术性问题，实则蕴含了他们关于春秋笔法的褒贬之义、正统思想等方面的深层思考。这一时期，立足于《史记》《汉书》比较研究的史学批评呈现出蓬勃的发展趋势，相对于《汉书》，《史记》在中国史学史上一度不受学人的重视，"汉晋名贤未知见重"[3]，得益于"汉书学"发展的进一步推动，品评《史记》的学术风气也变得愈发普遍了。[4]

小 结

由以上所论可以发现，宋元"汉书学"中的史学批评内容几乎涵盖了这一

1　班固：《汉书》卷四《文帝纪》，北京：中华书局，1962年，第112页。

2　白寿彝：《司马迁与班固》，《北京师范大学学报》，1963年第4期。关于《汉书》对《史记》的借鉴问题，陈其泰认为：《汉书》武帝以前的记载要忠于史实，班固必然要将《史记》作为主要依据，且班固也在进一步占有材料的前提下对武帝以前的记载做了不少有价值的补充。陈其泰：《〈汉书〉历史地位再评价》，《中国史研究》，1988年第1期。

3　司马贞：《史记索隐序》，司马迁：《史记》，北京：中华书局，1959年，附录第7页。

4　张新科认为："宋代始开评论《史记》之风气……有褒有贬，不宗一派。"张新科：《史记学概论》，北京：商务印书馆，2003年，第116页。

时期史学批评范畴中的所有要素。

首先，宋元学人由《汉书》"体要"展开的史学批评，显现出他们对历史撰述的指导思想，以及史书体裁、体例的认识的深化与反思。这实际上反映出宋元学人关于历史与史学在概念上有了更为清晰的区分，他们围绕《汉书》的"体要"，就撰写什么样的史书、怎样撰写史书，以及历史撰述应该遵循怎样的指导原则都进行了深入的讨论，并在相应认识的基础上进行历史撰述的实践，这是宋元"汉书学"中的一个重要特点，也能够在一定程度上反映出宋元史学发展的活力。

其次，由《汉书》褒贬展开的史学批评，则彰显出这一时期学人在"汉书学"研究中史学批评意识的增强。通过对《汉书》褒贬的批评，明确强调褒贬意识在史书修撰过程中的反映。在宋元史学的发展过程中，强调褒贬意识与在考据基础上如实记事得以实现辩证的统一，由这一时期撰成的《新唐书》《新五代史》，以及《辽史》《金史》《元史》当中，都说明了褒贬意识于正史修撰中有所反映。宋元学人关于《汉书》褒贬的批评，观点鲜明，这其中自然不乏片面强调义理而忽略史学本身的情况存在，但这毕竟意味着宋元学人对史书褒贬的思考进一步上升到理论化的高度。

再次，《史记》《汉书》对比研究中的丰富内涵使宋元学人从历史叙事的优劣标准、关于良史概念的思考等角度展开论述，丰富了中国古代史学批评的理论。宋元"汉书学"中的史学批评言论，遍布于这一时期的史著、笔记、文集、类书等各类历史资料中，由此，我们还可发现宋元"汉书学"对推进这一时期史学批评发展所产生的价值。

第七章
宋元"汉书学"的特点

在探求宋元时期"汉书学"总体面貌和具体成就的基础上，我们应能够对宋元"汉书学"的发展历程有比较全面的把握。宋元"汉书学"较之于中国古代其他时期的"汉书学"有其自身特点，这一时期的"汉书学"继承了前代研究的传统，同时在研究领域方面有所扩展和深化。这一时期特殊的社会背景，也使得宋元"汉书学"中包含对"经世"、历史哲学以及"六经"认识等问题的思考，提出了一些值得重视的观点，突显出史学的社会功能，对明清时期的"汉书学"发展产生了深远的影响。

第一节　"汉书学"范围的扩展

一、对其他研究领域的推动

宋代以前，时人对《汉书》的通释性研究是"汉书学"的主要成就，这一时期虽然有一些品评《汉书》的研究内容出现，但并非"汉书学"中的主流。宋元时期，学者们在前贤研究的基础上，充实"汉书学"的内涵，使研究范围得以扩展。这表现在"汉书学"对其他研究领域的推动，以及对史学批评发展的促进方面。

这里，先论"汉书学"对其他研究领域的推动。首先，宋元"汉书学"对于这一时期版本学及校勘学发展具有显著意义。"宋代是版本学发展史上的一个转折点。版本学在经历了漫长的萌芽时期后，突然绽开了绚丽的花朵。"[1]宋元时期，雕版印刷技术的发展使当时的学者更加注重对典籍版本和善本的追求。宋元时期所说的版本，当特指典籍的雕版，《宋史》中记载："咸平初，又有

1　姚伯岳：《版本学》，北京：北京大学出版社，1993 年，第 24 页。

学究刘可名言诸经版本多舛误，真宗命择官详正。"¹这说明在北宋初年，学者就已经认识到版本的优劣对阅读、研究典籍起到的重要作用。故在此认识基础上，校雠典籍，从而得到善本，如熙宁四年（1071）宋敏求上疏说："今三馆、秘阁各有四部书，分经史子集。其书类多讹舛，虽累加校正，而尚无善本。盖雠校之时，论以逐馆，几四万卷。卷数既多，难以精密。务存速毕，则每帙止用元写本一，再校而已，更无兼本照对。故藏书虽多，而未及前代也。臣欲乞先以前汉书艺文志内所有书，广求兼本，令在馆供职官重复校正。"²这说明，《汉书·艺文志》在宋代典籍校勘中发挥的重要作用，且于熙宁二年（1069）完成，经多次校勘的《汉书》具备较好的质量，否则官府是无法以《汉书·艺文志》作为参照来广求典籍的。

如本书第五章所述，《汉书》是北宋时期典籍校勘活动中最重要的一部史书，而在元代刊行的史书中，《汉书》也扮演着统领正史刊刻范式的主要角色，这些校刊活动都是建立在校勘者对多种《汉书》版本的参考之上。宋祁校勘《汉书》，所运用的版本多达十六种；南宋时刘元起刊刻《汉书》，在宋祁校本的基础上又参考十二种版本。可以说，重视版本校勘的倾向在北宋时期已经比较明显，而南宋流行的《汉书》本子，直接或间接参考的版本多达二十八种，这在中国古代版本学上都是少见的。姚伯岳曾指出，南宋人岳珂是宋代讲求版本的最著名人物，他校刻《九经三传》，所参考的版本共计二十三种，规模空前。³岳珂刻书时参考多种版本，是宋代学人重视典籍版本的具体反映，这种风气在北宋官府组织校勘《汉书》时就已经颇具规模。宋元时期，《汉书》的校勘活动促进版本学开始兴盛，同时也推进了校勘学的发展。由宋元时期《汉书》研

1　脱脱等：《宋史》卷四三一《儒林列传一》，北京：中华书局，1977 年，第 12822 页。

2　徐松：《宋会要辑稿》职官六《翰林院》，刘琳等点校，上海：上海古籍出版社，2014 年，第 3472 页。

3　姚伯岳：《版本学》，北京：北京大学出版社，1993 年，第 27 页。

究的专书、宋人《汉书》注，以及散见于各类历史资料中的《汉书》考订内容来看，在校勘方法的运用方面表现得已经比较成熟。陈垣先生所言"四校法"，在宋元时期的《汉书》校雠中都有鲜明的体现。例如南宋刊行的《汉书》直接将宋祁的校对成果刻入正文，以注文的形式流传下来；洪迈考察苏武事迹，以《苏武传》《宣帝纪》《霍光传》的记载前后互证，从而订正《汉书》记载的讹误。本校法在宋元时期的《汉书》考订研究中十分常见。宋元学人校雠《汉书》，运用其他文献对《汉书》进行他校也是主要的方法，其中最为常用的典籍就是《史记》；王若虚、王应麟为代表的学者，运用理校方法，将实际出于《汉书》，而被时人误认为是《史记》记载的情况进行订正等。

　　《汉书》是宋元时期史书校勘和刊印的焦点，其重要程度不输同一时期的经学著作。宋元学人对《汉书》文本的严谨态度，以及其对《汉书》原貌的追求，标志着中国古代版本学发展的成熟，显现出宋元版本学的规模。为使《汉书》能够达到善本的要求，宋元学人所展开的细致校雠进一步推动了校勘学的发展，为其后的史书校勘提供了研究范例。这些研究是在前代"汉书学"基础上的进一步发展，这一时期校勘、印行《汉书》所累积的经验，对明清时期的《汉书》版本，乃至于史书版本的校雠方法都产生了积极的影响。

　　其次，宋元"汉书学"的发展，促进考据学、沿革地理学等专门的研究领域独立出来。宋元时期的学人受理学影响，重视对"理"的探讨，然而在这种风气下，考据学依然得以发展。美国学者艾尔曼认为："与清代严密的训诂方法论相比，宋代的训诂研究水平难免相形见绌……宋儒热衷于阐发义理，他们只关注经典阐明的道德理论体系，不关心汉唐注疏家讲求的文字训诂课题。"[1]实际情况并非如此，我们不应将研究视野局限于这一时期的经部著作训诂，还应当从宋元时期学者的史书考据方面对这一时期的考据学水平加以认识。宋元

1　［美］艾尔曼：《从理学到朴学》，南京：江苏人民出版社，2012年，第30页。

学者对义理的思考，首先是建立在他们对文本竭力还原的基础上。具体就这一时期的"汉书学"而言，没有质量较好的《汉书》善本，又谈何对其史法褒贬展开批评？欧阳修、赵明诚等学者以金石材料证《汉书》文本，为考据研究提供了一条新的路径；楼钥撰《班马字类》，从小学研究的角度考察《汉书》用字；王应麟撰《汉艺文志考证》，对《汉书·艺文志》所记典籍展开考证、辑佚，以经史互证的方法开辟了文献考据的新阶段；元代学人也在《汉书》考据方面有所建树，如李冶在《敬斋古今黈》中从音切角度考察《汉书》注的讹误等。如钱茂伟所言："王应麟的学术风格处于汉学与宋学的平衡之中，兼汉学与宋学于一体。"[1]王应麟的学术研究是宋元时期学术转型期的一个代表，这种重视义理，亦重视考据的学术风格在宋元学人中间是比较常见的。宋元"汉书学"中，包含这一时期学人在《汉书》研究过程中积累的丰富考据经验，这为考据学发展做出了不可忽视的贡献。

宋代以前，虽然不少文献中都有关于地理沿革的记载，但北宋时，吴澥撰《历代疆域志》，标志着沿革地理发展成为专门的学科。[2]沿革地理研究离不开这一时期学者对《汉书·地理志》《沟洫志》等相关内容的参考。这一时期，郑樵在《通志》中撰《地理略》《都邑略》，马端临撰《文献通考·舆地考》，《汉书》成为这些研究不可或缺的参考材料。除此之外，在许多有关沿革地理研究的历史地理专著中，如宋代王存主编的《元丰九域志》、欧阳忞的《舆地广记》、王应麟的《通鉴地理考》《通鉴地理通释》，元代王喜撰《治河图略》、赡思重订《河防通议》、于钦的《齐乘》等，都有大量援引《汉书》记载的情况。以上提及的种种研究，如学人不精熟于《汉书》，是难以完成的。

1　钱茂伟：《王应麟学术评传》，北京：中华书局，2011年，第183页。

2　江小群、胡欣：《中国地理学史》，北京：文津出版社，1995年，第91页。

二、"汉书学"的史学批评倾向

"史学批评，即史评，所指的是评论史家、史书、史学现象的著作（包括专文与专书及相关言论）。"[1]宋元时期，学人的史学意识进一步发展，这一时期的"汉书学"中，包含很多关于《汉书》和班固的史学批评研究。北宋中期吴缜提出以事实、褒贬、文采为要素撰写史书，他说："有是事而如是书，斯谓事实。因事实而寓惩劝，斯谓褒贬。事实、褒贬既得矣，必资文采以行之。"[2]自此以后，学人们关于《汉书》史学价值的认识变得更加清晰了。

宋元学人在考察《汉书》所记载史事的基础上，围绕《汉书》优劣及班固史才展开批评，成为这一时期"汉书学"中的一个主要议题。而与之相对的，《汉书》也成为宋元史学批评研究的重要对象，二者互相作用，对彼此的研究范畴都有拓展。一方面宋元学人继承前代"汉书学"中的通释性研究成果，在对《汉书》的"事实"有深刻理解的条件下，进一步思考其褒贬、文采方面的得失，他们的结论或誉或毁，可谓百家争鸣。这种评价风气不独为史家所重视，而是弥漫于宋元时期的整个士人阶层，许多文人骚客，甚至是一般举子，都在关于《汉书》的史学批评方面有所发明。另一方面宋元学人批评《汉书》，使这一时期读史、评史成为一种潮流。在此过程中，促进了宋元学人对其他史书的关注，并不可避免地将《汉书》与其他史书加以对比，这方面表现最为明显的就是对《汉书》的批评一定程度上促进了学人对《史记》的关注，《史记》在士人阶层心目中的地位得到一定提升。此外，宋元学人批评《汉书》，不仅仅局限于对《汉书》一部史书进行思考，其中蕴含着他们对一般性史学问题的认识，通过对《汉书》褒贬、文采方面得失的评价，很多学人继而能够将这些论断引申至史书撰写的指导思想、史书"体要"的当否，以及史书优劣的评价标准等宏观性的重大史

1　瞿林东：《谈中国古代的史论和史评》，《东岳论丛》，2008年第4期。

2　吴缜：《新唐书纠谬序》，《新唐书纠谬》，上海：商务印书馆，1936年，第3页。

学问题。这就在很大程度上又丰富了宋元史学批评研究的内涵。

在宋元《汉书》刻本的注文中，以及这一时期的"汉书学"专书和散见于其他文献的研究成果中，我们都可以看到学人关于《汉书》及班固的史学批评，这显现出宋元"汉书学"中的史学批评倾向。

第二节 "汉书学"载体的多样化

宋元时期是中国古代"汉书学"至隋唐兴盛以来的一次发展高峰，"汉书学"研究领域的扩大，体现了宋元学者对相关问题的关注。宋代以前的"汉书学"成果，大多体现在关于《汉书》的注文及相关专著方面，而宋元时期史学的继续发展，极大地丰富了"汉书学"的研究载体。

第一，宋元时期，研究专书仍然是"汉书学"的主要载体，但在专书类型上变得多样。据笔者前文统计，宋元时期"汉书学"的专书数量超过东汉至唐"汉书学"专书的总和。除研究专书数量的增加外，与宋代以前重视《汉书》训释的研究专书相比，宋元时期的研究专书体裁多样、形式活泼，这表现在以下几个层面：其一，这一时期的《汉书》研究专书总结前代"汉书学"成果，出现《三刘汉书标注》《两汉刊误补遗》这样的集大成者。其二，这些专书研究对象指向性明确，不仅有宏观角度的《汉书》研究，还有以《汉书》用字、《汉书·艺文志》《地理志》为代表的专门研究。其三，以《汉书》记载为基础而改作，或由其记载而展开西汉历史研究撰成的专书体裁、功能多样。以编年体、会要体、笔记体以及史钞、提要等形式撰写而成的"汉书学"专书在这一时期的政治活动、社会生活中发挥着重要作用，它们或是用于资政，或是用于启蒙教育，或是供科举考试参考，为当时的士人阶层提供了良好的学习材料。其四，宋元学人对历史和史学概念认识的清晰化使这一时期的"汉书学"专书中蕴含了明显的思辨色彩，这其中的论述显现出宋元学人于"汉书学"范畴中的史学思考。

第二，在宋元时期的许多学术笔记和文集中，都涉及了"汉书学"范畴的研究，这当中的研究成果比较零散，但也在一定程度上显现出系统的认识。如叶适在《习学记言序目》中就专设"《汉书》"为标目，下又设置"帝纪""表""志""列传"将条目分类阐述。宋元学术笔记和文集内容涉及广泛，不拘一格，使得其中有关《汉书》的讨论形式活泼，所涉及的研究领域全面而丰富，从而表现出撰述者对相关问题的鲜明认识。而宋元时期理学的发展和兴盛，影响着士人的历史认识和史学观念。因此，我们也由宋元笔记、文集中的丰富记载对这一时期"汉书学"的思想倾向有更加清晰的认识。

第三，宋元时期类书、目录书的编修，以及金石学的发展进一步丰富了"汉书学"的载体。首先，在宋元时期修撰的多种类书中，如北宋的《册府元龟》《太平御览》、南宋的《玉海》《群书考索》、元代的《新编事文类聚》等，许多材料都来自《汉书》原文，且其中不乏收录历代学人的"汉书学"成果，这显现出宋元类书修撰对《汉书》的重视。同时，这些类书的问世为宋元时期的"汉书学"研究提供了史料和学术观点方面的便利参考。而如章如愚撰《群书考索》，还在其中抒发己见，包含着他自己对《汉书》优劣、撰写方法等问题的具体认识。其次，这一时期官修和私修的目录书中，著录了宋代以前及宋元时期的主要"汉书学"成就，保留了《汉书》版本发展的主要线索。《直斋书录解题》《郡斋读书志》这样有录有评的目录学著作，对于后人梳理古代"汉书学"的发展脉络做出了不可忽视的贡献。最后，金石学在宋元时期的兴盛为"汉书学"研究提供了新的研究视角和方法。学者们以金石材料补《汉书》之阙、证《汉书》记载，扩充了"汉书学"研究的参考资料，为后来的西汉历史研究提供了一条新的路径。

基于以上三点，宋元"汉书学"研究的载体较之于宋代以前有了极大丰富，自此以后，明清时期编撰的类书、目录书、金石学专著等资料都成为我们认识古代"汉书学"时不可忽视的重要参考。

第三节 "汉书学"突显了史学的社会功能

一、"汉书学"的"经世"功能

至晚在中唐时期，中国古代的史家就明确地阐述史学与"经世"的关系，杜佑在《通典自序》中说："所纂《通典》，实采群言，征诸人事，将施有政。"[1]这就从理论上明确了史学对于现实社会的功用。《汉书》鲜明的历史鉴戒作用为宋元时期的统治集团所重视，这使宋元"汉书学"具备明显的"经世"功能。

宋真宗对"汉书学"的"经世"功能有明确的阐述，他提倡学者们研读《汉书》，从中吸收对国家发展有所裨益的因素，他曾经对大臣说："经史之文，有国家之龟鉴，保邦治民之要，尽在是矣。然三代之后典章文物、制度声名，参古今而适时用，莫若《史》《汉》。学者不可不尽心焉。……夫子之道，不可斯须而舍。迂儒或言尧、舜之时无夫子亦治，此浅识之甚，殊不知夫子之道，尧、舜之道也。故曰：'祖述尧、舜，宪章文、武。'又曰：'惟天为大，惟尧则之。'其惟尊尧而宗舜。所谓夫子之道，与尧、舜无异也。"[2]宋真宗向往三代的治国之道，而如何得知上古的治国方法呢？便是从经史记载中学习。宋真宗提到的"史"，特指《史记》《汉书》，他认为其中蕴含着"国家之龟鉴，保邦治民之要"。这促使大臣们在国家政策制定的具体实践中，将《汉书》记载视为重要的参考资料。熙宁二年（1069）十二月，与王安石交好的秘阁校理李常对青苗法的实施颇有异议，他在请求废除青苗法的第二封上疏中说：

---

1 杜佑：《通典自序》，《通典》，北京：中华书局，1992年，第1页。

2 李攸：《宋朝事实》卷三《圣学》，上海：中华书局，1935年，第38—39页。

　　臣谨按《前汉书·食货志》言：王莽每有所兴造，必依古传经文……伏观班固述王莽事，其详如此。其所施置，盖皆略本先王。而其初为说非不美也，及平缪戾，至使百姓无聊，摇手触禁，富者不得自保，贫者无以自存，而起为盗贼，卒以败亡者，何也？志于利故也。夫苟志于利，虽纯法三王，其法则犹不可行，况徒用其言，以欺世耶？孔子曰"放于利而行，多怨"，此明验也。今青苗法与王莽事无以异，浸违爱民之初意，一切以利为言而不顾。此臣所以知不复可行而愿罢也。臣愚实惧陛下未尽省览班固所载之始末，谨缮写其略，不惮上烦天听。伏望圣慈万几之暇，特赐反复观览而深鉴之。其青苗法，伏乞早降诏旨寝罢，天下幸甚。[1]

李常借用《汉书·食货志》记载王莽施行五均赊贷政策给国家带来的弊病，向神宗说明青苗法为国家带来的弊端。李常指出，王莽制定五均赊贷政策，依据的便是"《周礼》有贷赊，《乐语》有五均"，其本意是好的，但这种政策本质上"志于利"的目的使之在施行中暴露出诸多漏洞，反而"浸违爱民之初意"，而青苗法与五均赊贷十分相似。李常将《汉书》的有关记载转述给神宗，希望神宗看后能够"深鉴之"，从而废除青苗法。李常的担忧是有一定参考价值的，其后青苗法所暴露出来的种种问题，虽经屡次调整，但也无法根除其弊病。李常的这封上疏，是运用《汉书》记载考量国家当前政策的一次具体实践。

　　在宋元时期的"汉书学"一些成就中，明显表现出这一时期学人对"汉书学""经世"功能的认识。例如在北宋林虙编《西汉诏令》的书前，有其友人、著名学者程俱所作序。在此篇序中，程俱指出："古之盛王与道为一，故其酬酢之间，理言遗事皆足以为万世法。……而犹时有三代之遗法者，唯西汉为然。其进退美恶，不以溢言没其实，其申饬训戒皆至诚明白，节缓而思深。至丛脞

1　黄淮、杨士奇：《历代名臣奏议》卷二六五《理财》，上海：上海古籍出版社，1989年，第3464页下。

大坏之余，其施置虽已不合古道、当人心，然犹陈义恳到，雍容而不迫。此其一代之文流风未泯，顾犹不可及，又况文实兼盛哉。"[1]程俱指出，上古时期，盛世有德的帝王的议论足以为万世所效法，而综观历代诏令，只有西汉时期的还具有三代之风。西汉诏令中所蕴含的思想、道理仍对学人有很大意义，这不仅体现在其文字的表面风格，更体现在西汉诏令的"文实兼盛"上。林虚正是在这种认识的基础上编成《西汉诏令》，这是对现实有参考价值的重要内容。元代时苏天爵之所以重视《西汉诏令》《东汉诏令》，将二书合刊为《两汉诏令》，与其对现实的参考价值不无关系。

南宋时钱文子撰《补汉兵志》，这其中蕴含着他鲜明的"经世"思想；陈元粹撰《补汉兵志序》中记载了钱文子关于宋代冗兵和积弱的认识。钱文子曾经感叹，自宋太祖平定五代政权，"不出百年，天下民力殚矣，固已逆知后世以兵为病也。然当时徒见兵聚而精，不知其后兵聚而不可复用。盖自太宗既平太原，欲遂取幽、燕而不克，自是岁有契丹之扰，澶渊之役，仅能罢兵为和；而西夏之叛终莫得其要领。寻至永乐之衄，极为中原之变所在，战卒望风奔溃，迄未闻一战之获。渡江以来，稍自振刷，和议既成，寻复废弛。数十年来天下无事，衣粮犒赏不可少杀，生息长养而贪将黠吏得以浸容其奸，故老弱者难汰，虚籍者难核，安坐无事则骄，骄则难用，久聚而法弛则悍；悍则难制，生息繁而衣给有限则贫；贫则思乱，征行调发之日稀不闲，临阵决战之术则怯，怯则弃甲曳兵而走。今自京师禁卫江上诸屯诸州厢禁边上戍守，往往以百万为额而未尝可用也。夫以天下不及承平之半，而养百万无用之卒，凡今天下嗷嗷，行一切之术，网罗天下之遗利，以竭生民之力而楮币茶盐之法日益敝坏，皆为此也，抑可久而不知变乎？"[2]钱文子历陈宋太祖征服北汉政权以来国家在军事方面的

1　程俱：《西汉诏令序》，林虚：《两汉诏令》，元至正九年（1349）苏天爵刻本，北京：北京出版社，2005年，第1页。

2　陈元粹：《补汉兵志序》，钱文子：《补汉兵志》，《文渊阁四库全书》第663册，台北：台湾商务印书馆，1986年，第483页。

孱弱，与辽和西夏的征战皆很困难。自迁都江南，情况似有改观，然而自绍兴和议以来数十年无战事，导致国家之兵平日骄横凶悍，战时怯弱不堪，而军饷赏赐从未减少，又导致国库不盈，继而国家经济制度日益敝坏。钱文子认为国家积贫积弱的根源就在于兵制存在问题，故他"拳拳有意于汉家之遗制也……诚使稍取汉制，斟酌剂量，参而行于今日，以救其极敝。不十年间国力可纾，民力可裕"[1]。《补汉兵志序》作于嘉定甲戌年（1214），此时南宋与金尚处于对峙，钱文子对时局的批评可谓相当尖锐，他作为南宋官员，出于对国家的强烈责任感，研读《汉书》中有关西汉兵制的记载，撰成《补汉兵志》，为国家强兵富民提供具体改革政策。钱文子作为永嘉学派的一个代表人物，其"事功"思想在《补汉兵志》中可见一斑。

由此可见，宋元"汉书学"范畴中的不少研究，都蕴含着学人对这门学问"经世"功能的思考，学人在此认识基础上而进行的"汉书学"研究，其成果也在士人之间产生了一定的积极影响。

二、"汉书学"中的学术思考

史学的社会功能还体现在对当时学术思想发展的影响方面。"汉书学"不仅运用于政治活动中，同时对宋元时期学术思想的发展也有积极影响。宋元时期的学者对《汉书》中蕴含的思想比较重视，结合他们对"天""道""理"等概念的认识，产生了一些哲学方面的思考，在此略举几例。

南宋学者陈藻，字元洁，号乐轩，生卒年不详。陈藻指出《汉书》所记乐律难以承袭，故无须在此问题上进行争论："三分益一，至蕤宾而重上，生分寸多寡，次第有伦。班固易之错杂无序，是非可见，况至乎中吕其数太鲜，岂

1　陈元粹：《补汉兵志序》，钱文子：《补汉兵志》，《文渊阁四库全书》第663册，台北：台湾商务印书馆，1986年，第483—484页。

若三分益一能上生黄钟而与之为无穷哉？班固之必尔，非无所传授可得。"在陈藻看来，与其刻板地追求《汉书》所记的乐律标准，不如正确地认识乐在统一天人关系方面的作用，他指出："声出于气，气在天地，发而为声，则雷霆风雨是也。人以气化金石丝竹、匏土革木亦以气化八者之鸣。人实鼓之庸非气之所触乎？故天地人之籁庄周所以见道而言，而窃又谓地籁、人籁总可谓之天籁也。管之高下本以候气乐律生焉乐也者达十有二月之气，以盈乎天地之间，古之人谓乐以导和者，岂惟导人之和哉？亦导天地之和也矣。如是则议律不精，而天地之气其和必乖。"[1]陈藻指出"气"在客观世界中的重要地位，"气"存在于天地之间，人则是将"气"进行转化的关键力量。陈藻认为"气"存在于一切客观存在和主观活动当中，故"地籁""人籁"这样的声音也是包含在天籁之中的。那么以乐律来"导和"自然就不仅仅是"导人之和"，而是应当寻求客观世界与主观世界的一种和谐状态。陈藻的这段论述，表面上看是他对《汉书》所记乐律的研究，实际上蕴含了他对宇宙发展运动的认识。

永嘉学派的代表人物叶适则通过批评《汉书》记载，阐明他对历史发展动力的认识。叶适曾说："《诗》《书》古文，人主皆以有德王，无德亡；至邹衍妄造五德胜克，孔孟之徒未尝言也。而秦汉以来号为有识者，辨论不已。刘向父子乃言'帝出于震，包羲为木德而汉得火'，是何等见识！妄傅经义，希世媚上，昔之巫觋犹羞之，班固方依违而不敢明，盖桓谭郑兴之余烈。悲夫！君臣之道降，一至是乎！"[2]五德终始说是以五行相克的原则作为历史发展和皇朝更替的神秘力量，班固将这类无稽之谈继承下来，这是叶适所无法接受的。在叶适看来，"德"是决定国家命运的最重要因素，而"有德王，无德亡"就是历史发展的规律所在，那么最高统治者如何保持"有德"而使国家发展呢？

1　陈藻：《乐轩集》卷七《律》，《文渊阁四库全书》第1152册，台北：台湾商务印书馆，1986年，第98页。

2　叶适：《习学记言序目》卷二二《汉书二》，北京：中华书局，1977年，第311—312页。

自然是要体恤爱民、勤于政事，如"宣帝所以能称治而无大患者，以其主于爱民故也，然当时人主不能自名其为何术"[1]。叶适并不强调刻板使用某种治国之法，他认为在历史发展的长河中，只要治术符合当时的社会情况，都可以起到相应的良好效果，唯独不变的原则就是最高统治者是否有"德"。叶适强调人在历史发展中的重要作用，当然，在他看来，"德"最终也是源于"天"的，但他站在比较客观的角度看待历史发展进程，批判谶纬这类无稽之谈，是值得肯定的。元代学者李冶的观点与叶适类似，他批评班固撰《汉书》时不能驳正三统历中的错误："刘歆说三统历术，配合《易》与《春秋》，此所谓言及于数，吾无取焉。夫《易》载天地万物之变，以明著吉凶悔吝之象。《春秋》褒善贬恶，代天子赏罚，以垂法于后世。至于章蔀发敛之术，则羲和氏实掌之。而歆乃一一相偶，是亦好异者矣。……班固不明此理，不敢削去，千古而下，又无为辨之者，深可恨也。"[2]李冶是金元时期在数学方面颇具成就的学者，撰有《测圆海镜》《益古演段》，因此他对三统历的评价，是从科学研究角度产生的认识。李冶在他对《易》和《春秋》认识的基础上，指出《汉书》未能削去三统历荒诞之说的不足，他认识到历法的制定应是根据客观现象进行归纳总结，而不应如刘歆一般妄加附会。

此外，本书第四章论及吴仁杰在《两汉刊误补遗》中将"五常"纳入"五行"相配中，显现出吴氏对历史发展规律的思考。由这些具体例子可见，在宋元"汉书学"的研究范畴中，不少学者显现出强烈的思辨能力，由此而产生的哲学思考值得研究者所重视。

除上述几例之外，"汉书学"一定程度上还推动宋元学人对"六经"等经学问题认识的发展。《汉书·艺文志》将史书附于"春秋家"下，显现出班固

1　叶适：《习学记言序目》卷二一《汉书一》，北京：中华书局，1977年，第301页。

2　李冶：《敬斋古今黈》卷一，刘德权点校，北京：中华书局，1995年，第5页。

的崇经意识。北宋时，苏洵曾评价《史记》《汉书》说："迁、固史虽以事辞胜，然亦兼道与法而有之，故时得仲尼遗意焉。"[1]这是肯定司马迁和班固在叙事方面尚存经学的特点。然而自王安石提倡"新学"以来，"荣经陋史"的学术倾向在宋元时期逐渐蔓延开来。南宋时朱熹则强调"先经后史"[2]。在这种风气的影响之下，亦有学者借《汉书》中的观点阐发自己对"六经"的认识。

李冶从《汉书》所言"六经"与"五常"的关系发论，他说：

> 班孟坚论六经曰："《乐》以和神，仁之表也；《诗》以正言，义之用也；《礼》以明体，明者著见，故无训也；《书》以广听，智之术也；《春秋》以断事，信之符也。五者，盖五常之道，相须而备，而《易》为原。"考之班氏之说，俱为未允。独以《春秋》为信之符，似可附著，然其意亦未能尽。大抵《诗》之教，主于温柔敦厚，则《诗》近于仁也；《书》长于政，为政者惟断乃克，则《书》近于义也；《乐》之为物也，广博易良，而入人也深，则《乐》近于智也；《春秋》属辞比事，可笔则笔，可削则削，所以明示万世而无惑，则《春秋》有近于信也。今固以《乐》为仁，以《诗》为义，以《书》为智，而又以《春秋》断事为信之符，则俱误矣。[3]

这段论述来自李冶对《汉书·艺文志》记载的认识。班固将"六经"对应于"五常之道"，除《易》为本源，《礼》如其名，指代"礼"而"无训"外，分别将《乐》《诗》《书》《春秋》对应于仁、义、智、信。李冶则指出其中对应关系的不妥之处，他认为只有《春秋》与信的关系比较得当，但这一对应关系也并非仅仅如班固

---

1 苏洵：《嘉祐集笺注》卷九《史论中》，上海：上海古籍出版社，1993 年，第 232 页。

2 向燕南：《从"荣经陋史"到"六经皆史"——宋明经史关系说的演化及意义之探讨》，《史学理论研究》，2001 年第 4 期。

3 李冶：《敬斋古今黈》卷九，刘德权点校，北京：中华书局，1995 年，第 121 页。

所说"《春秋》为信之符"这样简单。可以看出，将"六经"分别对应于"五常"，是李冶与班固在"六经"认识方面的共识，然而在具体的对应关系方面，二者则显现出很大不同，这表现出这一时期学者与班固在"六经"认识方面的明显差异。尤其是关于《春秋》的看法，李冶强调《春秋》"属辞比事"这一特点，进而又指出"可笔则笔，可削则削"的记载方法，以及"所以明示万世而无惑"的现实功用，显示出他对《春秋》史书性质的朦胧认识。李冶是活跃于金末元初的学者，他对班固观点所做的评价一定程度上可以反映出宋元时期少数民族政权治下学者的"六经"观念，以及他们经史关系认识的倾向。

小 结

宋元"汉书学"较之于前代的研究，在研究范围上的明显扩展，推动了与"汉书学"相关的研究领域迅速发展；宋元学人在"汉书学"研究过程中产生的认识，促使他们对一些重要问题进行深入思考，显现出宋元学术发展的转型趋势。这些趋势不仅成为宋元"汉书学"的显著特点，同时也促进明清时期相关研究的发展，直接影响着明清"汉书学"的面貌。

综观宋元"汉书学"全貌，我们不难发现，这一时期的研究是中国古代"汉书学"的转型时期，其内在发展趋势较之于宋代以前显现出明显的自身特点，同时又影响着明清学者的治学兴趣与风格。以笔者浅见，宋元"汉书学"发展的主要趋势有以下几点：由文本训释到专门化研究。东汉以降，学者们重《汉书》文本训释的研究风气至唐代颜师古《汉书注》的问世达到巅峰。宋元学人在继承前人通释性研究成就的基础上依然取得一些成就。更重要的是，宋元时期的学者从内涵丰富的"汉书学"中抽绎出独立、专门的研究领域，如《汉艺文志考证》成为第一部以文献考据方法研究《汉书》志部分的专著；《班马异同》

开辟《史记》《汉书》对比研究的先河等。宋元"汉书学"发展的以上几种主要趋势对明清的"汉书学"有直接影响。明清时期,依旧不乏凌稚隆撰成《汉书评林》、王先谦撰成《汉书补注》,使二者成为《汉书》通释性研究的集大成者,而许相卿撰成《史汉方驾》,使他成为明代《史记》《汉书》对比研究领域的代表人物。此外,诸如梁玉绳的《汉书古今人表考证》、王元启的《汉书律历志正讹》、宋鉴的《汉书地理考》等一批专门研究著作出现,显现出明清学人在《汉书》文本训释和专门化研究方面的深入。

由少数学者专精到士人普遍研读。自东汉马融从班昭受读《汉书》,直至宋代以前,"汉书学"的发展显现出学术传承的脉络。如姚思廉"少受汉史"于其父姚察,而姚思廉的孙子姚班又继承家学撰成《汉书训纂》;撰有《汉书音》的刘显之子刘臻"精于两《汉书》,时人称为'《汉》圣'"[1];包恺则"从王仲通受《史记》《汉书》,尤称精究"[2];颜师古在其叔父颜游秦所撰《汉书决疑》的基础上继承家学。故元代人讲"古人看《汉书》皆有传授,不然有难晓者"[3]。至宋元时期,虽然这种重视学术传统的风气依旧存在,如刘攽、刘敞、刘奉世,通过家学传承,皆以治《汉书》闻名于世,但这已经不是"汉书学"传承的主流方式了。宋元时期的史学家、文学家、朝中名臣、寻常府吏、一般举子都为这一时期的"汉书学"贡献力量,使这门学问走入寻常巷陌,流传于社会生活当中。在凌稚隆《汉书评林》所参考的各家言论中,仅宋元学者就达六十四家,而他参考本朝学者的观点也多达六十二家,[4]这充分体现出宋元时期研读《汉书》的风气亦盛行于明代。

由倚重《汉书》文本到质疑《汉书》。宋代以前,学者对《汉书》文本的

---

1 魏征等:《隋书》卷七六《文学列传》,北京:中华书局,1973 年,第 1731 页。

2 魏征等:《隋书》卷七五《儒林列传》,北京:中华书局,1973 年,第 1716 页。

3 王恽:《玉堂嘉话》卷二,上海:商务印书馆,1939 年,第 11 页。

4 凌稚隆:《汉书评林·姓氏》,《汉书评林》,明万历辛巳(1581)刻本,第 1—4 页。

态度大多是尽信无疑，其至是对颜注也少有质疑："《汉书》未经颜氏之前，凡几家，一经颜氏之后，后人不能易其说。"[1]而宋元时期的"汉书学"中，学者们不仅订正了许多颜师古注本中的讹误，同时对《汉书》原文的记载也有不少精当考订，还进一步从史学认识的角度论证班固撰写《汉书》时的种种得失，并将这些认识运用到历史撰写的实践中去，显示出中国古代"汉书学"发展由实践到认识，到再实践、再认识的规律。自乾嘉考据学兴盛，在学者们重视朴学的倾向之下，对《汉书》文本的考辨就更加常见了。

1　郑樵：《通志》卷六三《艺文略一》，北京：中华书局，1987年，第758页下。

结语

《汉书》作为中华文明宝库中的一部重要史书，历代学人对其重要性都有比较深刻的认识，对其展开深入和细致的研究是十分必要的。宋元"汉书学"的发展历程，一定程度上能够反映出中国古代"汉书学"发展至今的内在动力。回望20世纪，"汉书学"领域所取得的研究成就值得肯定，而"《汉书》作为标志着中国传统史学确立的名著，拿已有的研究成果与其历史地位相比，又是很不够的"[1]。步入21世纪，"汉书学"面临着一些新的契机与问题。那么研究者们应当注重从哪些方面推动"汉书学"继续发展，笔者在此仅粗略提出几点不成熟的思考：西汉大一统的政治局面再认识。班固撰写西汉一代历史，其思想有着很深的家学传统。建武元年（25），班彪为了表明对刘秀所建立的东汉皇朝的支持，作《王命论》，宣扬"汉绍尧运"，这无疑对班固有很大影响。加之班固处于东汉前期统治相对稳定，社会生产力恢复，国家较为强盛的时期，他面对王朝的更迭，深感维护国家政治稳定的重要性。故班固撰《汉书》，着眼于西汉一代，遂开纪传体断代史之先河，给大一统的西汉王朝以极其突出的历史地位，将这些历史经验和教训加以总结，为东汉的统一局面提供支持。大致来看，班固对西汉大一统政治局面的宣扬，一方面体现在思想上，他重视记述西汉皇帝、王侯将相的丰功伟绩，并将历史上许多阴阳灾异现象与政治统一结合起来；另一方面班固注意总结维护大一统国家政治稳定的具体方法，如在谈到西汉边境受到匈奴威胁时，他提出要"权时施宜，复以威德"等。班固的做法固然有维护封建正统的目的，但《汉书》中有关治国的经验、教训至今仍有其历史意义。作为中国历史上第一部记载大一统皇朝的正史，《汉书》对西汉政治、社会等方面的记载，都是进一步研读《汉书》时应着重留意的。

1　陈其泰：《〈汉书〉研究·前言》，《〈汉书〉研究》北京：中国大百科全书出版社，2009年，第27页。

　　《地理志》《西域传》《张骞传》与古代丝绸之路。20 世纪以来，一些学者已注意到《汉书》中有关丝绸之路及其沿线的记载，如白寿彝先生说："（《汉书》）创立了《西域传》，记述了今新疆境内各民族、城邦的风土、户口和道路远近，记述了安息、大月氏、大夏、犁靬、条支等中亚、西南亚国家的历史。无论在国内民族史或中亚、西南亚古民族史的研究上，《西域传》占了重要的文献地位。"[1]西域作为中国古代各少数民族聚居的重要区域，同时也是古代陆上丝绸之路途经的区域，自张骞所开辟的丝绸之路，经过武、昭、宣以来的经营，在西汉中后期的中外交流史上发挥着重要作用，成为华夏文明与西亚乃至欧洲交流的最重要通道，对古代西域地区的研究仍具有不少空间。陈其泰先生认为："《汉书·地理志》所囊括的边疆史地材料，为后代地理志所不及……班固所载武帝新开河西四郡，可以了解到西汉时河西走廊有良好的水利条件……由于西汉王朝的苦心经营，才保证丝绸之路的畅通无阻。"[2]班固作为史学家，具有恢宏的视野，故《汉书》记载张骞出使西域的创举，详细描述了古代中西交通的大致路线："自玉门、阳关出西域有两道：从鄯善傍南山北，波河西行至莎车，为南道，南道西逾葱岭则出大月氏、安息。自车师前王廷随北山，波河西行至疏勒，为北道，北道西逾葱岭则出大宛、康居、奄蔡焉。"[3]在《地理志》中也着重对沿线的地理环境加以记载。从今天的认识来看，丝绸之路在中国古代历史上的重要地位不言而喻，《汉书》中对于西域各民族社会状况和沿线的人文、自然条件的丰富记载对于今天具有宝贵价值。古代丝绸之路在中国历史上于经济往来、文化交流、民族关系方面长期发挥着积极作用。当前，中国提出"丝绸之路经济带"和"21 世纪海上丝绸之路"的"一带一路"倡议，以丝绸之路

1　白寿彝：《司马迁与班固》，《北京师范大学学报》，1963 年第 4 期。

2　陈其泰：《对〈汉书〉十志的总体考察》，《汉中师院学报》，1993 年第 4 期、1994 年第 2 期。

3　班固：《汉书》卷九六上《西域传上》，北京：中华书局，1962 年，第 3782 页。

带动我国各民族经济、文化和谐发展，为整个欧亚大陆开辟更为宽广的发展空间，正在谱写新的伟大历史篇章。故从《汉书》研究的角度来看，对《汉书》中丝绸之路及其沿线相关记载的进一步深入研究，既是学术研究发展的必然趋势，也是当前国家政策借鉴、推动史学在社会中广泛传播，扩大中华文明影响的总体要求。这是新的时期"汉书学"研究领域所应肩负的责任。

刘向、刘歆校书与传承优秀传统文化。《汉书》在《楚元王传》附传以及《艺文志》中，记载了刘向、刘歆父子对前代典籍的整理。由于汉成帝时"书颇散亡"，刘向奉命开始"校经传诸子诗赋"，"辄条其篇目，撮其指意，录而奏之"[1]。刘向死后，其子刘歆"复领《五经》，卒父前业。歆乃集六艺群书，种别为《七略》"[2]。考察刘向、刘歆父子的功绩，其一是班固在《七略》的基础上，"删其要，以备篇籍"，才有《汉书·艺文志》的出现。其后各正史中经籍志、艺文志的编修，以及数量繁多的官修、私修目录书，都受到《七略》影响很大。[3]其二是刘向、刘歆父子在校书过程中所留下的校勘记载，为后世校勘典籍提供了宝贵的经验。其三，也是最重要的一点，刘向、刘歆的校书工作，历时二十多年，是一次大规模的典籍整理，这项工作的深远意义在于"后世流传乃至我们今日看到的西汉及其以前的古书，其篇章、文字甚至某些书名都是他们校订的"[4]。刘向、刘歆父子在目录学、校勘学方面的成就流传，这是传统文化在狭义上的一种传承。而从广义角度来看，刘向、刘歆父子具备传承优秀传统文化的意识，并以严谨的态度，"条其篇目，撮其指意"，尽其所能，为最大程度上将西汉之前的典

1　班固：《汉书》卷三○《艺文志》，北京：中华书局，1962 年，第 1701 页。

2　班固：《汉书》卷三六《楚元王传》附《刘歆传》，北京：中华书局，1962 年，第 1967 页。

3　《七略》分为《辑略》《六艺略》《诸子略》《诗赋略》《兵书略》《术数略》《方技略》。《汉书·艺文志》本之《七略》，不设史部，至《隋书·经籍志》采取经史子集四分法，始著录《汉书》研究专书二十种，《新唐书·艺文志》新增《汉书》研究专书十一种，《宋史·艺文志》增宋代《汉书》研究专书十四种。此亦可看作古代《汉书》研究发展的一种表现。

4　熊铁基：《刘向校书详析》，《史学月刊》，2006 年第 7 期。

籍加以校正，做出了长期不懈的努力。推而广之，古代学人也正是秉承传承优秀文化的意识，最终构建起中国优秀传统文化的巨大宝库，这一宝库是中华民族永远不能离别的精神家园。《汉书》中的相关记载，以及《汉书》本身流传至今，"汉书学"得以不断发展，都是传承优秀传统文化的具体环节。从整个社会的角度看，将优秀传统文化传承下去不仅仅是学者的责任，同时也中国各族人民增强文化自信，实现中华民族伟大复兴的必由之路。

中国古代的"汉书学"为近代以来"汉书学"的发展奠定了基础。据笔者不完全统计，2000年以后以《汉书》、班固为研究对象的各类论文，数量就超过一千篇。这从一个侧面反映了"汉书学"的学术生命力。21世纪，"汉书学"的研究空间仍然广阔，如对十志中《食货志》《刑法志》《地理志》《艺文志》等篇的思想特点和体例布局等方面的挖掘等。此外，深化《史记》《汉书》对比研究，开展《汉书》与西方史学名著的比较研究，都必将使"汉书学"迈上新的台阶。在新时代的召唤和激励下，人们以新的视角看待《汉书》，"汉书学"的进一步发展，也必定会使宝贵而丰富的中国古代史学遗产绽放出更加耀眼的光芒。

参考文献

历史文献

1. 司马迁：《史记》，北京：中华书局，1959 年。

2. 班固：《汉书》，北京：中华书局，1962 年。

3. 班固：《汉书》，北宋刻递修本，北京：北京图书馆出版社，2003 年。

4. 班固：《汉书》，宋蔡琪家塾刻本，北京：北京图书馆出版社，2003 年。

5. 班固：《汉书》，南宋庆元元年（1195）刘元起刻本，北京：北京图书馆出版社，2006 年。

6. 班固：《汉书》，元大德九年（1305）太平路儒学刻本书，北京：北京图书馆出版社，2005 年。

7. 荀悦：《汉纪》，北京：中华书局，2002 年。

8. 陈寿：《三国志》，北京：中华书局，1959 年。

9. 范晔：《后汉书》，北京：中华书局，1965 年。

10. 沈约：《宋书》，北京：中华书局，1974 年。

11. 萧子显：《南齐书》，北京：中华书局，1972 年。

12. 姚思廉：《陈书》，北京：中华书局，1972 年。

13. 姚思廉：《梁书》，北京：中华书局，1973 年。

14. 李百药：《北齐书》，北京：中华书局，1972 年。

15. 魏收：《魏书》，北京：中华书局，1974 年。

16. 令狐德棻等：《周书》，北京：中华书局，1971 年。

17. 魏征等：《隋书》，北京：中华书局，1973 年。

18. 房玄龄等：《晋书》，北京：中华书局，1974 年。

19.韩愈：《韩昌黎文集》，马其昶校注，上海：上海古籍出版社，1986 年。

20.刘知几：《史通》，浦起龙通释，上海：上海古籍出版社，2009 年。

21.杜佑：《通典》，北京：中华书局，1988 年。

22.刘昫等：《旧唐书》，北京：中华书局，1975 年。

23.柳开：《河东集》，《文渊阁四库全书》第 1085 册，台北：台湾商务印书馆，1986 年。

24.王禹偁：《小畜集》，《文渊阁四库全书》第 1086 册，台北：台湾商务印书馆，1986 年。

25.史温：《钓矶立谈》，《文渊阁四库全书》第 464 册，台北：台湾商务印书馆，1986 年。

26.薛居正：《旧五代史》，北京：中华书局，1976 年。

27.李昉等：《太平御览》，北京：中华书局，1960 年。

28.李昉等：《文苑英华》，北京：中华书局，1960 年。

29.范仲淹：《范仲淹全集》，成都：四川大学出版社，2002 年。

30.孙甫：《唐史论断》，丛书集成初编本，北京：中华书局，1985 年。

31.宋祁：《景文集》，上海：商务印书馆，1936 年。

32.杨侃：《两汉博闻》，上海：商务印书馆，1936 年。

33.欧阳修：《新五代史》，北京：中华书局，1974 年。

34.欧阳修等：《新唐书》，北京：中华书局，1975 年。

35.欧阳修：《欧阳修全集》，李逸安点校，北京：中华书局，2001 年。

36.司马光：《资治通鉴》，北京：中华书局，1956 年。

37.司马光：《稽古录》，王亦令点校，北京：中国友谊出版公司，1987 年。

38.吴缜：《新唐书纠谬》，上海：商务印书馆，1936 年。

39.曾巩：《曾巩集》，北京，中华书局，1984 年。

40.刘敞：《公是集》，《文渊阁四库全书》1095 册，台北：台湾商务印书馆，1986 年。

41.刘恕：《资治通鉴外纪》，上海：上海古籍出版社，1987 年。

42.苏洵：《嘉祐集》，曾枣庄、金成礼笺注，上海：上海古籍出版社，1993 年。

43.苏轼：《苏诗文集》，张志烈等校注，石家庄：河北人民出版社，2010 年。

44.苏轼：《苏轼诗集》，张志烈等校注，石家庄：河北人民出版社，2010 年。

45.王安石：《王安石全集》，上海：上海古籍出版社，1999 年。

46.沈括：《梦溪笔谈》，上海：上海古籍出版社，1987 年。

47. 陶叔献：《两汉策要》，清乾隆五十六年（1791）影印本。

48. 欧阳忞：《舆地广记》，成都：四川大学出版社，2003 年。

49. 范祖禹：《范太史集》，《文渊阁四库全书》第 1100 册，台北：台湾商务印书馆，1986 年。

50. 范祖禹：《唐鉴》，上海：商务印书馆，1937 年。

51. 秦观：《淮海集》，《文渊阁四库全书》第 1115 册，台北：台湾商务印书馆，1986 年。

52. 刘弇：《龙云集》，《文渊阁四库全书》第 1119 册，台北：台湾商务印书馆，1986 年。

53. 邵伯温：《闻见录》，北京：中华书局，1983 年。

54. 邵博：《邵氏闻见后录》，北京：中华书局，1983 年。

55. 叶梦得：《避暑录话》，上海：商务印书馆，1939 年。

56. 叶梦得：《石林燕语》，《文渊阁四库全书》第 863 册，台北：台湾商务印书馆，1986 年。

57. 程俱：《班左海蒙》，清抄本，《衢州文献集成》第 134 册，北京：国家图书馆出版社，2015 年。

58. 赵明诚：《金石录校证》，金文明校证，桂林：广西师范大学出版社，2005 年。

59. 林虑：《两汉诏令》，《文渊阁四库全书》第 225 册，台北：台湾商务印书馆，1986 年。

60. 王观国：《学林》，北京：中华书局，1988 年。

61. 吴曾：《能改斋漫录》，郑州：大象出版社，2013 年。

62. 马永卿：《元城语录解》，上海：商务印书馆，1939 年。

63. 刘子翚：《屏山集》，明刻本，日本内阁文库第 10255 号。

64. 王之望：《汉滨集》，《文渊阁四库全书》第 1139 册，台北：台湾商务印书馆，1986 年。

65. 周遴之：《海陵集》，《文渊阁四库全书》第 1142 册，台北：台湾商务印书馆，1986 年。

66. 王十朋：《梅溪前集》，《文渊阁四库全书》第 1151 册，台北：台湾商务印书馆，1986 年。

67. 李心传：《建炎以来系年要录》，北京：中华书局，1956 年。

68. 李心传：《建炎以来朝野杂记》，徐规点校，北京：中华书局，2000 年。

69. 叶隆礼：《契丹国志》，李西宁点校，济南：齐鲁书社，2000 年。

70. 王益之：《西汉年纪》，《文渊阁四库全书》第 329 册，台湾商务印书馆，1986 年。

71. 黄朝英：《靖康缃素杂记》，上海：上海古籍出版社，1986 年。

72. 赵彦卫：《云麓漫钞》，北京：中华书局，1996 年。

73. 郑樵：《通志》，北京：中华书局，1987 年。

74. 李焘：《续资治通鉴长编》，北京：中华书局，1995 年。

75. 洪迈：《容斋随笔》，北京：中华书局，2005 年。

76. 朱熹：《晦庵先生朱文公集》，上海：上海古籍出版社、合肥：安徽教育出版社，2002 年。

77. 袁枢：《通鉴纪事本末》，北京：中华书局，1997 年。

78. 张栻：《南轩集》，四库全书本，北京：商务印书馆，1986 年。

79. 张邦基：《墨庄漫录》，北京：中华书局，2002 年。

80. 吕祖谦：《吕祖谦全集》，杭州：浙江古籍出版社，2008 年。

81. 钱文子：《补汉兵志》，《文渊阁四库全书》第 663 册，台北：台湾商务印书馆，1986 年。

82. 李攸：《宋朝事实》，上海：中华书局，1935 年。

83. 陈亮：《陈亮集》，北京：中华书局，1987 年。

84. 倪思：《班马异同》，刘辰翁评点，明刻本，哈佛大学燕京图书馆藏。

85. 陈季雅：《两汉博议》，《敬乡楼丛书》第 4 辑，永嘉黄氏排印本，1935 年。

86. 叶适：《叶适集》，北京：中华书局，1976 年。

87. 叶适：《习学记言序目》，北京：中华书局，1977 年。

88. 王楙：《野客丛书》，上海：上海古籍出版社，1991 年。

89. 高似孙：《史略》，南宋刻本，日本国立公文书馆藏，内阁文库第 9269 号。

90. 钱时：《两汉笔记》，《文渊阁四库全书》第 686 册，台北：台湾商务印书馆，1986 年。

91. 真德秀：《文章正宗纲目》，《文渊阁四库全书》第 1355 册，台北：台湾商务印书馆，1986 年。

92. 楼昉：《崇古文诀》，《文渊阁四库全书》第 1115 册，台北：台湾商务印书馆，1986 年。

93. 陈振孙：《直斋书录解题》，上海：上海古籍出版社，1987 年。

94. 岳珂：《鄂国金佗稡编》，王曾瑜校注，北京：中华书局，1989 年。

95. 罗大经：《鹤林玉露》，北京：中华书局，1983 年。

96. 晁公武：《郡斋读书志》，孙猛校证，上海：上海古籍出版社，2006 年。

97. 章如愚：《群书考索》，扬州：广陵书社，2008 年。

98. 张镃：《仕学规范》，《文渊阁四库全书》第 875 册，台北：台湾商务印书馆，1986 年。

99. 魏了翁：《鹤山集》，《文渊阁四库全书》第 1173 册，台北：台湾商务印书馆，1986 年。

100. 王应麟：《玉海》，南京：江苏古籍出版社、上海：上海书店，1987 年。

101. 王应麟：《困学纪闻》，上海：上海古籍出版社，2008 年。

102. 王应麟：《汉制考》，张三夕、杨毅点校，北京：中华书局，2011 年。

103. 王应麟：《汉艺文志考证》，张三夕、杨毅点校本，北京：中华书局，2011 年。

104. 楼机：《班马字类》，《文渊阁四库全书》第 225 册，台北：台湾商务印书馆，1986 年。

105. 周密：《齐东野语》，北京：中华书局，1983 年。

106. 吴仁杰：《两汉刊误补遗》，丛书集成初编本，北京：中华书局，1991 年。

107. 黎靖德：《朱子语类》，北京：中华书局，1994 年。

108. 李耆卿：《文章精义》，刘明晖校点，北京：人民文学出版社，1960 年。

109. 魏天应：《论学绳尺》，《文渊阁四库全书》第 1358 册，台北：台湾商务印书馆，1986 年。

110. 佚名：《汉书考正》，稽瑞楼藏清抄本。

111. 王若虚：《滹南遗老集》，北京：中华书局，1985 年。

112. 李冶：《敬斋古今黈》，刘德权点校，北京：中华书局，1995 年。

113. 刘祁：《归潜志》，北京：中华书局，1983 年。

114. 许衡：《鲁斋遗书》，《文渊阁四库全书》第 1198 册，台北：台湾商务印书馆，1986 年。

115. 郝经：《陵川集》，《摛藻堂四库全书荟要》，台北：台北世界书局，1985 年。

116. 王恽：《玉堂嘉话》，北京：中华书局，2006 年。

117. 王恽：《秋涧集》，《文渊阁四库全书》第 1200 册，台北：台湾商务印书馆，1986 年。

118. 姚燧：《牧庵集》，上海：商务印书馆，1936 年。

119. 白珽：《湛渊静语》，《文渊阁四库全书》第 866 册，台北：台湾商务印书馆，1986 年。

120. 马端临：《文献通考》，北京：中华书局，1986 年。

121. 黄溍：《日损斋笔记》，上海：商务印书馆，1937 年。

122. 迺贤：《河朔访古记》，《文渊阁四库全书》第 593 册，台北：台湾商务印书馆，1986 年。

123. 苏天爵：《元朝名臣事略》，北京：中华书局，1996 年。

124. 苏天爵：《元文类》，上海：商务印书馆，1936 年。

125. 梁寅：《策要》，南京：江苏古籍出版社，1988 年。

126. 脱脱等：《宋史》，北京：中华书局，1977 年。

127. 脱脱等：《辽史》，北京：中华书局，1974 年。

128. 脱脱等：《金史》，北京：中华书局，1975 年。

129. 朱礼：《汉唐事笺》，南京：江苏古籍出版社，1988 年。

130. 宋濂等：《元史》，北京：中华书局，1976 年。

131. 凌稚隆：《汉书评林》，明万历十一年（1583）刻本。

132. 黄淮、杨士奇：《历代名臣奏议》，上海：上海古籍出版社，1989 年。

133. 卢文弨：《读史札记》，北京：中华书局，2010 年。

134. 王鸣盛：《十七史商榷》，上海：上海书店，2005 年。

135. 赵翼：《廿二史札记》，北京：中华书局，1984 年。

136. 毕沅：《续资治通鉴》，北京：中华书局，1957 年。

137. 章学诚：《文史通义》，北京：中华书局，1994 年。

138. 董诰等：《全唐文》，北京：中华书局，1983 年。

139. 永瑢等：《四库全书总目》，北京：中华书局，1965 年。

140. 永瑢：《钦定历代职官表》，上海：商务印书馆，1936 年。

141. 阮元：《唐宋注疏十三经》，北京：中华书局，2002 年。

142. 徐松：《宋会要辑稿》，北京：中华书局，1957 年。

143. 瞿镛：《铁琴铜剑楼藏书目录》，《续修四库全书》第 926 册，上海：上海古籍出版社，2002 年。

144. 王先谦：《汉书补注》，上海：上海古籍出版社，2008 年。

145. 叶德辉：《书林清话》，耿素丽点校，北京：国家图书馆出版社，2009 年。

146. 二十五史刊行委员会：《二十五史补编》，上海：开明书店，1937 年。

147. 陈述：《全辽文》，北京：中华书局，1982 年。

148. 许逸民、常振国：《中国历代书目丛刊》，北京：现代出版社，1987 年。

149. 曾枣庄：《全宋文》，成都：巴蜀书社，1988—1994 年。

150. 阎凤梧：《全辽金文》，太原：山西古籍出版社，2002 年。

151. 李修生：《全元文》，南京：江苏凤凰出版社，2004 年。

152. 《宋元笔记小说大观》，上海：上海古籍出版社，2001 年。

153. 吴平等：《〈汉书〉研究文献辑刊》，北京：国家图书馆出版社，2008 年。

154. 《大元圣政国朝典章》，陈高华等点校，北京：中华书局、天津：天津古籍出版社，2011 年。

155. 朱易安、傅璇琮等：《全宋笔记》，郑州：大象出版社，2003—2012 年。

近人今人著作

1. 李思纯：《元史学》，上海：中华书局，1926 年。

2. 郑鹤声：《班固年谱》，上海：商务印书馆，1929 年。

3. 赵万里等：《中国版刻图录》，北京：文物出版社，1960 年。

4. 安作璋：《班固与〈汉书〉》，济南：山东人民出版社，1979 年。

5. 陈直：《汉书新证》，天津：天津人民出版社，1979 年。

6. 朱维铮：《周予同经学史论著选集》，上海：上海人民出版社，1983 年。

7. 尹达：《中国史学发展史》，郑州：中州古籍出版社，1987 年。

8. 瞿林东：《唐代史学论稿》，北京：北京师范大学出版社，1989 年。

9. 李治安、王晓欣：《元史学概说》，天津：天津教育出版社，1989 年。

10. 吴怀祺：《宋代史学思想史》，合肥：黄山书社，1992 年。

11. 陈植锷：《北宋文化史述论》，北京：中国社会科学出版社，1992 年。

12. 姚伯岳：《版本学》，北京：北京大学出版社，1993 年。

13. 黄宽重：《宋史丛论》，台北：新文丰出版公司，1993 年。

14. [日] 尾崎康：《以正史为中心的宋元版本研究》，北京：北京大学出版社，1993 年。

15. 陈其泰：《再建丰碑——班固和〈汉书〉》，北京：生活·读书·新知三联书店，1994 年。

16. 李天石：《宋辽金史研究概述》，天津：天津教育出版社，1995 年。

17. 安作璋：《班固评传》，南宁：广西教育出版社，1996 年。

18. 侯外庐、邱汉生、张岂之：《宋明理学史》，北京：人民出版社，1997 年。

19. 王树民：《中国史学史纲要》，北京：中华书局，1997 年。

20. 吴怀祺：《郑樵评传》，南宁：广西教育出版社，1997 年。

21. 黄进德：《欧阳修评传》，南京：南京大学出版社，1998 年。

22. 白寿彝：《中国史学史论集》，北京：中华书局，1999 年。

23. 白寿彝：《中国通史》，上海：上海人民出版社，1999 年。

24. 吴万居：《宋代三礼学研究》，台北：台湾"国立"编译馆，1999 年。

25. 白寿彝：《中国史学史教本》，北京：北京师范大学出版社，2000 年。

26. 吴泽：《史学概论》，合肥：安徽教育出版社，2000 年。

27. 汤勤福：《朱熹的史学思想》，济南：齐鲁书社，2000 年。

28. 漆侠：《宋学的发展和演变》，石家庄：河北人民出版社，2002 年。

29. 匡亚明：《班固评传》，南京：南京大学出版社，2002 年。

30. 吴怀祺：《中国史学思想通史·宋辽金卷》，合肥：黄山书社，2002 年。

31. 周少川：《中国史学思想通史·元代卷》，合肥：黄山书社，2002 年。

32. 田浩：《宋代思想史论》，北京：社会科学文献出版社，2003 年。

33. 张新科：《史记学概论》，北京：商务印书馆，2003 年。

34. 葛兆光：《中国思想史》，上海：复旦大学出版社，2004 年。

35. 瞿林东：《中国史学的理论遗产》，北京：北京师范大学出版社，2005 年。

36. 李锡厚等：《辽西夏金史研究》，福州：福建人民出版社，2005 年。

37. 杨树达：《汉书窥管》，上海：上海古籍出版社，2006 年。

38. 白寿彝：《中国史学史》，上海：上海人民出版社，2006 年。

39. 刘家和：《史学、经学与思想》，上海：上海人民出版社，2006 年。

40. 蒙文通：《中国史学史》，上海：上海人民出版社，2006 年。

41. 谢保成：《中国史学史》，北京：商务印书馆，2006 年。

42. 金毓黻：《中国史学史》，北京：商务印书馆，2007 年。

43. 燕永成：《南宋史学研究》，兰州：甘肃人民出版社，2007 年。

44. 安作璋、熊铁基：《秦汉官制史稿》，济南：齐鲁书社，2007 年。

45. 中华大典工作委员会、中华大典编辑委员会：《中华大典·历史典·史学理论与史学史分典》，上海：海古籍

　　出版社，2007 年。

46. 李零：《铄古铸今——考古发现和复古艺术》，北京：生活·读书·新知三联书店，2007 年。

47. 萧启庆：《内北国而外中国—蒙元史研究》，北京：中华书局，2007 年。

48. 孙亭玉：《班固文学研究》，长沙：湖南人民出版社，2008 年。

49. [日] 内藤湖南：《中国史学史》，上海：上海古籍出版社，2008 年。

50. 罗炳良：《南宋史学史》，北京：人民出版社，2008 年年。

51. 王盛恩：《宋代官方史学研究》，北京：人民出版社，2008 年。

52. 梁启超：《中国历史研究法》，北京：中华书局，2009 年。

53. 陈其泰、张爱芳：《〈汉书〉研究》，北京：中国大百科全书出版社，2009 年。

54. 陈其泰、赵永春：《班固评传》，南京：南京大学出版社，2009 年。

55. 吴凤霞：《辽金元史学研究》，北京：中国社会科学出版社，2009 年。

56. 杜维运：《中国史学史》，北京：商务印书馆，2010 年。

57. 瞿林东：《中国史学史纲》，北京：北京师范大学出版社，2010 年。

58. 杨果：《宋辽金史论稿》，北京：商务印书馆，2010 年。

59. 瞿林东：《中国古代历史理论》，合肥：安徽人民出版社，2011 年。

60. 严耕望：《治史三书》，上海：上海人民出版社，2011 年。

61. 刘叶秋：《历代笔记概述》，北京：北京出版社，2011 年。

62. 钱茂伟：《王应麟学术评传》，北京：中华书局，2011 年。

63. [美] 艾尔曼：《从理学到朴学》，南京：江苏人民出版社，2012 年。

64. 杨翼骧、乔治忠、朱洪斌：《增订中国史学史资料编年》，北京：商务印书馆，2013 年。

65. 瞿林东：《中国古代史学批评纵横（增订版）》，重庆：重庆出版社，2016 年。

66. 杨倩如：《汉书学史（现当代卷）》，北京：人民出版社，2018 年。

近人今人论文

1. 余嘉锡：《太史公书亡篇考》，《辅仁学志》第 15 卷，1937 年，第 1、2 合期。

2. 安作璋：《论吕后》，《山东师范学院学报（社科版）》，1962 年第 1 期。

3. 白寿彝：《司马迁与班固》，《北京师范大学学报》，1963 年第 4 期。

4. 许道勋：《论经史关系的演变》，《复旦学报（社科版）》，1983 年第 2 期。

5. [日] 冨谷至：《"史书"考》，《西北大学学报》，1983 年第 1 期。

6. 施丁：《两司马史学异同管窥》，刘乃和、宋衍申：《〈资治通鉴〉丛论》，郑州：河南人民出版社，1985 年。

7. 许凌云：《刘知几关于史汉体例的评论》，《史学史研究》，1985 年 4 期。

8. 朱仲玉：《徐天麟和〈两汉会要〉》，《江西社会科学》，1985 年第 5 期。

9. 陈杏珍：《〈两汉诏令〉及其刻本》，《文献》，1986 年第 1 期。

10. 钟岱：《〈汉书叙例〉在著述体例上的创造性》，《史学史研究》，1986 年第 1 期。

11. 瞿林东：《〈史记〉〈汉书〉比较》，《文史知识》，1987 年第 12 期。

12. 周洪才：《历代〈汉书〉研究述略》，《齐鲁学刊》，1987 年第 3 期。

13. 陈其泰：《〈汉书〉历史地位再评价》，《史学史研究》，1988 年第 1 期。

14. 赵生群：《太史公为官名新证》，《南京师大学报》，1988 年第 3 期。

15. 史念海：《班固对于历史地理学的创建性贡献》，《中国历史地理论丛》，1989 年第 3 期。

16. 瞿林东：《隋唐之际的〈汉书〉学》，《唐代史学论稿》，北京：北京师范大学出版社，1989 年。

17. 赵俊：《两汉史学批评述论》，《中国社会科学院研究生院学报》，1989 年第 5 期。

18. 周洪才、钟淑娥：《〈汉书〉及其历代研究》，《河南图书馆学刊》，1989 年第 1 期。

19. 钟涛：《刘知几〈汉书〉研究评议》，《青海师范大学学报（社科版）》，1989 年第 1 期。

20. 许殿才：《论〈汉书〉的史学成就》，北京师范大学博士论文，1990 年。

21. 瞿林东：《说中国古代史学的优良传统》，《西北大学学报》，1991 年第 4 期。

22. 许殿才：《〈汉书〉研究的回顾》，《史学史研究》，1991 年第 2 期。

23. 可永雪：《〈班马异同评〉与人物形象问题》，《内蒙古教育学院学报》，1992 年第 3 期。

24. 瞿林东：《〈文献通考〉的理论价值》，《安徽史学》，1993 年第 2 期。

25. 赵生群：《〈史记〉亡缺与续补考》，《汉中师院学报（哲社版）》，1993 年第 2 期。

26. 瞿林东：《史学与"良史之忧"》，《天津社会科学》，1994 年第 2 期。

27. 吴荣政：《王先谦的治学风貌》，《史学史研究》，1994 年第 3 期。

28. 刘玉建：《〈子夏易传〉真伪考证》，《山东大学学报（哲社版）》，1995 年第 4 期。

29. 许殿才：《〈汉书〉典雅优美的历史记述》，《史学史研究》，1996 年第 1 期。

30. 邹志峰：《三刘〈汉书刊误〉浅探》，《山西大学学报》（哲社版），1996 年第 3 期。

31. 徐家骥：《中国古代〈汉书〉研究概述》，《咸阳师专学报（文科版）》，1996 年第 1 期。

32. 王光照：《"〈汉〉圣"刘臻与隋代〈汉书〉学》，《江淮论坛》，1998 年第 1 期。

33. 李文泽：《辽代的官方教育与科举制度研究》，《四川大学学报（哲社版）》，1999 年第 4 期。

34. 汪高鑫：《刘知几班马优劣论平议》，《安庆师范学院学报（社科版）》，2000 年第 5 期。

35. 谌三元：《历代〈汉书·艺文志〉研究综述》，《图书馆》，2000 年第 2 期。

36. 邹志峰：《宋代考据史学三题》，《史学史研究》，2000 年第 3 期。

37. 向燕南：《从"荣经陋史"到"六经皆史"——宋明经史关系说的演化及意义之探讨》，《史学理论研究》，

　　2001 年第 4 期。

38. 汝企和：《论两宋馆阁之校勘史书》，《史学史研究》，2001 年第 1 期。

39. 徐兴海：《刘知几的史汉比较研究》，《渭南师范学院学报》，2002 年第 1 期。

40. 蒋方：《司马迁与班固眼中的司马相如——两汉文人的价值观演化之管窥》，《湖北大学学报（哲社版）》，2003 年第 3 期。

41. 徐建委：《蔡谟〈汉书音义〉考索》，《古籍整理研究学刊》，2003 第 6 期。

42. 王瑞明：《论马端临的史学思想》，《华中师范大学学报（人社版）》，2003 年第 3 期。

43. 朱维铮：《班固与〈汉书〉——一则知人论世的考察》，《复旦学报（社科版）》，2004 年 6 期。

44. 瞿林东：《中国古代史学中的比较研究》，《安徽师范大学学报（人社版）》，2005 年第 6 期。

45. 沙志利：《唐以前的〈史〉〈汉〉比较研究综述》，《泰山学院学报》，2005 年第 4 期。

46. 王盛恩：《孙甫史学发微》，《史学史研究》，2003 年第 3 期。

47. 朱清如、陈华玉：《隋朝史学管窥》，《湖南文理学院学报（社科版）》，2005 年第 1 期。

48. 张海沙：《唐人喜〈文选〉与宋人嗜〈汉书〉——论唐宋文人不同的读书趣向》，《唐代文学研究》，2006 年第 11 辑。

49. 陈锦春：《历代〈汉书·艺文志〉研究述略》，《图书馆杂志》，2006 年 9 期。

50. 许逸民：《论隋唐"〈文选〉学"兴起之原因》，《文学遗产》，2006 年第 2 期。

51. 国风：《中国历史上的"侍讲侍读"与"经筵进讲"》，《光明日报》，2007 年 6 月 29 日。

52. 袁法周：《中国古代〈汉书〉的传播与研究》，《宁夏社会科学》，2007 年第 2 期。

53. 袁法周：《乾嘉时期的〈汉书〉研究》，北京师范大学博士论文，2007 年。

54. 李良玉：《论两宋时期的历史教育》，《韶关学院学报》，2007 年第 2 期。

55. 瞿林东：《谈中国古代的史论和史评》，《东岳论丛》，2008 年第 4 期。

56. 陈其泰：《历史编纂学视角展现的学术新视域——以〈汉书·刑法志〉为个案的分析》，《天津社会科学》，2008 年第 4 期。

57. 李晨轩：《〈汉书〉颜注的文献运用》，山东师范大学硕士论文，2008 年。

58. 曾小霞：《近 30 年〈史记〉〈汉书〉比较研究综述》，《陕西教育学院学报》，2009 年第 1 期。

59. 陶晓姗：《晁公武〈郡斋读书志〉史部史学批评平议》，《东岳论丛》，2009 年第 6 期。

60. 宋馥香：《高似孙〈史略〉之史学批评管窥》，《郑州大学学报（哲社版）》，2009 年第 5 期。

61. 曾小霞：《试析唐前"史汉优劣论"》，《保定学院学报》，2009 年第 2 期。

62. 瞿林东：《会通思想与历史编纂——论中国古代史学的一个特点和优点》，《史学月刊》，2010 年第 11 期。

63. 王勇：《宋刻〈汉书〉庆元本研究》，北京大学博士论文，2010 年。

64. 傅荣贤：《试论王应麟〈汉书艺文志考证〉的〈汉志〉研究得失》，《四川图书馆学报》，2010 年第 4 期。

65. 王永平、孙艳庆：《颜师古〈汉书注〉"抄袭旧注"说之再检讨》，《史学史研究》，2010 年第 2 期。

66. 杨倩如：《20 世纪的"汉书学"——综述及理论思考》，《秦汉研究》，2014 年第 8 辑。

67. 杨倩如：《〈汉书〉在东亚的传播与研究》，《中国史研究动态》，2010 年第 1 期。

68. 杨倩如：《〈汉书〉在欧美的译介与研究》，《中国史研究动态》，2010 年第 5 期。

69. 陈莹：《唐前班马优劣并称演变轨迹的梳理与考辨》，《史学理论研究》，2010 年第 3 期。

70. 吴凤霞：《近六十年来的辽金史学研究》，《东北史地》，2010 年第 2 期。

71. 吴凤霞：《辽金史学在中国史学史上的地位》，《辽金历史与考古国际学术研讨会论文集》，2011 年。

72. 吴凤霞：《契丹族史官与金代史学的发展》，《史学史研究》，2011 年 2 期。

73. 熊斌、黄博：《以史论政：宋代四川史家的前朝史研究——以范祖禹、李焘为主线的考察》，《吉林师范大学学报》，2011 年第 1 期。

74. 李爱英：《孙甫研究》，上海师范大学硕士论文，2011 年。

75. 曹鹏程：《宋代纪传、编年二体优劣论》，《史学史研究》，2011 年第 1 期。

76. 杨昊鸥：《宋代文章学视野下的〈史记〉》，《江西社会科学》，2011 年第 4 期。

77. 张海峰：《王先谦〈汉书补注〉研究》，山东大学博士论文，2011 年。

78. 崔梅：《〈太平御览〉引〈汉书〉考校》，《社科纵横》，2011 年第 1 期。

79. 朱志先：《〈汉书评林〉探微》，《史学史研究》，2011 年第 3 期。

80. 卓越：《论徐天麟〈两汉会要〉的编纂特点》，《史学史研究》，2011 年第 3 期。

81. 刘家和：《论断代史〈汉书〉中的通史精神》，《北京师范大学学报（社科版）》，2012 年第 3 期。

82. 陈其泰：《〈汉书〉中华文化传统继往开来的名著》，《人文杂志》，2012 年第 4 期。

83. 吴凤霞：《宋元正史民族史撰述与统一多民族国家的发展》，《求是学刊》，2012 年第 2 期。

84. 国建松：《〈班马异同〉与〈史汉方驾〉对比研究》，河北师范大学硕士论文，2012 年。

85. 孙晓磊：《〈汉书〉汲古阁本校议》，南京师范大学硕士论文，2012 年。

86. 曾小霞：《〈史记〉〈汉书〉的叙述学及其研究史》，苏州大学博士论文，2012 年。

87. 朱珠：《〈汉书·叙传〉颜注引文考校》，《文教资料》，2012 年第 26 期。

88. 孙娜娜：《〈汉书〉景祐本校读札记》，南京师范大学硕士论文，2012 年。

89. 白金：《北宋目录学研究》，河南大学博士论文，2012 年。

90. 李晓菊：《〈西汉诏令〉的编纂及其得失》，《史学史研究》，2012 年第 3 期。

91. 杨毅：《王应麟〈玉海〉与〈汉艺文志考证〉关系考略》，《图书情报知识》，2012 年第 4 期。

92. 刘治立：《史注传统下的"汉书学"》，《信阳师范学院学报（哲社版）》，2013 年 7 月。

93. 丁海燕：《宋人史料笔记关于史书采撰的几点认识》，《辽宁大学学报（哲社版）》，2013 年第 5 期。

94. 杨鸿飞：《〈汉书·艺文志〉研究综述》，《文教资料》，2013 年第 31 期。

95. 肖瑞峰、石树芳：《"汉书学"的历史流程及其特征》，《清华大学学报（哲社版）》，2013 年第 4 期。

96. 傅荣贤：《历代补〈汉书·艺文志〉阙收文献研究》，《图书馆》，2013 年第 3 期。

97. 葛焕礼：《论刘敞在北宋的学术地位》，《史学月刊》，2013 年第 8 期。

98. 刘玉民：《吕祖谦与南宋学术交流》，华中师范大学博士论文，2013 年。

99. 薛艳伟：《评述刘知几对于〈汉书〉在体例上的批评》，《乐山师范学院学报》，2013 年 6 月。

100. 张宇：《孙甫与范祖禹史论比较研究》，《安徽史学》，2014 年第 2 期。

101. 瞿林东：《宋人笔记的史学意识》，《文史知识》，2014 年第 10 期。

102. 樊婧：《〈史记〉在元代的传播接受研究》，陕西师范大学博士论文，2014 年。

103. 马清源：《〈汉书〉宋人校语之原貌与转变——以宋祁、三刘校语为主》，《文史》，2014 年第 1 辑。

104. 柴瑞娟：《北宋史官制度研究》，河北师范大学硕士论文，2014 年。

105. 钟云瑞：《历代〈汉书·艺文志〉研究专书综述》，《安徽文学》，2014 年 5 期。

106. 倪小勇：《宋代〈汉书〉教育考辨》，《教育评论》，2014 年第 1 期。

107. 倪小勇：《宋代"文治"背景下的〈汉书〉研究》，西北大学博士论文，2014 年。

108. 张绍俊：《高似孙〈史略〉研究》，上海师范大学硕士论文，2015 年。

109. 冯佐旻：《宋代仿古青铜器的初步研究》，北京科技大学硕士论文，2015 年。

110. 刘群栋：《唐代"文选学"兴起的背景与原因》，《中州学刊》，2015 年第 3 期。

111. 潘定武：《〈汉书〉文学研究的回顾与思考》，《宝鸡文理学院学报（社科版）》，2015 年第 6 期。

112. 周瑾锋：《唐宋笔记小说研究》，华东师范大学博士论文，2016 年。

113. 王晓鹃：《〈班马异同评〉研究三题》，《陕西师范大学学报（哲社版）》，2016 年第 1 期。